历史新阅读丛书

唐朝那些事儿

大唐开国卷

冬雪心境 著

中国工人出版社

唐朝疆域图

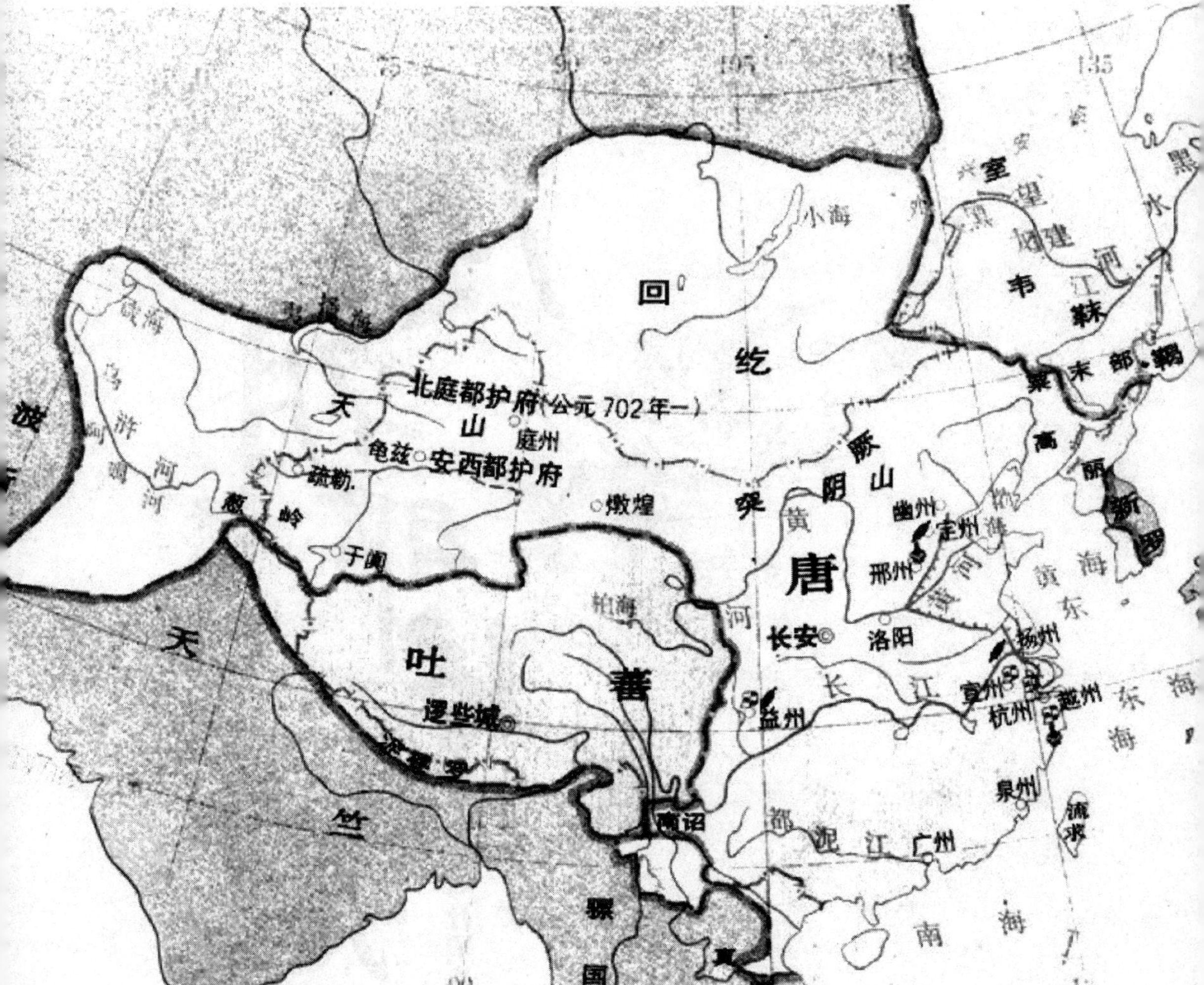

回纥
小海
北庭都护府(公元702年—)
天山
庭州
龟兹
安西都护府
疏勒
葱岭
于阗
敦煌
突厥
阴山
黄河
唐
幽州
定州
邢州
长安
洛阳
扬州
宣州
杭州
越州
益州
长江
泉州
流求
广州
南海
黄海
东海
吐蕃
逻些城
泥婆罗
南诏
骠国
天竺
柏海
室韦
靺鞨
高丽
新罗
黑水
90
105
135

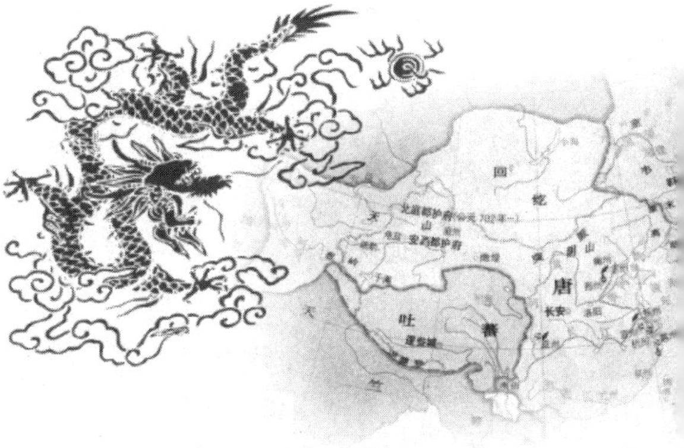

目录

引　子

六岁那年，爸爸在小书摊上给我买了一套连环画版的《中国成语故事》。在书中我看到了拿着战刀、骑着战马的将军，也看到了彬彬有礼的读书人，也就是从这些书中，我逐渐地知道了中国历史上有很多了不起的人，比如姜子牙、孙武、曹操、刘邦、朱元璋等。

随着年龄的增长，我开始读一些名人的传记，如《诸葛亮传》《孔子传》《孟子传》等。读这些书使我明白了一个道理，古往今来成就大事的人，除有过人的天赋之外，还要靠自身的勤奋和努力。不论做什么都要认真去做，也许未必会成功，但是只要努力了，就不后悔。

十八岁后，我开始读《史记》《三国志》《资治通鉴》等正规史书。当时我并没有古文基础，对于其中看不懂的内容，基本靠猜，实在看不懂就去网上搜索译文。那个时候，我上学回来基本是晚上读至少两个小时的历史书。畅游在历史的长河中时，我感受到了乐趣。

外边灯红酒绿，而我却一个人静静地读史。有很多人问我，你不觉得枯燥吗？

我的回答是，不枯燥。

因为历史本身很精彩，现在发生的，曾经发生过，并且终将继续发生下去。而你却可以从一个局外人的角度静观其中的兴亡交替，我觉得这比去唱卡拉 OK 要带劲。

在读史的过程中，我也有很多困惑，例如同一件事，为什么这本书和那本书说得不一样呢？为什么两本书对人物的评价不一样呢？

后来我逐渐明白了，历史书是人书写的，是人就会有局限性，也就是说受他所生活时代的诸多局限。现在我们看到的历史记载，其实是第二历史，真正的第一历史谁也没法去还原了,所以要想知道历史本来是怎么回事,只有通过现有史料的记载,去挖掘其背后隐藏的真相。

这是个艰苦的过程,读史读到这个份上,其实已经不仅仅是爱好了,已经变成了责任,一种对历史负责的态度。

好了,说说这本书吧。为什么写唐朝?因为喜欢唐朝。为什么喜欢唐朝?因为喜欢唐朝的音乐。

上学那会儿老师讲唐代音乐史,然后现场让我们听录音。听了唐朝的音乐后,你会真有梦回唐朝的感觉,很大气。于是我下定决心,开始认真地、系统地全面了解唐代的历史,并想用自己的笔法将唐朝近三百年的历史写下来。为此我阅读了《旧唐书》《新唐书》《册府元龟》《唐会要》《唐律疏议》《全唐文》《唐大诏令集》《太平御览》《大唐创业起居注》《贞观政要》等史料,以及近现代诸多探讨唐代历史的著作和文章。

我和当年明月一样不喜欢那类故作艰深的文章,所以接下来我要写的这些内容,相信大多数人都能看懂。将近三百年的唐朝历史,希望大家鼓励我将它写完。既然已经开写,就要坚持下去,我相信自己有这个毅力。

我们先来看看唐朝的基本状况。

唐朝集团概况:

集团名称:大唐帝国(唐朝、唐代)。

集团性质:国家。

创始人:李渊(唐高祖)。

法人代表:李氏皇帝(共二十一位,其中包括武则天)。

固定资产:很多很多。

经营范围:政治、经济、文化、科学、军事、教育等。

经营起止时间:公元618—907年。

看完"唐朝集团"的资料,相信很多人脑海里会出现"庞大""复杂"这两个词。没错,人们过日子有欢乐、有痛苦,唐朝那段日子也不例外。不过,日子要一天一天地过,事情要一点一点地说。唐朝的一切一切,我们还要从它的创始人李渊说起。

第一章
韬光养晦

七岁的唐国公

李渊是幸运的。因为他出生在官宦世家,吃喝不愁。

李渊是很幸运的。因为他做了皇帝,而且是大唐帝国的开国皇帝,最高级别的事业有成者。成功了,光辉灿烂!但成功的道路却是曲折的。而通往皇帝宝座的道路更是充满艰难险阻,因为那是刀光剑影的血拼!

公元566年,长安唐国公府里,随着一声婴儿的啼哭,安州总管、柱国大将军、唐国公李昞的心终于放了下来,此前他一直在客厅里转来转去,额头上渗满了汗珠,因为他的妻子即将分娩。

做过父亲的人大都会有这样的经历,妻子快要分娩时,自己焦急地在产房外面走来走去,两手紧紧地攥在胸前,在心里都会说上一句:“保佑母子平安。”在这一点上,上到皇帝公卿下到黎民百姓都是如此。李昞当然也不例外,所以当仆人请他进去看看时,李昞三步并作两步地走到屋里。

小孩长得又白又胖,奇异的是胸前长着三个乳头。为了寄托家族兴旺的愿望,希望孩子有个锦绣光辉的前程,李昞给这个孩子起了个名字叫“渊”,字“叔德”。

李渊出生在这个家庭里,想不前途光明都是很困难的,因为他的家庭实在是太不一般了。

其祖上那怎是一个“牛”字了得?

七世祖李暠，是东晋十六国时期“西凉国”的建立者。（嗯，有做皇帝的家族史。）

祖父李虎曾经协助宇文泰建立北周政权，被封为“柱国”（比宰相还大），死后追封“唐国公”。

父亲李昞袭封“唐国公”，任“柱国大将军”，母亲是杨坚（当时是北周皇帝的岳父，后来的隋文帝）妻子的同胞姊妹，也就是说李昞和隋文帝杨坚是“连襟儿”关系。

李渊小朋友和我们现在的孩子一样，天真无邪，充满幻想，他会坐在窗前数着天上的星星，也会和其他小朋友玩捉迷藏，还会听妈妈讲美丽的童话故事。

但是，生活有欢乐，就会有烦恼。

李昞的去世，使李渊幼小的心灵受到了创伤，那一年李渊七岁。按照当时的官吏制度，李渊袭封为“唐国公”。而从这一刻起，肩负兴旺李氏家族的重大使命迫使李渊小朋友必须每天像个官场中人一样，一举一动都要按规范去做，不能任性而为，这对于一个七岁的孩子来讲，简直就是一种折磨。这当然也不符合我们现代幼儿教育的法则，不过我们也要理解在一千多年前当然没有《幼儿园教育指导纲要》《儿童心理学》之类的理论书籍，而教育孩子，也只能用《诗经》《论语》及“之乎者也”类的书籍，所以李渊生活在那个年代，也就只有一个字——“忍”。

不过，喜欢读书是李渊小朋友的一大优点，什么《汉书》《史记》之类的历史书籍他都喜欢读，不要认为他读书是为了“应试”，要知道他的地位已经不需要再考试了。李渊读书是为了从中吸取为官的经验，吸取权谋之术，为将来立足官场，打下坚实的基础。

公元 580 年，北周宣帝病故，皇后和八岁的周静帝无力控制朝政，李渊的姨夫杨坚（周静帝的外公）趁此机会以大丞相的身份入朝辅政，其实是为了谋篡帝位。一些掌握地方兵权的军政头目，看到杨坚有谋篡帝位的苗头，就起兵造反，结果被杨坚通通干掉。接着杨坚又大肆屠杀北周皇室成员，自己大权独揽，年幼的周静帝完全陷入孤立。

公元 581 年，杨坚废掉周静帝，自立为皇帝，改国号为“隋”。

这个事件对李渊的触动很大，以前他只是在书里看到过那君臣之间、朝堂之上一幕幕的阴谋诡计和残忍杀戮，但是这一切在今天都变成了活生生的现实。更令李渊困惑的是，这是发生在家庭内部的事，一边是他的姨父，另一边是他的表姐和外甥。

“这是为什么？不是曾经很多人对我说过家庭要和睦吗？可是现在……”李渊就怀着这样的一种矛盾心理，告别了少年时代。

初入仕途

人生能否成功，起点很重要。李渊的起点并不低。

隋朝刚刚建立，少年李渊凭着姨父隋文帝杨坚的关系，当上了“千牛备身”（皇帝的亲身护卫），这个职位虽然并不高，但由于经常跟随皇帝左右，可以想象那是相当威风，可以充分发扬“狐假虎威”的精神，随时风光一把。

但是，李渊的头脑是十分清楚的，对于他来讲，现在还只是个“官场实习生”，他现在最应该做的，是利用“千牛备身”这个职位，向诸位“官场”老前辈们学习。

李渊是这样想的，当然更是这样做的。

每次当他立于朝堂之下时，他都会仔细认真地听君臣们讨论国家大事。尤其是那些谋臣们所献的计策，更是令他拓宽了眼界。

不可否认，李渊有很深的文化基础，但理论还是要和实践相结合才有用。坦白地讲，年轻的李渊在这一方面还显得很稚嫩，让李渊深切地理解到理论与实践相结合的重要性是在一次朝堂议政时，长孙晟向隋文帝献上的一条锦囊妙计。

长孙晟，史书记载他“性通敏，略涉书记，善弹工射，矫捷过人”，隋朝著名军事将领，经典案例：大破突厥。

长孙晟向隋文帝献计的时候，正是突厥准备大举进犯隋朝的时候。针对突厥人的进犯，隋文帝犯难了，有的人忽悠派兵讨伐，有的人忽悠议和，两派为此争执不休。每到这个时候，相信任何一个皇帝都会头疼，因为皇帝明白，无论是开战还是议和，这些朝堂公卿们都只是“嘴把式”。

唯有长孙晟既不忽悠立即派兵讨伐，也不忽悠立即议和，他主张利用突厥内部几位可汗之间的矛盾，采取远交近攻、离强合弱的策略，使突厥内部互相残杀，待到时机成熟时，再兴兵讨伐，一举攻克突厥。

隋文帝脸上露出了笑容，因为他知道这是解决突厥问题最好的方法。

站在朝堂之下的李渊听得也入了神，因为他知道长孙晟的计策就是鬼谷子所讲的“解仇斗郄”，以前他只是在书中看到过它的解释，而长孙晟很巧妙地将它用于解决实际问题，典型的理论与实践相结合。

“长孙晟啊，你太有才了！”李渊的脸上不经意间露出了对长孙晟的崇敬表情。

从此之后，李渊有意识地将自己所学到的知识运用于实践当中。由于李渊工作积极，利用书本上所学来的计谋“巴结”隋文帝，所以没过多久，他就获得了升迁的机会。

这一次，他得到的是谯州（今安徽亳县）刺史的官职，这对于年轻的李渊来说，简直是少年得志。

由于李渊在谯州颇有政绩,不久他又被调任陇(今陕西陇县)岐(今陕西凤翔)刺史。

当地百姓在李渊的领导下,经过大家的共同努力,在经济建设方面,取得了卓越的成绩,出现了“人多殷富”的景象,李渊也因此官运亨通,过上了舒服的高级公务员生活。

我终于成功了!

不要着急,李渊,这不过是刚刚开始。

在这期间,有一位相士叫史士良的给李渊看过相。对于算命这玩意儿,我是相当不信,一般在马路边上看到算命的,我都会离得远远的,不过在古代,算命的人经常会登门拜访,主人出于对客人的尊敬,一般也就应酬了。史士良在看过李渊的相貌后,说出的话令李渊大吃一惊,他原话是这样说的:公骨法非常,必为人主,愿自爱,勿鄙吾言。这句话不用我翻译,大家也能明白,这就点明在说:李公啊,你以后肯定会当皇帝。

这让李渊心里有一种莫名的感受,既喜悦又恐惧。

喜悦自然不必解释,而恐惧是因为现在是隋朝的天下,竟有人说自己以后会当皇帝,这可是要掉脑袋的,想到这里李渊倒吸了一口凉气,所以在送走史士良之后,李渊严厉地叮嘱家人,千万不能泄露此事,否则家法伺候。不过,史士良的话,倒是给了李渊很大的自信。在内心深处,李渊期盼着那一天尽快地到来。

想当皇帝,这个想法是有魄力的,行动起来是极度困难的,更有可能是要招来杀身之祸的。所以,李渊你还要耐心地等待,并且要等待很久。

公元604年,太子杨广谋杀了隋文帝后当上了皇帝,是为隋炀帝。

李渊你准备好了吗?

恐怖的岁月即将来临。

杨谅造反

杨广当了皇帝,踩着他父亲的尸体登上了皇帝的宝座。

当年杨坚是诛杀北周皇室成员,篡夺帝位的。如今他的儿子杨广刺杀了他,堂而皇之地登上了皇帝的宝座。命乎?运乎?天道乎?似乎冥冥之中自有天意。

唯一不同的是当年杨坚当了皇帝后“躬节俭,平徭役,仓廪实”,为广大老百姓创造了一个安居乐业的环境,而杨广当了皇帝后,却像“穷人乍富”一样,大兴土木、开凿运河、营造宫殿、巡幸江南……关于杨广的这些“光荣事迹”,我们在后边还会介绍,暂且不表。

杨广在仁寿四年(604年)七月当上皇帝后,八月就有人起兵造反,这个人就是汉王杨谅。

杨谅是隋文帝杨坚的第五子，当时的官职是并州（太原）总管（军区司令员）。他起兵造反是因为知道隋文帝病重的时候，杨广假传隋文帝的诏书，缢杀了故太子大哥杨勇，而自己手握重兵在外会更令杨广猜忌，这使得杨谅异常地惊恐，生怕重蹈大哥杨勇的覆辙，所以杨谅不甘坐以待毙，决定起而攻之。

杨谅起兵造反的声势最初还是很大的，在听从部下的建议后，派大将军余公理，从太谷（今山西太谷）出发，前往河阳（今河南孟县）；大将军綦良，从滏口（今河北武安）出发，前往黎阳（今河南浚县）；大将军刘建，从井陉（今河北井陉）出发，夺取燕赵地区（今河北省）；柱国乔钟葵兵出雁门（今山西代县）；柱国裴文安和纥单贵、王聃等率军直指京师。一时间竟有十九个州响应。

如果按照这个声势继续发展下去，说不定杨谅的造反真的能够成功，也许中国的历史会从此改写，但杨谅的脑袋瓜子不知是让驴给踢了，还是由于别的原因，到了距蒲津关一百多里处，他忽然改变主意，命纥单贵破坏黄河大桥，坚守蒲州（今山西永济），按兵不动，开始大封官吏。

事实证明，杨谅的军事指挥水平确实是不一般的低。

这就给了隋炀帝杨广喘息的机会，结果杨广派大将杨素领兵前去镇压。杨素的军事指挥水平和杨谅比起来，那简直就是研究生 PK 小学生。经过杨素精心的“照料”，杨谅的结局可以想象，兵败被囚，惊恐而死。而杨谅在这场造反事件中唯一的“功绩”就是拉二十多万户百姓共同下水，其所部官民遭到隋炀帝杀害、流放者不计其数。

李渊的心思

有的朋友可能会问，你费了这么多笔墨写杨谅造反，这和李渊有什么关系？

当然有关系。

事实上李渊在杨谅造反声势浩大的时候，也曾经动过心思，是响应杨谅，还是效忠于杨广？

后来李渊听到杨谅兵败的消息，暗自庆幸没有轻举妄动，避免了一场杀身之祸。

从杨谅造反失败的事件中，李渊忽然明白了一点——应该远离权力中心，避开杨广的耳目。

没错，杨广的猜忌心是非常重的，甚至有些变态。

不久，李渊就有了远离杨广的机会。杨广任命李渊担任楼烦（今山西静乐）太守（市长兼警备区司令），李渊欣然前往，他觉得像一只脱笼的小鸟，终于可以自由地飞翔,但是长安城里发生的一系列事情,却又使李渊时时处于紧张状态。

首先是杨素被逼死。

杨素是隋朝的开国功臣,曾经帮助杨广篡夺帝位。杨广表面上虽然敬重杨素,但心中却深深地猜忌他。大业二年(606 年)杨素病重,杨广虽然表面派名医、赐上等药给杨素治病,而暗中却唯恐杨素不死。杨素知道自己位高权重,受杨广的猜忌,所以不肯吃药,最后病重而死。

其次是高颎被杀。

高颎是隋朝的老臣,竭尽忠诚,当朝二十余年,满朝文武,没有不佩服的。大业三年(607 年)杨广征调全国百姓近百万人修筑长城,高颎上书劝谏,受到杨广的斥责。高颎非常伤心,与礼部尚书宇文弼等人私下议论杨广,被奸臣告发。杨广以诽谤朝政的罪名,将高颎、宇文弼等人全部处死。

此外被杨广以各种理由免官的还有尚书左仆射苏威、内史令萧琮等人。

朝廷重臣一个个地倒下,使李渊受到了极大的震动。但他从中也悟出了一个道理——要想将来成功,现在必须韬光养晦。

是不是有一天,杨广也会猜忌到我?我也会像他们一样?我该怎么办?

李渊陷入了深深的思考。

为了不受到杨广的猜忌,李渊想出了一条韬光养晦的妙计——沉湎酒色。之所以选择“沉湎酒色”作为韬光养晦的策略,实在是迫不得已。因为就在杨广诛杀朝廷大臣的同时,民间市巷中忽然兴起了一些“杨氏将灭、李氏将兴”“李氏当为天子”之类的童谣和谶语。这让李渊想起了相士史士良对他说过的话:“公骨法非常,必为人主。”虽然李渊高兴得心花怒放,但为此也惶恐不安。

杨广这个变态狂,要是听到这样的话,会不会怀疑到自己?李渊的担心不无道理,没过多久,他就被杨广盯上了。

事情还要从头说起。

大业九年(613 年)六月,礼部尚书杨玄感在黎阳(今河南浚县)起兵造反。杨玄感为什么造反?因为他的老爹是杨素。杨素是怎么死的,我在前边已经介绍过了。除了替老爹报仇,杨玄感造反还有“为天下解倒悬之急,救黎元之命”的意思,说得通俗一点,就是解放生活在水深火热中的隋朝人民。

杨玄感的觉悟是高尚的,但造反事业只有觉悟是远远不够的,还需要天时、地利、人和等诸多因素。总之一句话,杨玄感这几个方面一条也不占,所以六月起兵造反,八月战败自杀。

李渊在这期间并没有跟着凑热闹,而是采取了静观其变的态度,因为他知道目前隋朝的统治力量还很强大,这个时候贸然公开造反,那是拿鸡蛋往石头上碰。

李渊的思路是正确的。

所以他得到了杨广的信任,杨广给他的赏赐是——代替杨玄感亲戚元弘嗣为弘化郡(今甘肃庆阳)留守(警备司令兼军区司令员),统领十三个郡的军队。

李渊认为这个官职对于自己以后成就帝业会大有帮助,所以他利用这个机会广泛地延揽人才,对属下也比较宽厚,得到了大家的拥戴。

但李渊的这个决策却是错误的。

因为在杨广的"正确领导"下,当时的隋朝可以说是破鼓万人捶,农民起义、王公贵族造反遍布全国。杨广就像惊弓之鸟一样,恐惧到了极点,看谁都像造反的,尤其在经历了杨谅、杨玄感的事件后,他对掌握兵权的王公贵族更是猜忌,而这个时候,恰恰听到李渊在弘化郡颇受属下的拥护,所以杨广那双阴森的眼神就盯上了李渊,于是他决定派专使招李渊回长安。

拿钱摆平

当专使在李渊的官衙里把杨广的诏书递到他的面前时,李渊颤抖了。回到府中,他的脑子急速运转。

去?还是不去?如果去,以杨广的所作所为,自己肯定是有去无回;如果不去,那就是抗旨不遵,其罪当诛。

怎么办?我该怎么办?我该如何应对?

他忽然想到了一个不是办法的办法——装病。

这真是个再好不过的办法了,自己有病在身,推迟回京的时间,合情合理。但是接下来又产生了一个问题:你说自己有病,专使信吗?要知道专使可不是幼儿园的小朋友。

这可怎么办?唉!这可真是"心中好似滚油煎"啊!

不过,李渊的脑袋是相当聪明的,他忽然想到了一样东西,而且这样东西,保准把专使拿下。因为这样东西可以叫鬼去推磨。

是的,钱。

对,向专使行贿!

所以第二天他在拜见专使时将白花花的银子递到了专使的面前。专使看到白花花的银子时,顿时乐开了花,但还是故意地问李渊:"李大人,这是为何?鄙人无功不受禄啊!"这句话说得很有学问,其中的潜台词是,李渊,如果你有需要帮忙的事,尽管明说,银子我得收得明白。

"专使大人远道而来,略备薄礼,不成敬意!"李渊随口应和着。

"李大人过谦了!"

随后双方又假惺惺地推让了一番,最终结果是银子揣进了专使的口袋。

李渊也随即开始切入正题:"卑职最近重病在身,恳请专使大人向皇上奏明,等臣痊愈之后，再行赴京。”

“哦，原来是这样。李大人请放心，我回去后，一定向皇上奏明您的病情。”

双方皆大欢喜。

就这样，专使回去后在杨广的面前添油加醋地奏明李渊的“病情”，杨广当时正在肆意淫乐，所以也就没当回事，李渊因此侥幸逃过了一劫。

但是如何采取一个长久的安身之计呢？要知道自己可是有着十三个郡兵权的王公贵族，杨广是不会轻易放过自己的。所以李渊才决定用“沉湎酒色”的方法，希望瞒过杨广。也就是从这时开始，李渊酗酒纵色，间以赌博。史书记载他与晋阳宫副监裴寂酗酒赌博，“情忘厌倦”。

李渊的策略无疑很成功。正因为他的酗酒纵色，杨广把他当成了一个庸才。事实上，李渊是假庸才、真英雄。

杨广，你就折腾吧。别看现在闹得欢，小心将来拉清单！

第二章
勤王之征

杨广的业绩

杨广闹得确实是够欢的。这位仁兄自从当上皇帝后,开始积极挥霍他老爹杨坚积累下来的产业,是一个名副其实的败家子。总结他当皇帝后的主要"功绩",就是"四大搞"。

第一是大搞土木工程。

这个工程可不是仅仅盖几个高层建筑,美化一下城市那么简单,杨广的土木工程是要营建一个城市——东都洛阳。

为了这个工程,杨广每个月从各家各户抽调的壮丁总数达到两百万。当时全国有八百九十万户,如果以一户六口计算(那时候没有计划生育的政策),全国人口应该有五千多万,而杨广每个月就抽调两百万人,也就是说每家至少有一个人去给杨广干活儿,而史书上记载,因工程紧急,累死者十之四五,就是当时全国有一半的家庭至少有一个人为了营建洛阳而死去(想一想家人的感受)。此外,除工程所需要的开支之外,这些人的衣食住行需要多少开销,大家自己去计算一下,真是无底洞啊。

第二是大搞庆典活动。

杨广的庆典活动绝对有创意,具体来说就是搭一个两平方公里的巨型舞台,汇集当时全国所有的演艺明星和知名乐团,通宵达旦地在上面又唱又跳。而且让这些人都穿上锦绣的彩色衣服,为了制作这种衣服,当时长安和洛阳两个城市的彩锦几乎全被用光。

第三是大搞旅游。

杨广的旅游讲究排场，乘船去江都（今扬州）旅游，带了二十万人，乘坐的龙舟高四十五尺，长二百丈，加上其他王公贵族所乘的船，一共五千二百多艘，前后排在一起的距离，相当于天津到北京的距离（一百二十公里）。

第四是大搞侵略。

杨广仗着自己家大业大，有的是骡马，当皇帝期间发动了三次征伐辽东的战争，都是大败而回，其结果是使辽东的生产遭到严重的破坏，失去了往日的繁荣，饥馑疫病蔓延，人民深受其害。

还有很多很多……

虽然杨广开凿运河促进了南北经济的往来发展，但他的“四大搞”使得民不聊生，百姓也没有办法，只有“忍”。可是有一句话叫“是可忍，孰不可忍”，所以百姓开始行动起来。

百姓虽然没有杨广的花样多，他们只用“一大搞”对抗杨广的“四大搞”。搞什么？搞造反。

大业七年(611 年)十二月，山东人王薄在长白山（今山东章丘境内）率众起义，揭开了隋末农民起义的序幕。

星星之火顿成燎原之势。

总的来说，从 611 年到 617 年李渊起兵之前，这七年中形成了三支规模较大的农民武装力量，他们分别是河北窦建德领导的起义军，河南翟让、李密领导的瓦岗军，还有江淮地区杜伏威领导的江淮义军。

此外，一些隋朝的王公贵族，看到隋朝的情况不妙，也都参与到反隋的斗争中，除我们前面介绍过的杨谅、杨玄感之外，马邑（今陕西朔县）校尉刘武周，金城郡（今甘肃兰州）富豪薛举、薛仁杲父子，罗县（今湖南湘阴）县令萧铣等人也都拥兵自称为王。

请注意，我之所以把以上这些人的名字列出来，是想让大家先对他们有个印象，因为这些人在今后很长的一段时间里，将与李渊的事业有着某种联系。

面对着全国轰轰烈烈的造反事业，李渊继续发挥他“装蠢”的本领，照样吃喝玩乐，表面上看不出有什么异常，所以他继续得到杨广的信任。

但是命运，不会让李渊就这么一直玩乐下去。

大业十一年(615 年)四月，李渊被任命为山西、河东抚慰大使，其工作职责是镇压河东（黄河以东）地区的农民起义军。

李渊，你表现的时刻终于来到了。

但李渊面对的第一个对手，却不是农民起义军，而是突厥。

快快营救天子

说来很好笑，李渊的工作职责本来是镇压农民起义军，但到了河东之后，迎来的第一个对手却是突厥人。

首先有必要介绍一下突厥这个民族，因为突厥人在今后也将伴随李氏唐朝共同走过一段很长的岁月，先让他们在大家面前混个脸熟。

这是一个生活在中国北方的游牧民族，他们居无定所，喜欢吃牛羊肉。士兵们长年身穿甲胄，善于骑射，打仗的时候有个特点，说打就打，不考虑什么天时、地利与人和，没有阵型。而且打仗的目的，不是为了占领地盘，而是为了掠夺财物，打完就跑，正所谓“攻也匆匆，撤也匆匆”。如果打败了，也没有关系，从头再来，没有什么“无颜见江东父老”的惭愧心理。

综合上边这几条，结论就是，突厥人是很难对付的。所以很多年来，中原的各个朝代从主观上都不愿意与他们为敌，经常会采取一些“和亲”的手段（将皇室的某个公主嫁给突厥的可汗），对他们加以笼络。

但是李渊在国内待得好好的，和突厥人也没有什么外交往来，而且也不需要让他去“和亲”，为什么突厥人会成为他第一个对手？这都要“归功”于杨广。

大业十一年（615 年）八月，杨广以突厥人始毕可汗不来朝贡为由，率领大军北巡进行威慑，就是在边境上搞个军事演习，吓唬吓唬你，叫你知道我天朝上国的威严，以后年年进贡，岁岁称臣。但这一次杨广打错了算盘。

想吓唬我们？杨广，你看错人了。随后，始毕可汗率领十余万骑兵准备袭击隋军。

但突厥人里有一个人将这个消息，通报给了杨广，这个人就是义城公主（隋朝“和亲”突厥的公主）。

还是向着娘家人啊！

当听到这个消息时，杨广吓得腰也酸了，腿也抽筋了，急忙率军退入雁门（今山西代县），因为他手里只有三万人。但是已经晚了，突厥人的速度是相当快的。

就在杨广率军刚刚进入雁门，突厥人已经打到了城下。

一边是突厥人猛烈攻城，一边是隋军顽强守城，战斗进行得相当惨烈。

惨烈到什么程度？突厥人的弓箭，已经射到了杨广的御座前。

史书记载，杨广抱着他儿子赵王杨杲号啕大哭。哭也没用，杨广，你只能选择等待，等待各地援军的到来。

就在雁门之战进行中，身为山西、河东抚慰大使的李渊首先得到了消息。李渊再一次陷入了深深的思考之中。

这是个绝好的机会。

杨广现在被困,如果这时趁机起兵,大功可成。

且慢,如果李渊是一个如此浅薄之人,他也就不可能成为大唐帝国的开国皇帝了。

李渊考虑到了问题的另一个方面。

在当时来讲,突厥等于是隋朝之外的另一个国家,自己的国家和另一个国家开战,而自己趁机起兵攻击自己的国家,这是什么行为?汉奸行为!

一个汉奸会得到老百姓的拥护吗?当然不会。得不到老百姓的拥护,还能当得稳皇帝?自古以来,都是得民心者得天下。

李渊正是想到了这些,所以决定派兵增援雁门,并且让十八岁的儿子李世民从军勤王。

李世民,李渊的次子,史书记载他"发迹多奇,聪明神武"(《旧唐书》)。他将在今后的岁月里,跟随父亲李渊共同开创大唐帝国的伟业。

李世民的妙计

既然说到了李世民,我们就顺便说一说李渊的妻子和几个儿子的情况。

李渊的妻子窦氏一共生了四个儿子,长子李建成,次子李世民,三子李玄霸,四子李元吉。李玄霸幼年夭折。

窦氏夫人不仅是一位贤妻良母,这个出身于官宦世家的女人(她舅舅是周宣帝),还颇有政治头脑。李渊还是楼烦太守的时候,曾经养有九匹骏马,在闲暇之余,喜欢骑着自己的宝马到郊外打猎,窦氏就提醒李渊说:"当今皇上好鹰爱马,你是知道的,这些马应该献给皇上。否则,如果有人向皇上进谗言,说你养有骏马,皇上会猜忌你的,很可能会招来杀身之祸。"李渊并没有当回事,但的确有人向杨广报告了他养马的事,虽然没有招来大祸,却遭到了杨广的斥责。

窦氏作为母亲,教育孩子也很有自己的方法。她对自己的儿子教育很严格,让他们学习经史和兵法,还让他们练武。正是由于窦氏夫人很重视孩子的早期教育,所以三个儿子长大后都成了超级牛人,这一点相信大家以后的感觉会越来越强烈。

可以说,中国传统妇女的优秀品质在这个女人的身上得到了充分的体现。可惜的是,窦氏夫人四十五岁那年,由于得了重病,离开了人世,没能看到她丈夫和儿子们开创的伟业。

也许是遗传基因的关系,除了李玄霸,三个儿子长大后都继承了李渊和窦氏夫人深谋远虑的特点,而且英武逼人,能征善战。

由于长子李建成需要在父亲身边料理公务,所以这一次解雁门之围,李渊决定让次子李世民从军勤王。李世民被编入了屯卫将军(师长)云定兴的部下,做了一名参军(参谋)。

突厥人还在猛烈地攻城,杨广就像热锅上的蚂蚁。他左看右看,上看下看,援军怎么还没到来?

“给朕顶住,凡是守城有功的,士兵直接升六品官,赏布百匹。官员们晋升一级。”杨广在无奈之中,慌忙下令。他相信,重赏之下,必有勇夫。

正因为他的这个命令,军士们振奋精神,顶住了突厥人一波又一波的进攻。

能顶多久是多久吧,也许援军就在路上。

此刻,云定兴和李世民正带领着援军,飞速地赶往雁门。但是,他们手里只有一万人。

一万人？加上雁门城里的隋军最多只有四万人,而突厥人却有十万大军。

这个仗怎么打？难道和突厥人硬碰硬地干一场？还是等其他地方援军到齐后,大家齐心协力地和突厥人火拼一场？不过,到那个时候,相信他们的皇上杨广早已经成了俘虏。

云定兴犯难了。幸运的是,他的身边有李世民。看到云定兴的脸上显出了难色,李世民说:

“将军,是否为解雁门之围发愁啊?”

“是啊！突厥十万大军围困雁门,而我们现在只有一万人,无异于以卵击石啊！可是如果等到各地援军都到齐了,再解雁门之围,恐怕那个时候,皇上已经……”

“将军,卑职有一计,不知当讲否?”

“哦？请讲!”

“我认为始毕可汗敢带领十万大军围攻雁门,正是看到了我们各地的援军仓促不能增援,所以才如此猖獗。我军应该摆开阵容,白天连续不断挥动全军大旗,晚上鸣钲击鼓,全军将士大声喧哗。始毕可汗必然认为我们的援军都已经到齐了,肯定不敢恋战。”

云定兴听李世民说完,用一种钦佩的眼光看着他。

“这个孩子,将来必成大器。”

李世民采用的是一种“扯虎皮,拉大旗”的疑兵之计,但就是这个计策,还真把突厥人忽悠住了。

始毕可汗决定暂时停止围攻雁门,原地驻守。

但是想要让突厥人撤军,却没那么容易。

就在这个时候始毕可汗突然接到一封信,送信的人是义城公主派来的使者。信中写的是“北边有急”。不能不撤了,隋朝的问题可以以后慢慢解决,但老窝要是让人端了,那可真成了卖火柴的小女孩——无家可归。

突厥人就这样一窝蜂地撤走了。

杨广安全地回到了太原,接下来就是向全国发布“雁门大捷,歼敌无数”之类的消息以示庆贺(相信大家都很熟悉这个套路),再接下来就是犒赏三军,兑现自己的诺言。李渊因为勤王有功,官升一级,高升为右骁卫大将军。

杨广,这次我救了你,是为了我自己!下一次,你将没有那么幸运。

杨广很有才

时间进入了公元616年(大业十二年),也许是让农民起义军折腾得不得安宁,或是上次雁门被围受到了惊吓,自从回到洛阳后,杨广吃嘛嘛不香,晚上睡觉时居然让宫女们在身边唱着“狼来了,虎来了,马猴背着个鼓来了”之类的歌谣才能入睡。

典型的惊恐症。

看来洛阳是不能再待了,杨广决定前往江都(扬州)去“疗养”一段时间。其实准确地说是被迫逃往江都,因为北方除长安、洛阳等几个大城市外,其余的地方都被反隋力量所控制。到了江都可以让杨广稍微喘口气,组织军队继续顽强抵抗。

为了镇压农民起义,杨广将自己的禁军都投入了战斗,不可谓不下本钱啊!但是,江都对于杨广来讲,注定是个不祥之地。在不远的将来,他的生命永远定格在了那里。

江都的天气实在是令人心旷神怡,杨广的心情好了很多,他忽然想到了李渊。他现在对李渊一方面比较信任,因为在雁门之战中,李渊第一个派兵勤王,表现突出。另一方面,杨广又忌惮李渊手中的兵权,要知道杨谅、杨玄感手中都是握有重兵的。

解除李渊的兵权吗?如果解除李渊的兵权,那谁还敢给自己卖命?那么多农民起义军谁来料理?何况北边还有虎视眈眈的突厥人。不解除的话,终究是心腹大患。

杨广皱紧了眉头,如何才能限制李渊呢?

他忽然想到了曾经给他带来惊吓的突厥人。

“诏李渊为太原留守,虎贲郎将王威、虎牙郎将高君雅为副留守,率太原兵马与马邑郡守王仁恭回击突厥。”

在杨广看来,他做出了一个绝妙的安排。

王威和高君雅是杨广的心腹,把他们俩安插在李渊身边,可以随时监视李渊,而且可以分解李渊的一部分兵权。另外让李渊回击突厥,一方面师出有名,可以报雁门之战的一箭之仇,另一方面只要开战就会削弱双方的力量。至于王仁恭嘛,你驻守马邑,回击突厥是你的工作职责所在,所以跟着李渊一起上吧!

周密！绝对周密！杨广还是很有才的。可惜他这个命令适合智商在他之下的人，而李渊的智商恰恰在他之上。

扯虎皮，拉大旗

当王威、高君雅带来杨广的诏书后，李渊一下子明白了杨广的用心。

好个一石二鸟啊，还安排人监视我。

不过心里想的，嘴上还是不能说出来。对于杨广派来的两位助手，照例要搞个欢迎仪式什么的，说一些共同努力，互相帮助之类的话，因为毕竟还都有一个共同的敌人——突厥。

团结一切可以团结的力量嘛，既然现在起兵造反还不是时候，那就只能按照杨广的意思回击突厥了。可是李渊的手中只有一万人，而突厥手中的军队是李渊的十倍。

这个仗怎么打？

更让人头痛的是，仗还没有打，自己内部的人却害怕了。王仁恭就是个代表。想来也很正常，这位仁兄驻守在边境，长年和突厥人打交道，深刻地了解突厥人的特性，这会儿自己的一万人又要跟人家十万人火拼，不害怕才怪。

看来，在料理突厥人之前，首先要树立自己人战胜敌人的信心。李渊不仅能征善战，做思想工作也是很有一套的。他针对突厥人的特点（前面介绍过），制订了一个完整的作战计划。

第一，让王仁恭选出两千名善骑射的士兵，饮食起居和突厥人一样，天天在边境上驰骋射猎，以炫耀武威。李渊由于善于骑射，所以由他亲自率领。

第二，在射猎的过程当中，如果遇到突厥的部队，不要马上冲过去和人家火拼，那样只能“壮烈牺牲”，应该表现出旁若无人的样子，该干什么，还干什么。

第三，寻找有利时机，偷袭突厥人。

应该说，这个招数和前边李世民在解雁门之围时用的招数差不多，我们不知道这是不是李世民向他老爹建议的，史书上没有记载。但结果是相同的，突厥人再一次被忽悠了。

突厥人把李渊的这两千人当成了突厥自己部落的人，所以没拿他们当回事。

一来二去地，李渊的士兵渐渐地提高了士气。原来突厥人不过如此啊！

要的就是这个效果。

既然自己的人没有思想包袱了，那就寻找决战的机会吧。这个机会终于来到了。

有一天，李渊照常带领这两千士兵外出射猎，正在兴头时，他们忽然发现在正前方，突厥骑兵正在虎视眈眈地看着他们。

“将军，咱们跟突厥人干一场吧，每一次看见他们，他们都不敢过来，分明是怕我们。”

李渊的苦心终于没有白费，是时候决战了。

李渊终于下达了攻击的命令。

看着穿自己衣服的人冲过来，突厥人愣住了，要给我们送东西吗？

对，送上的是刀劈斧砍！

就在突厥人打愣的时候，大刀向他们的头上砍去。

史书记载，斩突厥首千余级。自此，突厥人在很长的一段时间内，不敢南下中原侵扰。因为中原人饱受突厥人的侵扰，而李渊替他们解除了突厥人的威胁。他不仅没有被杨广的伎俩所限制住，反而获得了更高的声望，并且有很多人前来投奔他。

第一个来投奔李渊的，是一个叫刘文静的人。

网罗人才

刘文静是个人才，而且和裴寂（经常陪李渊喝酒的那个人）是好朋友，时任晋阳令（县令），来投奔李渊，是因为他看中了李世民，觉得李世民不是一般人。

他跟裴寂在一起聊天的时候，经常夸奖李世民，说李世民异于常人，有刘邦、曹操的气度，今后必为人主。可惜刘文静的运气实在不好，由于他和李密联姻，所以被捕入狱。要知道李密对于隋朝来讲，那可是天大的反贼。

刘文静在狱中陷入了深深的痛苦之中。

不过，有一个人的目光始终在注意着刘文静，这个人就是李世民。刘文静看中的是李世民的气度，而李世民看重的是刘文静的才华。所以李世民决定前往狱中探望这位仰慕自己的朋友。

两个人一见面，颇多感慨。

刘文静对李世民说：“现在天下大乱，非得有刘邦、刘秀那样的人才能平定天下。李世民的脸上露出了笑容，知道眼前这个人是个可以共谋大事的人，所以他对刘文静表露了心迹：“我今天来探望你，正是想和你商量大事，不知你有何妙计？”

刘文静看起来胸有成竹。

“现在杨广逃到了江都，而各地的反隋势力不计其数，如果有一位明主出现，想要夺取天下，易如反掌啊！”

“嘘！小心那些狱卒听到啊！”李世民提醒刘文静。

刘文静警惕地看了看周围，压低声音说：“我当晋阳令已经很多年了，知道这个地方有很多豪杰想要共举大事，如果把他们拉拢过来，再加上唐公的兵马，乘虚打进关内，号令天下，到不了半年，唐公可成帝业。”

听完刘文静的话，李世民用一种钦佩的目光看着刘文静，只说了一句话，从此两个人便成了亲密的战友。李世民说的是“我一定要把你从狱中救出来”。

相信以李渊、李世民在山西的地位，救出刘文静并不困难，不久刘文静顺利出狱。就这样，刘文静便成了李渊、李世民的得力助手。

下面介绍第二个人，这个人的名字叫刘弘基。

他本来是河中刺史，但是后来的职业却变成了盗贼。在那个战火纷飞的年代，做“盗贼”并不是什么新鲜事。

刘弘基成为盗贼，是因为杨广征辽东时，他没有凑够军用物资，只能装疯卖傻私宰耕牛，故意被县令关进监狱来躲兵役。后来趁乱盗马，一路边卖边吃，碰巧来到太原，结交了李渊父子。

和刘文静一样，刘弘基也看中了李世民。

也许是因为和李世民比较投缘，哥们儿之间无话不谈，李世民给他的待遇是——出门骑在一匹马上，吃住在一起（出则连骑，入同卧起）。可见两个人好到什么程度。

刘弘基将在李渊问鼎长安的征途上立下汗马功劳。有人说他功劳第一，我相信。

接下来，请大家耐着性子，听我再介绍一位牛人。

这个人的名字叫唐俭，他的父亲和李渊曾经是同事，一起当过千牛备身。唐俭的名声非常好，因为他是个孝顺的孩子。巧的是，他也看中了李世民（李世民可以成立一个粉丝团）。所以在李世民的引荐下，唐俭成了李渊的心腹。

唐俭给李渊的建议是，开府库，南召豪杰，北抚突厥，东收燕赵，驱渡黄河，占据秦雍，汤、武之业可成。很有些诸葛亮未出茅庐便定天下计的感觉。

唐俭将在以后破刘武周、北击突厥中，展示出坚忍不拔的毅力。

人才，自古以来，成大事者都需要他们的辅助，李渊也不例外。在隋末唐初的历史舞台上，并不缺少人才。只是有的成了英雄，有的成了盗寇。

成者为王，败者为寇。

好了，先介绍这三位人才吧。还有很多很多牛人，没有出场。不要着急，我们后边慢慢介绍。

就在广泛延揽人才的时候，李渊父子也迎来了第二个对手——农民起义军，甄翟儿的起义军。

PK 甄翟儿

在写李渊 PK 甄翟儿之前，我想先和大家探讨一个问题，古代农民起义的本质是什么？我举个例子说明一下。

假如张三是一个古代的农民，他本有几亩自己的田地，然后春种秋收，定期向地主（朝廷）交赋税，过着老婆孩子热炕头的生活。

忽然有一天，朝廷说要增加赋税，因为某某地方闹了灾荒，国家要去赈灾。好！为了国家的利益，咱充当光荣纳税人。

忽然又有一天，朝廷要征粮，原因是朝廷要攻打某个国家，理由是这个国家不来朝贡。张三咬咬牙，好！支援前线。

可是没过多久，朝廷又要增加赋税，又要征粮，理由是皇帝大人要巡幸远游，需要银子。

什么？还让不让人活啊？我们也得吃饭啊！

如此一来二去，农民们可不干了。

怎么办？造反！

天下土地多多的，我来当地主，凭什么受你压迫？

所以我认为古代农民起义的本质是，打倒剥削自己的阶级，然后成为剥削别人的阶级。简单来说，就是这样。当然要深入讨论这个问题，那绝对可以写一本书。

这就产生了一个问题：农民起义是为了争夺土地。在起义的过程中，如果获得了一定数量的土地，而这些土地创造的物质利益，他们一辈子也享用不完的时候，他们还会坚持起义下去吗？答案是否定的。因为他们的目的就是土地，准确地说是土地带来的收益。这就是农民起义的局限性。所以从陈胜、吴广开始，一直到太平天国，农民起义总是逃脱不了失败的命运。

虽然也有个别猛人成功一两次，例如朱元璋，但那只是特例。

我对历朝历代的农民起义首领很是敬佩，但实际上历朝历代农民起义运动，就是一方争取地主阶级的地位，另一方维护地主阶级的地位。李渊就是无数地主阶级中维护自身利益的一分子。

这次李渊的本职工作，就是镇压农民起义，虽然甄翟儿这个对手来得有些早，但早来的对手，依然是对手。李渊必须面对。

甄翟儿是魏刀儿的部下，大业十一年（615 年），魏刀儿在上谷（今河北宣化）起义，自封“历山王”。

大业十二年（616 年），甄翟儿率领两万人骚扰太原，首战告捷，隋将潘长文被杀。李渊得到消息后，第一反应是对李世民说了一句话：“历山王不破，突厥不和，无以经邦济世也。”

要破历山王，先破甄翟儿！

在经过一系列的准备后，李渊带着宝贝儿子兼心腹爱将李世民与副留守王威前去镇压。双方注定有缘，在雀鼠谷（今山西介休境内）不期而遇。只是李渊的兵少得可怜，五千人。

五千人 PK 两万人。

想要打赢这场仗,的确要动一番脑筋。

雀鼠谷,长数十里。既没有孔雀,也没有老鼠。有的是悬崖峭壁,怪石林立,汾水河从中流过。两万多起义军列阵严整,首尾相继达十余里。

这次也是仗还没有打,又有人先害怕。看到起义军的阵势,副留守王威和部分士兵心虚了。

关键时刻,还是李渊压得住阵。他看到人心浮动,便笑着对王威说:"这群盗寇,就认识钱。这一战只可智取,不能强攻。我就担心到时我准备好了,他却逃走了,如果他决定和咱开战,我保证这一战必胜。"

王威半信半疑地看着李渊,既然上司决定了,那就按您的意思办,反正打了败仗,责任您担着。

既然敢吹牛,就有吹牛的本钱。李渊吹牛的本钱,就是两个字:智慧。

随后,李渊便摆了个阵。这个阵的具体安排是这样的:

将手中的五千人,分为三个方阵,把其中老弱士兵放在中间,让这些人摇动军中的所有旗帜,全军的辎重放在这些人的后边,作为中阵,然后,把剩下的精兵分为两个部分,列在中阵的左右,作为小阵。

令人费解,这是个什么阵啊?一会儿起义军冲过来,中阵这些人不都成炮灰了啊!

少废话!你也别闲着,拿着我的大旗,站在最前边给我使劲地摇!

王威只得硬着头皮站在了最前边。

"活捉李渊啊!"起义军向李渊的中阵猛烈地发起冲击,因为他们看到李渊的大旗就在中间。

王威这时候脑子反应还是相当快的,在起义军冲过来的时候,丢掉帅旗,一溜小跑,躲到草丛里,幸而脱险。但是,中阵被冲垮了。

原来还有这么多辎重,这下可发财了!起义军就此中计。

就在起义军忙着收缴中阵所丢弃的辎重时,李渊的左右二阵,开始向起义军进攻。李世民冲锋在前,一通猛砍,所向披靡!

由于突然遭到袭击,起义军失去指挥,伤亡惨重,被俘的士兵达到上万人。

临危不惧,方为大丈夫!李渊父子做到了。

北击突厥,延揽人才,平定甄翟儿。不知不觉中,李渊逐渐把太原控制在了自己的手中,为后来的起兵打下了坚实的基础。

第三章
各不相让

杀死翟让的秘密

和李渊比起来，杨广的日子越发不好过。

自从杨广跑到江都后，京城长安的事务全都交给了年幼的代王杨侑（杨广的孙子）。在农民起义军的打击之下，隋朝已经到了风雨飘摇的境地，在北方只有长安、洛阳等几座孤城，在江南也只有江都一隅之地。即使是这几个地方，彼此也被切断联系，成了名副其实的“孤岛”。

除李渊在太原秘密地经营自己的根据地之外，反隋势力当中的几个VIP，在自己的努力下，都得到了不同程度的发展，实在是为隋朝的灭亡，做出了突出贡献。从某种意义上来讲，也为李渊成就帝业，创造了有利的条件。

接下来，我们就介绍其中的几位超级猛男，看看他们是怎么打拼的。

第一位猛男：李密。

李密本是杨玄感的部下，杨玄感起兵造反失败后，李密开始了逃亡的生涯，后来投奔了瓦岗军。因为李密善于谋略和用兵，得到了瓦岗军首领翟让的赏识和重用。他说服翟让，率领七千精兵攻下隋朝的重要粮仓——兴洛仓，招就食饥民几十万，起义队伍迅速壮大。由于擅长于谋略，李密逐步在瓦岗军内部形成自己的势力。后来李密获准建立蒲山公营，翟让推李密称魏公，等于将首领地位让给了李密，以招徕各路反隋武装。

但是，就在此时，一件事情发生了，改变了瓦岗军的内部格局。

李密杀死了翟让！

有很多史书上记载说，李密杀死翟让是因为分财不均、对待俘虏的态度不同等。我认为没有这么简单。当我查阅了大量的历史资料，在考察瓦岗军的成长足迹后，我发现李密杀死翟让有很深刻的原因，下面我就此分析一下。

首先是权力制衡。

翟让曾经是李密的上司，后来他主动将领导权让给了李密。虽然李密在瓦岗军中拥有了至高无上的权力，但是对于翟让这位曾经的上司，并不能直接下命令，就算是想让翟让做什么事情，语气也会比较委婉，毕竟，他的上司位置是翟让推选的，而瓦岗军的将领们大多是出身贫寒的草莽汉子，或者是隋王朝的低级军官，在这些人心中，恩义两字分外重要。翟让只是曾经做过李密的上司，但是只要有过这回事，李密就无法在翟让面前摆出上司的架子来，以免给人忘恩负义的感觉。

但是，李密是有野心的，如此翟让便成了李密的绊脚石。虽然表面上李密是翟让的上司，但在内心深处，大家依然认为翟让还是上司，李密的心中肯定会不爽，这就等于翟让隐性地分解了李密的权力。

仅仅是心里不爽，并不足以让李密杀死翟让，还要靠自身的实力，李密当然是有实力的。

其次是派系林立。

总的说来，瓦岗军分为三个派系。

第一派，我称之为蒲山公营集团。这个集团是李密亲手建立的，可以说是李密的嫡系部队，以秦叔宝、罗士信、程知节、裴元庆四将统率的八千内军骠骑为主力，辅以裴仁基、王伯当诸将统率的部队，在瓦岗军中，是战斗力最强、势力最大的一支军队。

第二派，我称之为老营集团。这个集团主要是以最初随翟让在瓦岗起义的老部下为主，其中，左武侯大将军单雄信，右武侯大将军徐世勣都是翟让的心腹手下，统率着大量士卒。其实力和蒲山公营集团不相上下。虽然翟让将头领的位置让给了李密，但是，他在瓦岗军中的势力却并没有削弱多少。

第三派，可称之为变民集团。所谓的变民集团，就是指一些农民、小贩，因为受不了官府的压迫，起来造反，但又没有形成正规的组织，需要依附规模较大的起义军。这个集团以孟让、郝孝德的变民集团，上谷郡（今河北易县）的变民军王君廓集团，东进的长平郡（今山西省晋城）李文才集团、李德谦集团，魏郡（今河南省安阳）的李文相集团，济北郡（今山东省庄平）的张青特集团等为代表。变民集团有个最大的特点，就是不能形成一个真正的统一合力，表面上听从李密指挥，关键时刻是靠不住的，他们依附瓦岗军就是因为瓦岗军有粮。这个集团属于墙头草的类型，只要能得到利益就行，至于效忠翟让还是效忠李密无所谓。

三个派系，不同的想法，蒲山公营集团效忠李密，老营集团效忠翟让，变民集团无所谓。所以斗争的焦点就集中在了蒲山公营集团和老营集团二者之间。

最后是翟让和李密的追求不同。

翟让自认不如李密志向高远,不是打天下的料,这才把头领的位置让给了李密,但是,这并非表明他就完全不担心李密上位之后反过来对付自己。虽然自己对李密有知遇之恩,但正因为他本身有着雄厚的实力,所以才并不在乎在名义上接受李密的领导。一句话,他只想大块吃肉,大碗喝酒,有钱财就捞,只要过得好就行了,他并没有打江山的雄心。由于翟让的存在,翟让手下的那些老部下仗着自己的资历,根本就不理会李密的命令,在打仗的时候只知道躲在后面,分战利品的时候却一个个站了出来,奋勇争先。

而李密则不同,他身为隋朝的旧官吏,起兵造反,就是想做皇帝。现在翟让这个自己曾经的上司,这么没有上进心,但是还得碍于面子,必须尊敬,自己的下属对翟让集团的行为也不满,这些都被李密记在了心中。在翟让看来,属下争抢战利品,这些都是小事情,连上司的位置都是他让给李密的,李密自然不会计较这些小事情。然而,他不知道李密是一个有野心的人,是一个雄主,而雄主的想法与普通人是不一样的。

如果照这样下去,瓦岗军早晚会出乱子,所以李密觉得要想让瓦岗军形成真正的合力,必须让所有人的目标一致,用现在的话来讲就是统一思想。但是如何才能统一呢?李密想到了做翟让的思想工作,但是为什么最后李密做出了杀死翟让的决定呢?我觉得只有一个原因,那就是翟让根本听不进去。

翟让究竟是个什么样的人?

在这里,我说三件小事,大家就会看出,翟让是个什么样的人。

第一件事,翟让邀请李密的记室刑义期来赌博,翟让的赌风不是很好,赢得起输不起,刑义期自然不想白送钱财给翟让,于是百般推脱,找个借口没有去,结果,翟让大怒,派人把他抓来,打了八十军棍。

第二件事,翟让曾经警告过左长史房彦藻说:"你以前攻下汝南时,得了多少宝物啊,全都给了魏公,一点都不给我。难道你不知道,魏公的位置本来就是我的,没有我也就没有魏公的今天!"

第三件事,翟让的老哥翟弘是一个非常粗鄙无礼的小人,他的谋士王儒信和翟让的爱好相同,喜欢往自己兜里捞钱,买卖军职,贪污军功,无所不为,这两个人对翟让将上司的位置让给李密分外不满,于是,经常在翟让面前口出怨言。王儒信就时常劝翟让自领大冢宰,总揽一切事务,巧妙地夺掉李密的大权。翟让的哥哥更加直接,居然当众对翟让这样说,这个头领位置当然应该是由自己坐嘛,你要是不坐,也没有必要送给别人啊,我也姓翟,干脆你把这个位置让给我坐算了。听罢哥哥的话,翟让不以为意,哈哈大笑两声,就把这事情忘记了。

从这三件事,我想大家应该了解了翟让是个什么样的人,那就是粗鲁、狂妄。

以我的经验来看,要想做通粗鲁、狂妄之人的思想工作,是不太容易的,而且很可能他还会跟你闹翻脸。由此可以想象出，李密做翟让思想工作的时候，翟让是个什么反应。

既然好言好语你不听，那就是你死我活！翟让，别怪我李密心狠了。

要想成为雄霸天下的英豪，就必须舍弃心中的情义。李密告诉自己，不是嗜杀，不是为了个人的权力，才行这不仁之举，这是为了瓦岗军的前途，为了天下的苍生，为了真正的大义。

所以翟让只有去死。

虽然翟让死后，老营集团有的离开了瓦岗军，使瓦岗军的力量削弱了，但是内部思想更统一了，不再有派系之争，李密可以专心致志地实现自己的理想了。由于李密的存在，牵制住了洛阳二十多万的隋军，使隋军不敢轻举妄动，客观上为李渊起兵创造了条件。

窦建德

接下来介绍下一位猛男：窦建德。

窦建德，贝州漳南（今河北故县）人。这位猛男在年岁不大的时候，就显示出了生猛的性格。

有一次几个盗贼在晚上去他家抢劫，窦建德站在门边，等到盗贼进屋后，他充分展现出猛男的气质，一口气打死了三个人，其余的盗贼吓得不敢再进。盗贼只好请求将三人的尸首领回，窦建德说："既然你们不敢进来，那就把绳子投进来，我把尸体系在绳子上，你们再拽回去。"盗贼于是将绳子投进屋里，可是这位猛男却将绳子系在自己身上，然后让盗贼拽出去，盗贼们以为窦猛男格外开恩，便使劲地拽，等到了门口，没等盗贼兄弟们反应过来，窦猛男一通猛砍，将盗贼全部杀死。从这以后，窦建德在家乡便成了"明星"。

如果仅凭这件事，你就认为窦建德是个二愣子，那可是大错特错。

真正的猛男绝不仅仅是浑身的肌肉和威猛的身躯，他一定是一个重情重义的汉子。窦建德就是这样的人。

有两件事可以证明窦建德是个重情重义的人。

有次乡里人家中丧亲，因家贫无法安葬，窦建德在田中耕种时，听到这件事后，便将自家的耕牛给了乡里人，让其发丧亲人，结果他很为乡里所敬重。

大业七年（611年），杨广征兵攻打高句丽，窦建德应召入伍。为了使军队便于指挥，当时每个郡都要选出个领头的人，而窦建德凭借着独有的猛男气质，当选了本郡的头领。当时，山东发大水，与窦建德同县的孙安祖家被大水淹没，妻儿饿死。县令见孙安祖骁勇过人，也将他选入军中。孙安祖向县令陈述自己家中贫困，不愿入伍。县令大怒，处以鞭刑。孙安祖气极，杀死县令，投奔了窦建德。窦建德暗中收留了孙安祖。

所以成大事者必定有过人之处，有的靠智慧，有的靠勇气，而窦建德靠的是情义。

后来没过多久，山东发生了大饥荒，窦建德看到很多百姓过的是一种水深火热的日子，就对孙安祖发了一通感慨："文皇帝（隋文帝）在时，过的那是太平盛世的日子，而今调兵征伐辽东，都被高丽人所打败。现在到处都是灾荒，皇上（隋炀帝）却不知道体恤百姓，还亲自征伐辽东，再加上以前年年东征西讨，留下的战争疮痍还没平复，如果现在起兵造反，只怕隋朝的江山不会再稳固几天啊，我认为大丈夫如果不死，就要想着立大功，不能总做逃亡之人。我知道高鸡泊（今河北故城西南）面积有数百里，地势纵深，可以逃难，应该多聚集一些人，等到天下有变故时，肯定能建立功业。"

经过窦建德这么一说，孙安祖顿时热血沸腾，反正大不了是个死，脑袋掉了，碗大个疤，咱们干了！

随后，窦建德帮助孙安祖聚集贫困农民和拒绝东征的士兵几百人，占据了方圆数百里的高鸡泊，举兵抗隋。孙安祖自称将军，号"摸羊公"。

"摸羊公"这个称号，是孙安祖自己封的，因为孙安祖在家乡时，手脚不干净，总是深更半夜地到别人家里偷羊。孙安祖并不避讳这些事，所以在起事后，干脆就叫"摸羊公"，意思是充分发扬当年"摸羊"的精神，将造反事业进行到底。

只是这一次摸的不再是羊，而是隋朝的江山。

其实任何一个时代的老百姓，只要皇帝、官员们能够稍微对他们体贴一些，相信再苦再难，也没有人愿意造反。自古以来，都是官逼民反，民不得不反。

这一次，窦建德也是不得不反，因为官府杀害了他的全家。

当时，清河鄃县（今山东夏津）人张金称纠集百余人，渤海蓨县（今河北景县）人高士达率千余人在清河一带起义，往来漳南一带，所过之处烧杀抢掠，也许是敬佩窦建德的人品，也许是由于别的原因，他们唯独不去骚扰窦建德所在的村落。

就这样，他们把窦建德给害惨了。郡县怀疑窦建德与他们私通，逮捕并杀害了他全家。

愤怒的窦建德仰天长啸，那一刻，一个铁血男儿的心在滴血。

于是从那一刻起，窦建德发誓与隋朝势不两立。随后他便率麾下二百人投奔了高士达，高士达自称"东海公"。

高士达任命窦建德为司兵。后来孙安祖被张金称杀害，其部数千人尽归窦建德。从此，窦建德势力渐盛，壮大到万余人，仍然往来于高鸡泊中。窦建德倾身接物，能与兵士同甘共苦，兵士为其尽效死力。

大业十二年(616年)十二月，涿郡通守郭绚率兵万余人攻打高士达。

高士达认为自己谋略不如窦建德，便以窦建德为军中司马，让他指挥作战。

窦建德掌管兵权后为了回报高士达的知遇之恩，让高士达留下看守辎重，自率精兵七千人前去抵抗郭绚。

面对多于自己数倍兵力的郭绚，如何才能打败他呢？窦建德陷入了深深的思考之中。他知道，以自己手头这点兵，想要跟郭绚硬拼，无异于自寻死路，可是有什么好办法呢？他忽然想到了三国赤壁之战时黄盖的诈降计。

随后，窦建德假称和高士达不和投奔郭绚。可是郭绚却有所疑虑。

这个时候就要看高士达是如何配合的了。看来古今骗术中，"托儿"这个角色扮演的好坏是很重要的。

高士达"打托儿"很有水平，他四处宣称窦建德背信弃义投降隋军，并将俘获来的一名妇女，当作窦建德的妻子，在军中杀掉。而窦建德这一边派人给郭绚递上降书，并说自己愿意作为先锋，带郭绚去攻打高士达。

就此窦建德、高士达两个人，一里一外，成功忽悠了郭绚。

郭绚相信了窦建德的话，率兵与窦建德相会，准备共同攻击高士达。郭绚遂放松了对窦建德的戒备，窦建德抓住战机，向郭绚发起突然袭击，大破郭绚军，杀数千人，获马千余匹，并将逃跑的郭绚斩首。自此，窦建德所率的起义军兵威大振。

郭绚兵败后，消息传到了江都，杨广怒不可遏。区区高士达、窦建德草寇之流，都摆平不了，你们怎配做我大隋王朝的臣子，真是一群废物。杨广的眼中喷射出了愤怒的火焰。

不过，愤怒是解决不了任何问题的，要想解决高士达、窦建德，就必须派出比郭绚更加能征善战的人。想来想去，杨广决定派手中的王牌将军杨义臣出马。

杨义臣的确是个猛人，一出马便首先在清河解决了张金称的部队。可是接下来他所做的事，很是不得人心。他把俘虏的义军全部杀死了。

有句话说得好：坦白从宽，抗拒从严。人家已经投降了，更没抗拒你，还要赶尽杀绝，小心遭雷劈。

既然投降也是死，抗拒更是死，实在抱歉，我们要找个能活命的地方。生存下去，是人的本能，无可厚非。所以一些溃散在草泽中的义军便相继投奔了高士达和窦建德。

杨义臣的心中充满了愤恨。这些盗寇，真是愚昧至极！他并不明白，对大多数来说，生存的利益是首位的。

杨义臣决定乘胜追击，进入高鸡泊讨伐高士达、窦建德。

隋军大举进攻，看起来高士达、窦建德的情况很不妙。

但窦建德是有办法的。他见隋军士气正盛，便对高士达说："这个杨义臣是很会用兵的，刚刚解决了张金称，现在来攻击我们，他们士气很高涨。我觉得应该避开他们的锋芒，他们马上想和我们开战，我们偏不跟他打，等到他们士气削弱了，咱们再突然袭击他，一定会取得胜利，如果现在就跟他们硬碰硬地拼，我估计不会打赢他们。”

> 敌进我退，敌驻我扰，敌疲我打，敌退我追。
>
> ——毛泽东

但是，高士达却偏偏不采纳窦建德的避敌锋芒、以逸待劳、伺机破敌这个正确意见。他让窦建德守营，亲自率精兵主动出击。上次我留下看辎重，你打了胜仗，树立了威信，这次你留下守营，我去立个功回来，我也要证明自己。

高士达的愿望是美好的，结果是事与愿违的。别看高士达“打托儿”技术一流，打仗实在差劲。因为打仗靠的不仅是勇气，更是智慧。高士达偏偏缺少脑子。

虽然刚一出马，打了几个小胜仗，但是高士达便忘乎所以。

原来杨义臣就这点本事啊！

消息传到窦建德那里，窦建德开始担心了。他对部下说：“主公只是打了几个小胜仗，便忘乎所以，肯定要吃败仗，而隋军会乘胜长驱直入，打到咱们这，到时候恐怕人心惶惶，肯定会一败涂地。”他决定率精锐百余人把守险要，以防高士达之败。

窦建德的判断是准确的。五天后，传来消息，高士达兵败被杀。

不过，义军损失了高士达，隋军也损失了郭绚，到目前为止，双方战成一比一。接下来，这场球双方该怎么踢呢？

杨义臣由于刚刚扳平了比分，士气正旺，肯定会全力进攻，力争拿下窦建德。而窦建德的策略是稳固防守，伺机反击。由于窦建德的起义军与隋军相比，无论是武器装备还是作战经验，都落后一大截，民兵组织对抗政府的正规军，还真够呛。

窦建德防守反击的策略，很快就泡汤了。当杨义臣追到北薄垒的时候，守兵得知高士达战死，全都一哄而散。

既然打不过人家，那就只有两种选择，一种是战死疆场，另一种就是主动逃跑。

窦建德寡不敌众，不能再战，只得率百余人突围而去。

留得青山在，不怕没柴烧。我胡汉三，还会回来的。

我在这里要声明一点，窦建德虽然战败逃跑了，但绝不是溃退，而是撤退。溃退和撤退的概念是不一样的。溃退的表现形式是漫无目的地逃跑，只要能保住性命，跑到天涯海角也要跑。而撤退的表现形式是有组织有目的地逃跑，保存有生力量，寻求东山再起。是不是一个优秀的军事指挥官，不仅在进攻时能表现出来，在打了败仗逃跑时也能表现出来。毕竟，没有常胜将军。

窦建德就是一名优秀的军事指挥官。他逃跑的目的地是饶阳(今属河北),因为那里隋军守卫力量很薄弱。那就搂草打兔子,占领饶阳。

窦建德的运气也是很不错的。杨义臣见高士达已死,并没有将窦建德放在心上,所以没有穷追猛打,领兵而回。不久后,他会为自己的这个决定而抱恨终身。

窦建德终于能够喘口气了,接下来的工作就是清点一下还剩多少兄弟,大家吃个饱饭,研究下一步怎么办。看着兄弟们一个个垂头丧气的样子,窦建德心里很不是滋味。这些兄弟们跟着我出生入死,其实都是为了活下去,但是现在……如何才能使兄弟们继续有信心地跟随我呢?要知道他们跟着我,等于是把脑袋绑在裤腰带上啊。要是还在家里耕田种地,他们可能会过得很踏实。不行,我一定要让他们重拾信心,让他们不后悔跟着我窦建德。

随后,窦建德做了三件事:为高士达发丧;召集亡卒;争取隋朝官吏的归附。

没过多久,窦建德的军威得以重振,并且很快发展到十几万人。

大业十三年(617 年)正月,窦建德在乐寿(今河北献县)建立政权,称长乐王。

关于窦建德的故事,我们先讲到这里,在后边这位猛男还会和李渊一较高低,我们以后再说。

事实上在隋末的历史舞台上,猛男级别的人物数不胜数。

在介绍了李猛男和窦猛男之后,我们再来介绍一位猛男。

这位猛男我认为他是所有的反隋势力中,最有实力与李渊掰手腕的人,可是最后由于策略不当,最终被李渊毒杀,其结局很是令人惋惜。

好了,不说这么多了,他就是杜伏威。

杜伏威

杜伏威,齐州章丘(今山东济南)人。

隋末各路农民起义中,势力最大的有三家:第一是翟让、李密领导的瓦岗军:第二是河北的窦建德;第三就是杜伏威。

与前两人相比,杜伏威的出身最为贫苦。翟让虽然是农民,但是好歹曾经做过官府的工作,李密是世袭的蒲山公,窦建德也算是个小土豪,杜伏威不同,他无财无势,是彻底的贫农出身。所以他来到这个世界后的第一份职业就是待业,因为他的家里实在太穷。

他与临济辅公祏结为生死之交,辅公祏多次偷姑姑家的羊接济他,可以说没有辅公祏的帮助,杜伏威早就饿死了。

不过,通过辅公祏源源不断地接济杜伏威这件事可以看出两点:第一杜伏威是很有人格魅力的,要不然谁会愿意不断地偷东西去帮助他;第二辅公祏也是个穷人，辅公祏要是个款爷，还用去偷羊？

杜伏威很感激辅公祏的帮助，虽然明知道这是接纳贼赃，但饥饿的滋味是难受的，于是就接受了，随后两个人结为了刎颈之交。

作为穷人，其首要问题就是吃饭。可是偏偏杜伏威和辅公祏的吃饭问题却不好解决。虽然凭着偷羊可以暂时解决一下吃饭问题，但这毕竟是犯法的事情，搞不好官府追究出来，会吃官司。

这种担心，绝非多余。虽然辅公祏是个"偷羊圣手"，其偷盗技术绝对一流，但是没有不透风的墙，没过多长时间，这件事情就被泄露出去。官府着手调查这件事情。

照说偷羊并不是什么大罪，最多也就是关进监狱待几年，但是你要看在什么时代偷羊，在隋末那个年代偷羊，可能会被杀头。

偷羊能和杀头联系在一起吗？是的，很有可能。因为当时是隋炀帝杨广统治的时代。

大家都知道，"造反"这个职业在当时来讲是非常走红的。杨广被造反派们搞得焦头烂额，所以情急之下，下了一道命令：允许地方官对盗贼自行处理，也就是说有可能把你关进监狱待几年，也有可能在你的脖子上留下个碗大的疤。

问题是你会碰到什么样的官员？如果碰到仁慈的官员那一切都好说，可是如果碰上酷吏，偷一文钱就能杀头，何况是偷羊？杜伏威虽然没有偷羊，但是接纳贼赃，同样有罪。

这就把杜伏威和辅公祏难住了，要不碰碰运气？可是万一碰上酷吏呢？人的生命只有一次啊，还是应该珍爱生命，远离酷吏。

那该怎么办呢？是啊，该怎么办呢？让我想想。

哎，你看，现在很流行"造反"这个职业，要不咱们也去试试？

造反？咱们行吗？

嗨！你没听过一句话吗？叫"王侯将相宁有种乎"。

好！要不咱们就去试试吧。

大业九年(613年)十二月，杜伏威和辅公祏两个人走上了造反事业的征程。那一年，杜伏威年仅十六岁。

既然决定造反，当然不能两个人单干。要不就拉拢一批人自己当老板，要不就去投奔别人，先当打工仔。对于杜伏威和辅公祏两个十几岁的少年来讲，让他们拉起一杆子人自己当老板，是不太现实的，所以两个人决定，先当打工仔。

于是两人就近参加了一支小起义军。

刚加入时两个人都只是小卒。但只要你付出了，就会有回报。在这一点上杜伏威做得就很好。

每次行军打仗的时候，杜伏威十分勇猛，进攻时冲在最前边，弄得对方以为他是个将军。而撤退时，他也总是带着几个人走在部队的最后边，帮着捡一捡部队沿路遗失的东西。这样的人，想不升职都很困难。所以很快，杜伏威就取得了大家的尊敬和信任，被推为首领。也就是从这时开始，杜伏威自己当了老板，逐渐扩充自己的势力，准备向淮南发展。

但是杜伏威深深地明白，江淮一带隋朝的力量比较强大，眼下凭着自己手头这点人，不足以对抗隋朝的正规军，要想真正地成就一番霸业，还得继续扩充自己的势力。于是杜伏威决定，努力寻找机会去联合和吞并附近的其他起义军。

他首先盯上了苗海潮。苗海潮的起义军在下邳（今江苏徐州市睢宁县境内）一带活动，势力不算小。但苗海潮有一个最大的缺点，就是欺软怕硬。于是杜伏威决定利用他的这个缺点，忽悠他一下。

杜伏威让辅公祏送信给苗海潮说，咱们都是苦于隋朝的暴政起来造反的，不过现在隋朝的力量还很强大，力分则弱，力合则强，如果你认为自己比我强，我就去投靠你；如果你认为不如我，那就来投靠我，要不然咱们就大战一场，一决雌雄。

这话说得够狠，很有些流氓会武术，谁也挡不住的感觉。话虽然说得狠了些，但是面对欺软怕硬的人，没有这一套，还真不行。

当苗海潮听到这样的话时，他心里敲起了小鼓，看来这个杜伏威不简单啊，不然的话，说话为什么这么硬气，即使他来投奔我，这样的人也是不好驾驭啊，要不和他干一场？看他话里话外的那个意思，好像很希望和我干一场啊？如果没有必胜的把握，他不敢说这样的话。

嗯，咱别敬酒不吃吃罚酒！于是苗海潮决定，归顺杜伏威。

收编了苗海潮的部队，现在的杜伏威已经是个大老板了，但要想成就霸业，当然是人越多越好。所以，紧接着杜伏威又瞄上了海陵（今江苏泰州境内）的赵破阵。

不过，这一次赵破阵却主动找上门来，招降杜伏威。因为他的势力比杜伏威大。

杜伏威可不是苗海潮，凭你几句忽悠人的话，我就会投靠你。想要招降我，你得有两把刷子才行，咱两家还不一定谁吞并谁呢。经过一番研究后，杜伏威决定吞并赵破阵，并且制订了一个周密的计划。

诈降！

他让辅公祏率领大队人马在外边接应。随后他只带了十几人去赵破阵那儿投诚并献上礼物。赵破阵一向轻视杜伏威，看到杜伏威来了很高兴，将杜伏威等一干人让进了内府。

这只能说明，赵破阵的脑子不是一般的差劲。结果赵破阵几乎是在毫无防备的状态下，被杜伏威当场刺杀。赵部群龙无首，全部归降。

实力大增后，杜伏威自称将军，开始纵横淮南。

杜伏威，这个响亮的名字将很快传遍大江南北。

大业十一年(615 年),东海李子通率所部万余人来淮南投靠杜伏威。这个李子通也是反隋势力中颇有实力的人物,胸怀大志。他起兵时是依附在长白山(山东境内)左才相手下,后来因为太得人心,被左才相嫉恨,不得已离开长白山。这次来到淮南投奔杜伏威其实有些逃难的味道。

李子通的投靠使杜伏威实力大增,杜伏威当然高兴,但千万不要忘记,李子通也是个胸有大志、不肯屈居人下的人,我们常说两个相爱的人在一起会碰撞出绚丽的火花,要是两个胸有大志、不肯屈居人下的人在一起,会碰撞出什么呢?

我相信,也一定会碰撞出火花,只是这个火花,不是绚丽的,而是血红的。

没过多久,李子通突然就脱离了杜伏威,带着自己的部队去了海陵,自立门户。

刚来,为什么要走呢?是啊,为什么又要走呢?因为杜伏威逼着李子通必须走。

再不走,我的兄弟就都成你的了。

一山难容二虎,一军没有二主。

在左才相手下,李子通就是因为太得人心,被左才相嫉恨,而被迫出走。在杜伏威这里,难道李子通就变成绵羊了?答案是——不可能。

江山易改,本性难移!

当然,一个巴掌拍不响,这里边杜伏威也是脱不了干系的。

不可否认,杜伏威和李子通都是枭雄,但凡枭雄之类的人物,都有一个共性,那就是心胸狭隘,猜忌心强。杜伏威对于李子通的到来,表面上很高兴,暗地里却是猜忌。

相信杜伏威对李子通被迫脱离左才相一定有所耳闻。李子通投靠杜伏威也是因为迫不得已,内心深处也是防备杜伏威的。

这就是一对矛盾体。所以两人在一起时,基本上都是面和心不和。

时间一长,李子通就不会有好果子吃了,杜伏威肯定会给他小鞋穿。所以李子通最终决定,向杜伏威打个辞职报告,不过虽然我走了,但是杜伏威,你的做法实在让人受不了,我李子通不是光杆司令,我手底下也有兄弟,我岂能就此善罢甘休?

所以,结论就是——必有一战。

率先出手的是李子通,他让手下人袭击杜伏威。杜伏威由于没有防备,被打得大败,幸亏手下的大将王雄诞挺身而出,在危难时刻抱着杜伏威躲进了芦苇丛中,方逃过一劫。

也许真是应了那句话:屋漏偏逢连夜雨。

杜伏威还没来得及喘口气,隋将来整就率军攻打他。

自古英雄多磨难,一点也不假。

杜伏威本来就刚刚被李子通炒了一次,现在又冒出个来整。可以想象,杜伏威就像个被警察通缉的罪犯，在哪待着都不安生啊！又是大败。这一次救他的是部将西门君仪的妻子王氏，王氏仗着自己力气大，背着杜伏威一通撒丫子跑。这是杜伏威一生当中最狼狈的一次。

其实人都有背运的时候，关键是在背运时，你的意志是否坚强。

只要你意志坚定，一切都会好起来的。阳光总在风雨后。

唯一让杜伏威心里稍微平衡的是，来整在进攻杜伏威的同时也进攻了李子通。李子通也被打得大败。

对杜、李二人来说，这次火拼简直就是成语“鹬蚌相争，渔翁得利”的绝妙注解。对于李子通来讲，更是损人不利己。辞职不干了，自己想当老板，本无可厚非。买卖不成仁义在。既然已经走人了，何必采取极端的报复方式啊？平白结下了杜伏威这个可怕的仇家，为以后杜伏威大举进攻自己埋下了伏笔。

连续两次死里逃生，杜伏威的部队伤亡很大，失去了称霸的实力，只好四处游击，不断吸收流民加入以扩充势力。好在经过半年的恢复，杜伏威又扩充了数万人，并控制了江都附近的六合县作为根据地。

大业十二年(616年)七月，杨广来到江都巡幸，杜伏威正好就在江都他眼皮底下。为了保障自己巡幸的安全，杨广派出大将陈棱带八千精锐讨伐杜伏威。

陈棱的这八千精锐，虽然人少了点，但真正称得上是隋朝的精锐部队。

在此之前我们说过，杨广为了镇压农民起义军，将自己的禁军卫队，都投入了战斗，这八千人就是杨广禁军中的精锐部队。杨广基本上将自己手里最好的牌给了陈棱。

陈棱临出征时，杨广只给了他一句话：“剿灭杜伏威，带着他的脑袋来见我。”

要说起这个陈棱，也算是一个猛人，当年曾经率领大军远征琉球(今台湾)，俘虏了琉球王室的成员，为隋朝立下大功一件。

不过，陈棱虽然够猛，但是打仗有个特点：外战内行，内战外行。

什么？说颠倒了吧？

没有，陈棱将军就是这样的一个人。这次讨伐杜伏威，八千禁军兄弟，基本上被他打光。

刚开始的时候，陈棱凭借着军队训练和器械远强于杜伏威，打了几个胜仗，搞得杜伏威东躲西藏，好在陈棱兵力不多，杜伏威才勉强和他打个平手。但是接下来发生的一件事，就证明了陈棱的脑子出了问题。

事情的经过是这样的：

杨广到达江都后，江淮地区在这位仁兄的“精心治理”下，广大人民过上了“吃不饱，穿不暖”的“小糠”生活。史书记载：老百姓先是吃树皮树叶，实在没吃的，就煮土为食，最惨的居然到了“诸物皆尽，乃自相食”的地步。

中国历史上虽然出现过很多次“自相食”的局面，但那都是在山高皇帝远的偏远地方，而江都这样原本富庶之地，又是天子脚下，居然也会“自相食”，由此可见杨广实在不是当皇帝的料。

隋朝想不灭亡，都很困难。

其实当时政府的粮仓里有足够的粮食可以救灾，隋文帝在位时，一直很重视国家的粮食储备，就是为了防备万一。如今“万一”出现了，可是杨广正在享受，根本不去理会老百姓的死活，而地方官又没得到命令，谁敢擅自开仓赈济灾民？

吃饭问题是头等大事。既然无法从国家那里得到赈济，实在抱歉了皇帝陛下，我们肚子实在饿得慌，杜伏威可以解决我们的温饱问题，我们要去投靠他。

也就是在这个时候，杜伏威乘机吸收了大批难民，势力迅速膨胀，军事力量超过了陈棱。

随后杜伏威主动向陈棱挑战。

这个时候陈棱的脑子还是比较清醒的，知道战局不利，任凭杜伏威怎样骂他祖宗八辈，就是龟缩不出战。这一下，杜伏威可着急了。

不能总是这么耗着啊？人家陈棱是正规军，是吃皇粮的。自己可是自力更生，除了打仗还得自食其力，不能天天跟他耗啊？怎么办呢？

杜伏威忽然想起了司马懿。他于是派使者给陈棱送了一套妇女衣裳，当年诸葛亮就是给司马懿送了一套妇女衣裳，想激司马懿出战。在此基础上，杜伏威又发挥了一下，还送陈棱一个外号叫“陈姥”（陈老太太）。

怎么样？陈老太太，不敢出战，就回家去抱孙子吧！

杜伏威有诸葛亮的智谋，但是陈棱却没有司马懿的智商。

是可忍，孰不可忍，陈大将军怒火中烧，下令全军出战。

这一仗打得十分激烈，杜伏威亲自上阵，但是不小心被暗箭射中。紧要关头，他展现出超凡的猛男特质，怒吼：“不杀了你，我就不把箭拔出来。”然后就像当年的夏侯惇一样直冲过去，把那个弓箭手一刀斩于马下。

这种近乎疯狂的作战风格，使陈棱的部队大为惊恐，军士们心中都在想：“这位仁兄被箭射中了，怎么还不死呢？莫非是天神下凡？”

惊恐之下，必然慌乱！

结果陈棱被打了个全军覆没。而“陈老太太”侥幸脱险，单骑逃回了江都。

从此，杜伏威趁势扩大战果，占据了高邮、历阳等重镇。并在历阳自称总管，封辅公祏为长史。也就是从这时开始，杜伏威在江淮地区，成了“跺跺脚，震三颤”的人物。

由于杜伏威的存在，江淮地区的隋军被牵制住，减轻了北方农民起义军的压力，客观上也为李渊起兵创造了有利条件。

李渊的苦衷

好了,现在因为有了李密、窦建德、杜伏威这三大猛男的不断折腾,相信杨广身边的宫女再给他唱多么好听的歌谣,他也会整夜地失眠。

就在三大猛男用尽各种手段,不断折腾杨广的时候,李渊也在磨刀霍霍地准备起兵造反。

李渊在杨谅起兵造反的时候,就曾经动过造反的念头,但是为什么一直到了大业十三年(617 年),才真正决定动手?

历来人们对李渊的起兵造反的事情颇有争议。人们普遍认为李渊胆小如鼠,决定起兵造反,是受了李世民和一帮谋臣的忽悠,不得已而为之。

如果你也这样认为的话,那么我告诉你:大错特错。

这再一次说明了李渊是个有政治经验的老手。前面我说过,李渊整天地吃喝玩乐,发挥“装蠢”的本领,除避开杨广的耳目之外,还有起兵造反时机不成熟的原因。

第一,地理环境。

李渊所在的太原地区,是当时隋朝的军事重镇,朝廷在其周围布有重兵,如果贸然起兵造反,很可能会被灭掉。杨谅、杨玄感就是个例子。

第二,王威、高君雅的监视。

王威、高君雅是杨广的亲信,来到太原就是为了监视李渊,相信这两个人在暗中没少向杨广汇报李渊的情况,李渊必须小心应对,不能轻易地向人吐露真言,以至于当李世民劝李渊起兵造反时,李渊在自己的亲生儿子面前,都着实当了回演员,非要把这个宝贝儿子送到官府。山西就数你官最大,你还想把他往哪送?可见李渊的表演功底是相当深厚的。

第三,忠君观念的影响。

应该承认,李渊毕竟是杨隋皇室的世臣,又是至亲。在那个忠君思想占主流的时代中,在李渊的头脑中,有着很深的君臣礼教观念,在这种观念的支配下,让他终身背负一个“叛主”的罪名,我想换了谁,都会慎重考虑的。人毕竟不能脱离当时的社会背景,更何况李渊不同于那些没有饭吃的农民,试想谁愿意放弃一份非常有前途的高级公务员工作而去造反?

通过上边的分析,我们可以看出李渊其实是在等待一个有利的时机,而这个时机的内容是,顺时而起,推翻隋朝的江山,但又不失自己的名节,将来一旦取得天下,才能稳坐皇位。

所以我说,李渊能做成大唐帝国的开国皇帝,不是偶然的,它来自长时间的谋划、隐忍,还有对时局敏锐的判断力。

只是李渊没有想到起兵造反的时刻,到来得有些意外,以至于让他措手不及。

大业十三年(617年),突厥来犯。李渊派副手高君雅和马邑太守王仁恭合击突厥,结果被打得大败。消息传到杨广那里,杨广表情温和地说了一句话:“速派专使赶往太原,缉拿李渊和王仁恭问罪!”

杨广,这是你逼我造反的!

不反也得反

李渊战败,惹恼了杨广。李渊你明明知道现在好多人搅得我不得安生,偏偏在这个时候,你还给我添乱!你酒喝大了是不是?你那些“扯虎皮,拉大旗”的计策都哪去了?

皇帝很生气,后果很严重。具体的处理方法是,就地免职,听候发落。

李渊的心里敲起了小鼓,现在全国可是造反事业一派红火,杨广的眼睛都蓝了,偏偏在这个时候,出了这样的乱子。李渊的肠子都悔青了。

“我真应该亲自出战啊,上次回击突厥时,瞧王仁恭那个熊样,这次就不应该用他,还有那个高君雅,看来和王威一样,都是酒囊饭袋。”

不过,世界上是没有卖后悔药的。

“下一步杨广会怎么处理我呢?”

“以杨广现在心理变态加惊恐症的表现,即使没事的时候,杀人也是从来不需要理由的,何况自己又打了败仗,这等于给了杨广一个杀掉自己的理由,完了,这次是死定了。”

杨广,早知道今日如此,上次你在雁门被围,我就不应该救你!不行,我不能坐以待毙,长时间以来的隐忍和谋划不能就这样白白地泡汤。既然你不仁,就别怪我不义。老子反了!

其实我的心早已背叛了你,只是我一直努力地控制着自己。但是,今天我不得不反。从现在开始,我将与你彻底决裂。

将杨广推向火坑

就在李渊刚刚下定决心造反,并且和手下人精心谋划时,命运和李渊开了一个天大的玩笑。

杨广的第二封诏书到了,其内容是,赦免李渊无罪,恢复原职。

恢复原职?哇!杨广怎么了?苍天啊!大地啊!这是哪位天使大姐,让杨广良心发现啊，居然赦免了我。

高兴归高兴，接下来的一个问题是，造反的理由没了。这可令李渊一时不知所措。

“要不再等一等？毕竟现在师出无名了。”

不可以，李渊，你要知道，现在所有的人都知道了你在策划谋反，即使你现在想放弃，也已经晚了，杨广知道了，你还是死路一条！

既然已经不能回头，那我只有勇敢地向前冲。前边也许是万丈悬崖，但我宁愿摔得粉身碎骨，也不愿受杨广的杀戮。不过，造反大计虽然定下，但具体的实施步骤，还是应该精心策划一下。

接下来要走的每一步，都必须谨小慎微，因为一旦出现差错，那将功亏一篑。既然已经下定决心，就要取得最终的成功。

第一步：聚齐家眷。

当时李建成和李元吉都在河东郡，女婿柴绍（平阳公主的丈夫）在长安，李渊迅速地召集他们齐聚太原，因为如果不召回他们，也许你在太原刚刚起兵，他们的人头就会随之落地。

第二步：取得群众的支持。

造反不同于打群架，几个人抄家伙一拥而上，将对方打个鼻青脸肿。造反是需要有群众基础的，不走群众路线，任你天大的本事，也是白搭。那么如何争取群众的支持，这是门学问，而李渊是这门学问的专家。在当时来讲，想要群众支持你，首先要让群众对隋朝产生反感。

随后，李渊出了个损招，让刘文静诈写杨广的诏书，具体内容是，征发太原、西河、雁门、马邑诸郡的百姓二十岁以上、五十岁以下者皆为兵，定于年终在涿郡集合，攻打高丽。

诏书一宣布，群众一片怨声载道。

“怎么又去打高丽？还有没有完啊？”

“是啊，打了人家三次，都没打赢，还要去送死啊！”

“反正我是不去！”

“这日子没法过了。”

……

看着群众怨声载道的样子，李渊的心里乐开了花，果然达到了预期的效果。

第三步：招募军队。

在这里首先说一下，在隋唐时期，即使是封疆大吏，自己手中能调动的兵力也是极其有限的。朝廷有令，各地方遇到紧急情况时（包括外敌来袭、叛乱等），各地方长官可以招募军队，但同时必须立刻上报朝廷。

现在群众都知道如果参加了李渊的部队，就不会跟着隋军前往高丽送死，所以如果李渊征兵，相信大家一定会积极地响应，但是有一个问题阻碍了招募军队这件事。

目前没有紧急情况啊,想要征兵,给个合适的理由先?

事实证明,李渊的运气那是相当的好。不久,一个合适的理由出现了。

刘武周杀死了王仁恭。刘武周是谁?这和李渊征兵有什么关系?

征兵

刘武周是马邑太守王仁恭的手下,时任鹰扬府校尉。杀死王仁恭,是因为他和王仁恭的小妾私通,怕事情泄露。

这个理由要是说出来,天下人是会笑掉大牙的。所以刘武周就散布舆论说王仁恭不体恤百姓,如何如何腐败,如何如何有生活作风问题,等等,结果还真忽悠了一批人,趁着王仁恭视察粮仓的时候,干掉了王仁恭。

自己的上司,那可是朝廷命官,诛杀朝廷命官,这事要是传出去,杨广非得把自己挫骨扬灰不可。所以,刘武周一不做,二不休,干脆反了。凭什么他杨广就是真命天子?现在全都忙着造反,我也当把弄潮儿!

刘武周确实有造反的能力。

集兵万余人;攻破雁门郡、楼烦郡;占据汾阳宫,自称太守;开仓济贫;投靠突厥,被突厥封为"定扬天子"。

五个步骤环环相扣,一气呵成。

刘武周把该做的事全都做了。这是一个和李密、窦建德、杜伏威一样有勇有谋的猛男。只是更狠!更坚决!更干脆!

刘武周来势汹汹,下一个目标很可能就是太原。

这样一来,李渊就有了征兵的理由。身为太原的地方长官,北边发生了叛乱,再不采取行动,除朝廷追究你的责任之外,相信老百姓的口水也会把你淹死。借着刘武周叛乱的机会,招募军队,这个理由再合适不过。

可是会不会有人识破呢?尤其王威、高君雅这两个小子,别看打仗一副熊样,一沾这种事,那是相当敏感,万一让他们看出来,在杨广那给我打个小报告,弄不好兵没招来几个,再把自己的命搭进去。

如何摆平这俩小子呢?最好是,征兵这件事,从他们的嘴里说出来。李渊决定召集部下,召开紧急会议,商议怎样对付刘武周。

会场的气氛是严肃的。李渊首先致开场词:

"诸位啊!太原危急!山西危急!我大隋王朝危急啊!"

李渊的开场词震荡人心。

"唐公,此话怎讲!"

"刘武周大逆不道,杀死朝廷命官投靠突厥,已经占领雁门关,距离我们太原只有三百里。”李渊装作不知所措。

“哦？有这样的事？发兵立刻讨伐他！”王威首先表态。

“哎呀！王将军，我又何尝不想这样做啊。只是……”

“只是什么？请唐公明言！”高君雅马上追问。

“只是咱们兵不多啊。按说应该向朝廷申请即可征兵，可是皇上在三千多里之外的江都，等皇上同意咱们征兵了，那个时候刘武周也打过来了，可是没有皇上的同意，咱们是不能擅自征兵的啊！”李渊说完，瞟了一眼王威和高君雅。

两个臭小子，看你们怎么回答。

“唐公您是这里的最高长官，这事不能不管啊。您尽管征兵，皇上那里我们去说！”王威和高君雅两个人拍着胸脯说。

“这个……”

“哎呀！唐公您就别犹豫了！”

这就是应了那句老话：让人卖了，还帮人数钱呢。所以我奉劝那些经常参加各种会议的人，尤其是年轻人，在开会时，千万不要急于表达自己的意见，不能犯王威和高君雅这样的错误。

李渊，你别想消极怠工，保存实力。要不是我们哥俩积极促进，太原说不定就落入刘武周手里了，别以为我们哥俩不知道你怎么想的。

嘿嘿，其实你们俩就是不知道我怎么想的。两个白痴，要的就是你们的这个态度。

李渊不仅是个政治老手，还是个投机分子，利用了王威和高君雅两个人，钻了隋朝法律的空子，合法地进行征兵。

这一次，李渊共征集了三万人。枪杆子里面出政权！手里有兵，感觉就是踏实。

心生毒计

下一步，就是要给手下人分派任务。

王威和高君雅高兴了，这两个人认为，李渊肯定会把新招来的兵分给他们一部分，毕竟两个人是二把手，除了李渊就数他们最大。

大人，这次分给我们多少兵啊？

让你们带兵？当我白痴啊？那我还怎么造反？

王威，你和裴寂一起掌管军粮，负责后勤工作，这可是个重要的职位，好好干啊，你很有前途。

高君雅，你把守高阳城，盯着点刘武周，如果他打过来，你先替我顶一阵啊。如果有什么疏忽，我唯你是问！

那您呢？

我？嘿嘿。

史书记载：以兵马铠仗，战守事机，召募劝赏，军民征发，皆须决于帝。

兵权当然要掌握在自己手里。至于你们俩，当然要一脚踢开。

李渊决定让李世民、长孙顺德、刘弘基三个人分管新招来的兵。

李世民、刘弘基大家都很熟悉。在这里，介绍一下长孙顺德。

长孙顺德是李世民夫人的族叔，他的经历和刘弘基有点相似，也是杨广征高丽时，不愿意到前线去当炮灰，结果跑到太原，投靠了李渊。

虽然长孙顺德和刘弘基这两人是朝廷的罪犯，但在李渊看来，他们现在有个共同的身份：心腹。让自己人带兵，当然放心了。

但是，很快这个决定就引起了王威和高君雅的怀疑。

什么？让长孙顺德、刘弘基带兵，咱这上司是怎么想的？王威和高君雅百思不得其解。

李世民是上司的二公子，让他带兵，我们没有意见。长孙顺德和刘弘基是什么人？临阵脱逃，那是朝廷的罪犯啊！官府还曾经通缉过他们，让他们带兵，我们不服。

现在咱哥俩梳理一下，按道理来讲，李渊最应该把兵权给咱们，可是他偏偏不给，长孙顺德和刘弘基是罪犯，居然能带兵，最关键的是他们都是李渊的亲信。莫非……

李渊是不是要造反啊？

造反？

这可不得了！

先前咱哥俩还让他招兵呢，真是糊涂啊！

这个老狐狸，真狡猾！

没关系，既然现在咱们已经识破他的诡计，就应该阻止他，为皇上尽忠。

咱们先逮捕长孙顺德和刘弘基，看看李渊是个什么态度。

等一等，现在咱们毕竟只是猜测，说句心里话，人家不让咱哥俩带兵也有道理，咱哥俩到太原后，总是打败仗，人家让咱带兵，能放心吗？

那我也觉得他动机不纯。

要不咱去找武士彟商量一下。

好，找他去。

武士彟是个有钱人，靠经营木材生意起家，同时也是个名人，因为他有个大名鼎鼎的女儿，就是后来的武则天。在长孙顺德、刘文静、唐俭、刘弘基等人都还没投靠李渊时，他就和李渊结成了密友，算是老资格了，也曾经忽悠过李渊起兵造反，还向李渊献过兵书，所以深得李渊的信任，担任行军司铠参军。

武士彟有个最大的特点：八面玲珑。

虽然是李渊的心腹,但是和王威、高君雅的关系也不错,毕竟这两位是中央派来的人,在当时来讲,李渊还没当皇帝,谁也不知道以后会不会成功,所以眼下必须和这两个人搞好关系。不然的话,这二位在杨广面前说几句自己的坏话,那可是吃不了兜着走。

这就是武士彟的精明之处,武则天就继承了父亲的这种八面玲珑的基因。

相信在平常的日子里,武士彟经常会和王威、高君雅这两个人喝喝酒、下下棋什么的,关系很融洽。所以这一次,王威和高君雅才决定找武士彟商量。

“武参军啊,你说长孙顺德和刘弘基是朝廷的罪犯,官府还曾经下令通缉过他们,让他们带兵,真不知道唐公怎么想的。我们想把这两个人抓起来,你看怎么样?”

这两个白痴算是问对人了。

武士彟是个精明的商人,王威和高君雅在他面前,幼稚得就像幼儿园的小朋友。

虽然咱们关系不错,但是你们难道不知道,我的心早已属于唐公?

“哎呀!这个恐怕不好吧!”武士彟故作深沉状。接着武士彟缓缓地说了一句话:“长孙顺德和刘弘基都是唐公的人,在唐公的地盘上,二位要逮捕唐公的人,恐怕不会有好果子吃吧!”滴水不漏啊,这句话是一种威胁,可是听起来,好像还是替王威和高君雅着想。这就是水平!

“嗯,还是武参军想得周到啊,看来此事还得从长计议啊。”

“谢谢啊!”

你看看,到此为止,王威和高君雅被成功忽悠。

但是,随着造反准备工作步伐的加快,造反这件事已经逐渐公开化。王威和高君雅两个人即使再白痴,也能够看得出来,毕竟纸里包不住火。作为隋朝的忠臣,王威和高君雅当然不甘心眼睁睁地看着李渊起兵造反。

李渊,只要有我们在,绝不会让你得逞。虽然我们曾经并肩作战,出生入死。但既然你选择造反这条路,那我们就不再是战友,而是敌人。李渊,拿命来!于是两个人,想出一条毒计。

将计就计

两个人决定除掉李渊。

王威和高君雅心里清楚,在山西这块地盘上都是李渊的人,如果和李渊硬碰硬地对着干,肯定没戏,更何况自己的手里,没有兵权。

作为朝廷的特派员,不能眼睁睁地看着李渊造反,而不管不顾。所以两个人定下了智取李渊的计策:借口山西大旱,让李渊这个一把手到晋祠求雨,然后在那里结果了他。

李渊要是死了,他手下那批人就会树倒猢狲散。到时我们哥儿俩就是这里的最高长官,还不是我们说了算。

实事求是地讲,王威和高君雅的计策还是十分可行的。在当时来讲,为民求雨关系到老百姓的切身利益,任何地区的主官都不能无故推辞,李渊作为山西地区的一把手当然责无旁贷。

最重要的一点是,为了使自己的诚意感动上苍,在求雨的时候,不能带太多的护卫。趁这个机会将李渊干掉,然后带着李渊的人头去江都请功,相信这两位仁兄一定会升官发财。但是,现在有个实际问题需要解决,两个人的手里没有兵啊。

即使李渊不带护卫,相信李世民到时也会在身边,那小子可是个猛人,有人要宰他老爹,他不抄家伙拼命才怪。

可是到哪里去找兵呢?刺杀这个活,不能靠我们哥俩单干啊?李渊身边的人,那肯定一个都不能找,要找就从下级里找。

于是这两位仁兄想到了一个人,这个人的名字叫刘世龙,时任晋阳乡长。在王威和高君雅看来,刘世龙是个听话的人,也是个三杠子打不出个屁的主,这样的人应该还是很令人放心的。

可是刘世龙却是个不折不扣的老油条。

"刘乡长,我们哥俩和你商量个事!"

"二位大人大驾光临,刘某人倍感荣幸,有事好说,有事好说啊!哈哈!"

"李渊这个老狐狸,吃了豹子胆想要造反,我们准备在他求雨时干掉他,不过现在我兄弟俩手底下没有兵丁,劳烦刘乡长,在你的乡里征点兵丁,借我们使使,事成之后,我们奏明皇上,保你升官发财。"

"好啊,好啊,李渊那个老鬼,我早就看他不是个好东西,您放心,征兵这事包在我身上。"

"嗯,好好,刘乡长很明事理啊,不过这个事千万不能传出去啊!"

"您就放心吧!您还信不过我这张嘴啊!"

上司发话,他刘世龙敢不听?正常情况下是要听的,但问题是现在情况不正常。

王威和高君雅走后,刘世龙开始积极地行动起来。怎么行动呢?向李渊报告。因为他和李渊有一种特殊的关系,这一点,王威和高君雅并不清楚。

早在李渊刚到山西任职的时候,刘世龙就在裴寂的引荐下前去拜访李渊,而李渊在见到刘世龙时,并没有摆出一副官儿架子,相反对刘世龙还很热情,并且虚心向他请教。山西地区最高的长官居然这样热情地对待一个小小的乡长,这使刘世龙很受感动,从那一刻起,刘世龙发誓,找机会一定要报答李渊。如今这个机会来了,而且是关系到李渊的身家性命,刘世龙怎能错过?

“性格决定命运”这句话真是有道理。李渊的性格决定了他的命运。

古今成大事者，除他有勇气、智慧、意志坚强、机遇之外，我坚信他的身上一定会散发出某种特殊的人格魅力。而刘世龙作为一个小人物，在历史长河中的某个特殊时刻，左右了历史的进程，也充分印证了那句话：历史是由人民创造的。

不要鄙视小人物，每一个生命都是独立的、有尊严的个体。

千万滴水汇聚一条长河，千万个人也汇聚成一条长河，历史的长河。

当李渊听到刘世龙说王威和高君雅要刺杀他时，他并没有愤怒。因为他懂得，一个大厦将要倾倒时，总会有人想力挽狂澜。也许他独木难支，但他即使被这个大厦压得粉身碎骨，也在所不惜。

“愚蠢至极却又忠义可嘉啊！”李渊发出了由衷的感叹。

虽然我敬佩你们的忠义，但终究我们不同路。在这条你死我活的道路上，我想要成功，所以，你们只有死。

第四章
晋阳起兵

自编自演

大业十三年(617年)五月十五日清晨,晋阳宫。

此刻李渊正在召开工作会议,参加会议的有裴寂、长孙顺德、唐俭、刘弘基、王威、高君雅等人。会议的内容是商议怎样防备刘武周南侵,以及到晋祠求雨事宜。

但是,在这个会议上,首席谋臣刘文静却没有在场,他被李渊派去完成一个很重要的任务。这个任务远比参加会议重要。因为这是一个置王威和高君雅于死地的任务。

就在会议进行中,大家彼此交流意见之时,刘文静带着开阳府司马刘政会突然闯了进来。

“放肆！难道不知道正在开会吗?”李渊怒斥刘文静。

“启禀唐公,开阳府司马刘政会有事禀报。”刘文静并不慌张。

“那也应该事先通报一声啊!”李渊不快地说。

“这一点卑职当然明白,只因事情紧急,来不及通报,所以闯进来,请唐公恕罪!”

“什么事这么紧急啊?”

“刘司马有一旨密状要献给唐公。”

“密状？状告何人啊?”

“这个……”刘文静的眼睛转向了王威和高君雅。

“王威啊！赶紧把密状接过来，看看状告何人。”李渊对王威说。

“不行，唐公！这个密状就是状告两位副留守的，唐公必须亲自看才行。”刘政会急忙说道。

“哦？状告副留守？怎么会有这种事？把密状拿过来！”

刘政会将密状呈给了李渊。

“状告我们？这是谁这么有个性啊？”此刻王威和高君雅也许还不明白，他们的生命即将走到尽头。

当李渊看完密状后，他的脸色瞬间由红润变成铁青。

“混账！王威、高君雅你们两个人竟然敢勾结突厥犯我山西！”李渊瞬间拍案而起。

“什么？勾结突厥？没影儿的事啊！”王威和高君雅瞬间被搞蒙了。

“来人！把这两个人给我绑了，投进大牢听候发落！”李渊下令。

长孙顺德、刘文静、刘弘基、刘政会四个人一拥而上将王威和高君雅五花大绑地捆了起来。

“唐公！我们俩冤枉啊！这是想造反的人存心污蔑我们啊！唐公，唐公……”

两个人的声音越来越远。当两个人即将被拖出晋阳宫时，他们看到李渊的脸上忽然露出了一丝诡异的笑容。两个人瞬间明白了，这是一个精心设计的圈套。原来，你全知道！

是的，我全知道了，只有你们哥儿俩还蒙在鼓里。

李渊随即宣布起兵造反，史称晋阳宫兵变（晋阳起兵）。

终于等到了这个时刻，文武众将一致拥护。

表现最积极的就是晋阳宫监裴寂。这个曾经和李渊一起“装蠢”的人，看到老伙计终于下定决心要开创一片新天地时，抑制不住内心的激动，将晋阳宫中九万斛白米、五万匹布帛、四十万副铠甲，全都捐给了李渊。

而裴寂当时并没有意识到，他现在所做的这一切，将为自己在后来的“刘文静事件”中准备足够的政治资本。

虽然李渊先发制人，将王威和高君雅逮捕，但是说他们勾结突厥并没有真凭实据。随便地抓人，如果不能给合适的理由，老百姓也不答应，更何况两个人是杨广的亲信。

但历史往往就是一个个机缘巧合的集合体。不该来的，却真的来了。

五月十七日，突厥来袭！

突厥人来了

在晋阳宫兵变这场大戏中，本来没有突厥人的戏份，但就在这场大戏即将谢幕时，突厥人开始成了主角。

数万突厥骑兵，来势汹汹，驻扎在太原城外。更可气的是，突厥骑兵中的轻骑兵部队从太原外城的北门进东门出，不断地进行挑衅。李渊的肺都快气炸了！

但是，尽管这样李渊并没有盲目地出战。作为一个久经沙场的战将，李渊当然明白自己手中的这点儿人，不足以和突厥骑兵硬碰硬地对抗。

要想打败突厥人，还得靠智取。于是李渊再次祭出他屡试不爽的“疑兵忽悠术”。疑兵次次用，次次都不同。最终目的就是把你忽悠得晕头转向。

李渊这次的忽悠计策是大开城门、把城头上所有的旗帜全都撤掉，守城的士兵不许向外张望，不能高声说话，很像《三国演义》中诸葛亮的空城计，只是诸葛亮的空城计是子虚乌有的事，李渊的空城计却是真实存在的。

同时，李渊又派部将王康达和鹰扬郎将杨毛率领千余人秘密地前往太原北门，埋伏在隐蔽的地方，等突厥的轻骑兵部队撤退时，发动突然袭击，夺取马匹，据为己有。

但是，李渊提醒王康达和杨毛，如果看到突厥人撤退，千万不要急于进攻，一定要等所有的人都走过去，再从背后进行突然袭击。

城门大开，死一般的寂静，突厥人的挑衅暂时偃旗息鼓。

咦？这是个什么阵势？

欢迎突厥代表团到我山西访问交流啊！欢迎！欢迎！热烈欢迎！

什么？欢迎我们？脑袋瓜子被驴踢了？

突厥兄弟们远道而来，当然要欢迎了！

少来，想骗我们进去，然后把我们一网打尽，当我们是白痴啊。

可惜那个时候还没有《三国演义》这本书，如果突厥人看过诸葛亮的空城计，他们一定会为自己的撤退而后悔终身。

肯定有埋伏，还是速速退去为好。撤！回到外城，先与大部队会合！

好，既然不敢进来，那就撤回去吧，王康达、杨毛准备应战！

王康达和杨毛都是能征善战的人，但是两个人都有个致命的弱点：性格急躁。

看到突厥的轻骑兵呼啦哗啦地向太原外城撤去，尤其看到突厥人胯下膘肥的马匹时，两个人早将李渊的话当作了耳边风。

“弟兄们，跟我一起上，把突厥蛮子的马夺过来。”王康达在突厥轻骑兵撤退的过程中下达了攻击的命令。

“将军,唐公说过,要等到突厥人都过去了才能攻击啊!”一个小兵提醒他。

“少废话!等突厥蛮子都撤走了,还夺什么?跟我上!”

王康达的勇气是不用怀疑的,作战的勇猛是无可挑剔的,但失败也是不可避免的。因为他遭到了突厥骑兵的前后夹击。

李渊正是充分考虑到了这一点,所以才叮嘱他们一定要等到突厥轻骑兵全部过完,才能攻击。

姜还是老的辣!

王康达和杨毛这两根嫩葱就只有被突厥骑兵逼得跳了汾水河。王康达不幸溺水身亡,只有杨毛和两百余名士兵侥幸游到了对岸,才幸免于难。

姑且算是伟大的胜利总会有些许牺牲吧。

也许突厥人没有见过大开城门的阵势,所以这一次突厥人有些心虚,他们甚至怀疑王康达、杨毛战败是不是李渊故意而为之。

麻痹我们的思想,让我们轻敌,然后我们打进城去,你们给我们来一个小锅炖肉。哼!没门儿!传令下去,驻扎在太原城外,静观其变!

忽悠

突厥人还是很聪明的,即使不进城,也没轻易地撤退。我只在外围夺你老百姓的粮食、马匹,看你管不管?百姓的死活难道你能视而不见?

这个策略确实够狠。

李渊开始着急了,打吧,打不过人家;不打吧,老百姓的死活不能不管啊!自己刚刚起兵,民心向背是很关键的。

既然这样,我只能使出最后一招了。如果这招还是不能让突厥退兵,那我李渊就倾全城之兵去和突厥蛮子拼个你死我活。

这个招数我称之为“表演忽悠术”,具体的实施步骤是这样的:

一、李渊趁着一个月黑风高的晚上,将一部分军队秘密地派遣出城,驻扎在城外不远的地方;

二、当转天早晨突厥兄弟睡眼惺忪起床的时候,这部分军队冒充援军,敲锣打鼓地进入城中;

三、以上做法反复使用。

突厥人彻底蒙了。一连几天就像看电影一样,看着这些“援军”一拨又一拨地来到太原。李渊这老鬼有两把刷子啊,哪招来的这么多援军啊?天兵天将吗?

突厥人想到了上次雁门之役和马邑之战时李渊的用兵入神,他们不明白李渊的葫芦里究竟卖的是什么药,真是麻秆打狼——两头害怕。

在突厥的阵营中,李渊开始被神化。

唉,你看到没有,这个李渊简直就是神仙啊。

是啊,是啊,这个人长得就不一般!

以前在雁门和马邑时都打不过人家,这次深入到人家地盘,我看凶多吉少哦。

那咱们该怎么办?

风紧!扯乎!

于是在一个宁静的夏天夜晚,突厥人悄悄地撤退了。

太原的局势稳定了,李渊被老百姓捧到了神坛之上。当然,也有人被推到祭坛之上,那就是王威和高君雅。

“宰了他们,宰了这两个叛徒。”伴随着老百姓们的群情激愤,李渊顺理成章地将两个人斩首示众。

忠诚是我们经常鼓吹的道德。王威和高君雅是忠诚的,但从结果看来,王威和高君雅却变成了历史的可怜虫。

历史的逻辑有时真是很诡异,诡异得让我们有些不知所措,它往往使人变得很渺小。

联合突厥

太原的局势虽然暂时稳定了,但李渊的心情没有就此平静。

和突厥人交手,使李渊逐渐认识到,现在虽然已经宣布起兵,但自己的基础还是相当薄弱,这个时候如果打出“推翻隋朝”的旗号,吸引了强大的隋军注意力,以自己这点家底,相信用不了多长时间,就会被打光。

所以李渊认为目前暂时应该打出“尊隋”的旗号,使自己的目标不至于过于明显。正所谓:挂羊头,卖狗肉。

李渊还认识到,在自己未来的征程中,如果不妥善地解决突厥问题,势必会使自己陷于被动地位,更何况还有个刘武周在虎视眈眈地注视着自己。

自己在前方浴血奋战,假如突厥兄弟和刘武周从背后一起拍自己的黑砖,这种滋味可是不好受。

要想使自己的后院不至于起火,就必须稳住突厥。武力解决显然是行不通的,唯一可行的办法就是——怀惠。

所谓“怀惠”就是给予对方一些恩惠,暂时地妥协于对方。对突厥实行“怀惠”,不仅可以解决自己的后顾之忧,如果顺利的话,还可以借突厥的兵马以壮声威。

在政治斗争和军事斗争中,没有永远的朋友,也没有永远的敌人。李渊作为一个深谋远虑的政治家和军事家当然明白这个道理。

随后李渊给始毕可汗写了一封信，内容大体是说自己要拯救天下的百姓，因此被迫起兵，目的是到江都把皇上迎接回来，继续实行以前对突厥的“和亲”政策，希望得到可汗的支持。事成之后，所有的财宝全都归突厥所有。

写完信后，李渊特意在信封上注明“李渊启”的字样。

在这里要向大家解释一下其中的含义，在古代的书信往来中，正常情况下都用“某某书”，如果用“某某启”则是一种很谦恭的态度，一般都是把自己摆在比对方低的位置。李渊在信封上写“李渊启”其实是把自己摆在了一个弱者的位置，可以满足突厥人的虚荣心，是一种权宜之计。

这虽然是个细节，但是细节往往决定成败。李渊的每一项工作都做得非常细致，所以李渊能够成就大事。写完信后，李渊长舒了一口气，相信始毕可汗看完这封信后，一定会很高兴！

但是，让谁把这封信送去呢？而且送信的人，除送信之外，还必须善于外交辞令，毕竟和突厥人打了很多年的仗，弄不好到那惹恼了突厥人，还不如不去。最好的结果是，通过这个人出使突厥，能达到迅速联合突厥的目的。

对于这个人选，李渊犯难了。李渊决定召开会议，与诸将商议此事。

“诸位，谁能担当这次出使突厥的重任？”李渊问道。

朝堂之下，一片沉默。

李渊有些失望，但是他能理解这些人。因为突厥是个野蛮的民族，也许这一去，就永远不会再回来，而生命只有一次。

“我去！”一个清脆的声音，打破了朝堂上的寂静，说话的人是刘文静。

“唐公，我愿担当此次出使突厥的重任！”刘文静坚定地说。

看到刘文静勇敢地站出来，李渊的眼睛有些红润。

“肇仁（刘文静的字）可有把握？”李渊急切地问。

“请唐公放心，我在晋阳为官数年，和突厥人有多次往来，这次一定会成功。”

那一刻，李渊就像三岁大的孩子一样，差点高兴得手舞足蹈。

“肇仁担此重任，何愁此事不成啊！”

刘文静出使的那一天，李渊亲自送他到太原城外，提醒他一定要见机行事，即使始毕可汗不同意联合，也没有关系，最重要的是平安回来。

看着刘文静远去的背影，李渊心里有一种说不出的复杂。

“我在晋阳为官数年，和突厥人有多次往来……”李渊的脑子里忽然闪现出刘文静的话。为什么你始终没有提起过？李渊的脸上逐渐显出了一丝阴霾……

大业十三年（617 年）六月，刘文静带着李渊的书信，昼夜兼程地来到塞北。

始毕可汗在大帐里接见了刘文静。

“肇仁此次前来，意欲何为啊？”始毕可汗开门见山。

没等刘文静开口说话，始毕可汗接着说：“是不是唐公打不过我，想要投降我啊？”这一句话，引来了帐内突厥其他将领的一阵嘲笑。

刘文静并不慌张，缓缓地说道："从前解雁门之围和马邑之战唐公可曾败于可汗？我记得都是可汗主动退兵啊。"

第一次口舌交锋，当然不能落于下风。

刘文静也是没等始毕可汗再开口，就接着说道："唐公明白，可汗主动退兵是顾及山西的百姓，不忍心让山西的生灵涂炭啊！"

刘文静真有三寸不烂之舌，明知道是扯淡，可是在人家的地盘上，当然要顾及人家的面子。

"唐公现在起兵了，说说未来有什么打算吧。"始毕可汗开始转移话题。

"我家唐公修书一封，特地遣我来呈于可汗。"刘文静抓住时机说道。

"哦？递上来我看看！"

看完李渊的书信后始毕可汗很高兴，尤其对李渊的恭敬态度非常满意。

"唐公确实是非常之人啊，从前雁门一战，杨广那小子龟缩在雁门郡内，屁都不敢放，而唐公的援军一到，马上扭转战局，我等不得不退啊！现在老天爷将山西赠给了唐公，我相信唐公必能平定天下，我等愿意和唐公联合，只是希望事成之后唐公不要食言就好。"

刘文静的神经逐渐松弛了下来，他知道自己的任务已经完成。但是，接下来始毕可汗说的话，又让刘文静的心开始紧紧地收缩。

"不过，唐公想要把杨广接回来与我和好，这个我不能答应，杨广的为人我再清楚不过，如果唐公把他接回来，相信杨广也会猜忌唐公，而且他是个有仇必报的主，到时候肯定与我开战，如果唐公自己做皇帝，我倒是愿意与唐公联合。"

人家当不当皇帝干你屁事？到时给你金银财宝不就得了？至于杨广那小子，从前都灭不了你，这次回来难道他会土鸡变凤凰？

其实不然，始毕可汗的这番话，是一种紧逼之术。想要与我联合，就必须推翻隋朝，自己做皇帝，这样你李渊就可以吸引强大隋军的注意力了，到时你们自相残杀，我坐收渔翁之利，金银财宝也照样少不了。

"哈哈，肇仁啊，我也修书一封，你回去带给唐公。"

"可汗，我家唐公乃是隋朝的至亲，让他自己做皇帝，恐怕……"刘文静的眉头紧紧地皱在了一起。

"唉！我意已决，现在就看唐公有没有诚意了。"始毕可汗打断了刘文静。

"传我的命令，设宴款待唐公的专使！"

虽然酒席是丰盛的，气氛是融洽的，但是刘文静似乎有些心不在焉。

刘文静回到了太原。这次的任务，总体上来讲，算是完成了。但是，当看完始毕可汗的书信后，李渊脸上的表情开始僵硬。

这个始毕可汗，简直就是一只老狐狸。

应对之策

让李渊彻底与隋朝决裂,连个“尊隋”的旗号也不让打,这简直是为李渊准备一条送死之路。所以看完始毕可汗的书信后,李渊将书信狠狠地摔到书案上。

“哼！岂有此理！这是与我联合吗？这明明是把我往火坑里推!”李渊的声音有些颤抖。

不过,人家毕竟没有回绝你,你传出的球人家接着了,现在人家回传给你,看你怎么去接了。

如果拒绝突厥,那刘文静出使突厥一行,等于是白费劲,而且将会面临突厥人强大的军事压力。如果按照突厥的要求,与其联合,李渊必死在隋军之手。

这就是始毕可汗的厉害之处。

看来,有些时候,装孙子人家都未必会买账啊。李渊很是苦恼,没想到刚刚起兵,就面对如此棘手的问题。

既然自己想不出好办法,那索性就开会,充分发扬民主作风,集思广益。集体的力量是无穷的!

“诸位对始毕可汗提出的条件,有什么应对之策啊?”李渊环顾众人。

“我觉得突厥人都是急性子,如果此事不早定夺,恐怕突厥人会变卦啊!”说话的人是裴寂。

这句话是明显的废话,但是废话也有其价值,说出了此事的紧迫性。

接下来这个人说出的话,不仅很好地应对了突厥人提出的条件,而且将作为李渊今后推翻隋朝的政治纲略。

“我认为父亲可以效法伊尹放逐太甲、霍光废昌邑的故事,废皇帝而立代王。”说话的人是李世民。

高！实在是高！

你始毕可汗不是讨厌杨广吗？你的敌人就是我的敌人,为了我们的联合大计,我就反对杨广。但是,请注意,反的是杨广,不是隋朝!

将杨广与隋朝区别对待,你可以认为这是文字游戏,也可以认为这是政治策略,但这样既可以满足始毕可汗的要求,又不违背“尊隋”这个旗号的大方向,典型的中庸之道!

当李世民说完后,李渊用一种惊奇的眼神注视着他。

我的伟业,也许有你的一半。

既联合又斗争

李渊决定采用李世民的建议，并且在此基础上“兴义兵以传檄郡县，改旗帜以示突厥”。改旗易帜，这标志着李渊的事业进入了一个全新的阶段。当然，旗帜的选择不能违背“反杨广，不反隋朝”的原则，而且还得让突厥人看着舒服。

这可真是成了夹在婆婆和媳妇之间，受夹板气啊。

有的人认为现在应把突厥人放在首位，而突厥的旗帜是白色的，所以应该用白旗。这个意见的代表人物是刘文静。

有的人则认为应把“尊隋”放在首位，隋朝的旗帜是红色的，所以应该用红旗。这个意见的代表人物是裴寂。

两个人因为此事，当着李渊的面，差点吵了起来，这是两个人第一次发生口角争执。曾经的好朋友，从现在开始，产生隔阂。

友情为什么有时候如此脆弱？高山流水式的知音，也许只存在于幻想之中。

刘文静和裴寂斗嘴，显然不占上风，不是刘文静的口才不行，而是刘文静的政治资本不如裴寂积累得多。在不远的将来，将会印证这一点。

眼下，还是要解决旗帜的问题，李渊并没有因为刘文静和裴寂斗嘴而显得不知所措。

这一次，将继续采用李世民的中庸之道，既不用白旗，也不用红旗。那用什么旗？

红白相间旗。

晕！

没有办法，目前的情况下，隋朝和突厥两边都不能得罪。但是，从这件事情上也可以看出，李渊是个极其讲究斗争策略的人，该想到的都已经想到了。

于是，刘文静再次出使突厥，将李渊“反杨广，立代王”的意图告诉了始毕可汗，并且特别交代，欢迎突厥军队支援李渊，事成之后金银财宝归突厥所有。

始毕可汗实在没有想到，李渊会采取这样一种“打擦边球”的方法来应对，所以无话可说，考虑到如果不与李渊联合，自己将没有足够的把握对付这个潜藏在自己身边的对手，与李渊联合事成之后还会有利益可赚。综合起来看，与李渊联合是比较有利的。

所以始毕可汗决定支援李渊，于是派柱国康鞘利领骑兵两千，随刘文静来到太原。

始毕可汗让康鞘利来到太原，不仅仅是为了支援李渊，事实上他打了个精明的算盘,那就是准备向李渊推销自己的马匹,这一次康鞘利的到来,其实也是为了和李渊商谈互市马匹的事情。

对于李渊来讲,未来想要平定天下,不知要打多少次仗,而马匹绝对是不能缺少的,膘肥的马匹更是多多益善。突厥人的马匹,马瘦毛长蹄子肥,很适合行军作战,所以当康鞘利提出要和李渊互市时,李渊毫不犹豫地答应了。

但是,李渊明白突厥毕竟不是慈善机构,如果不加节制地从突厥人手中购买马匹,让其了解了自己缺少马匹,这样会助长突厥人的贪欲,从而抬高价钱。李渊这么精明的老鬼,当然不能当这个冤大头。

最重要的是,突厥人要是知道李渊缺少马匹,会不会对李渊未来的前途产生疑虑,而这种疑虑会不会影响与自己的联合,这一点李渊实在没有把握,所以在与突厥互市的问题上,李渊宁可稳扎稳打,也不愿一口吃个胖子。

这就是策略。策略绝不仅仅表现在政治领域和军事领域当中,可以说在任何范畴之内,策略都是不可缺少的。策略不是玩弄阴谋诡计,它是一种艺术,一种做人的艺术,要想拥有这种艺术并充分地体现出来,我们每个人都要经过千锤百炼!

些许的牺牲

至少到现在为止,与突厥人的气氛是和谐的,关系是融洽的,李渊可以没有后顾之忧地甩开臂膀,大干一场了。

就在李渊准备雄心勃勃地大干一场时,李建成带着家眷从河东来到了太原。他带来了一个令李渊异常悲痛的消息——李智云被杀。

李智云是李渊的第五个儿子,小妾万氏所生。李智云本来和李建成在一起,但是由于中途走散,被官府缉拿,押送长安后被杀。

起兵,就需要付出代价,甚至是血的代价。不过,这个代价实在有些残酷,丧子之痛不是常人所能忍受的。

李渊不是常人。

虽然我的心在滴血,但是我更加坚定了自己的方向,那就是推翻隋朝。虽然杀戮会使人的肉体死亡,但是杀戮不会泯灭我的理想,我依然斗志昂扬。

我和你的区别在于,我推翻你不是为了杀戮,而是为了天下,因为我有一颗胸怀天下的心。

想到这里,李渊笑了,虽然眼里含着泪水。

好了,化悲痛为力量吧,就此踏上征程!目标:长安。“反杨广,立代王”其实已经为李渊指明了这个前进的方向。

从时局来看,长安也是最好的目标。当时李密刚刚打败隋军,再次攻占了回洛仓。杨广急忙派江都通守王世充、河南大使虎牙郎将王辩、河北大使太常少卿韦霁等人率各部增援洛阳。

长江北岸的隋军全部集中在洛阳，准备对付李密。而长安守备薄弱，正好给了李渊机会。

那就向长安进发！

第五章
进军长安

誓师

大业十三年(617年)七月五日。

对于李渊来讲,这是个特殊的日子,因为今天李渊要召开出征之前的誓师大会。从现在开始,李渊的造反大戏真正地拉开了帷幕。

我相信命运掌握在自己的手中！面对着三万多名身穿铠甲的战士,李渊不禁激动万分。

“将士们!”李渊高声叫道,“我蒙先帝之恩,才有今天,却无以为报。今杨广无道,巡幸无度,穷兵黩武,致流寇四起,使天下生灵涂炭。今日我高举义旗,愿尊奉代王,以解救天下苍生。尔等愿从我否?”李渊的声音高亢而激越。

“我等皆誓死追随唐公!”三万甲士齐声高喊。

“好！今日我等以苍天为证,从我同盟,无为贰志。有渝此盟,人神共诛!”

“有渝此盟,人神共诛!”三万甲士与李渊共宣此誓。

誓言是铿锵的,决心是坚毅的,信心是百倍的。这些人即将登上历史的舞台,去开创一个王朝辉煌的伟业!

七月八日,李渊率军到达西河(今山西汾阳),慰劳城中百姓,救济贫困。

这使当地的老百姓很受鼓舞,纷纷前来投奔李渊,李渊根据投奔人的才能,分别授予官职,当时在西河郡流传着一句话叫:要做官,找李渊！事实上被李渊真正授予重要官职的人并不多,大部分人被授予的都是一些虚职。李渊这么做其实就像现在公司的收购行为一样，目的是壮大自己的力量，你不抢着收购，如果被别人收购了去，那别人收购你的日子，就会很快地到来。

七月十四日，李渊行军进至贾胡堡（今山西霍县境内）。

消息很快传到了长安。

杨侑的对策

代王杨侑的第一反应是，李渊要是来了，我这个位子恐怕就是他的了。什么反对杨广，拥立我，纯粹是扯淡！当年董卓进京时，那个口号喊得是相当漂亮，结果呢？你要是想做董卓就明说，何必遮遮掩掩的。不过，我可不是汉少帝，既然你要来，我就偏不让你来。

于是，杨侑派虎牙郎将宋老生率精兵两万屯于霍邑（今山西霍县），左武侯大将军屈突通屯军于河东（今山西永济），全力阻击李渊的军队。

李渊已经做好了过五关斩六将的准备，不到长安，决不罢休！

但是，现在需要解决一个现实问题，哗啦啦的大雨，下个不停，道路泥泞，军队无法前进。老天爷的事情，你可左右不了，也许上天在考验李渊的耐心。这可让李渊很是郁闷。

前边有宋老生和屈突通两个强敌坚守要塞，时间一长，自己将会进退维谷，如果两个强敌再联手拍自己的板砖，恐怕要吃不了兜着走。最关键的是，如果身后有隋军来攻，将会陷入被两面夹击的窘境，到时离崩盘可就不远了。

虽然此时传来部将张伦攻克离石、杀太守杨子崇的捷报，但是李渊的心情依然沉重。

该如何是好呢？要不退兵吧，可是想退也不那么容易啊！前进的道路很泥泞，后退的道路也不好走啊。更何况，即使退回太原，我也不再是从前的我了，而是朝廷的反贼了。

不！决不退兵！在我看来，一定会有办法的！现在箭已搭弓，岂有不发之理？

李渊，前边有无数的困难在等待着你去克服，刚刚起兵，难道就被下雨这点困难给难倒了？你还怎么去开创大唐帝国的伟业啊？绝不能当懦夫！只要坚持下去，就有希望。

这个希望，不是上天赐予的，而是依靠智慧的启迪。李渊忽然想到了一个人：李密。

联合李密

李密现在很是春风得意。

不仅刚刚打败隋军,获取了隋军的大批军事物资,同时又据有洛阳周围的几个大粮仓,粮饷充足,而且正在计划第三次进攻洛阳。其实力不知要超过李渊多少倍。

对于李渊来讲,李密既可以作为一个援手,同时也是威胁。虽然现在李密正在全力对付洛阳周围的隋军,但是他时常也有西入长安,夺取全国最高政权的欲望。因为李密深深地懂得,打下洛阳只是成就霸业,而拿下长安才能成就帝王之业。

现在李渊带着兵马,直奔长安而去,李密的心里哪能没有想法?所以,李渊要想顺利地进入长安,除应对隋军之外,还必须顾忌身后的李密。但是,眼下对付隋军都没有必胜的把握,如果再和李密闹翻,李渊恐怕就彻底地坠入深渊里了。所以李渊决定主动向李密示好,联合李密。

这样做,一来可以稳住李密,让他全力对付洛阳的隋军;二来可以给自己壮大声势,让代王杨侑知道,自己的身后有“亲友团”支持,毕竟都姓“李”,五百年前是一家嘛。于是李渊致书李密,要求联合。

李密看完李渊的书信后,在第一时间内脑子里闪现出一个很幼稚的想法:做盟主。

促使李密产生这么幼稚的想法,一方面是因为,李渊的书信内容相信是很“装孙子”的,令李密有些飘飘然;另一方面李密现在的实力确实很强大,但正是由于强大让他产生了自我膨胀的心理,所以在看到李渊“装孙子”的信后,真的以为自己可以王行天下。

做事可以高调,但做人一定要低调。

李密让祖彦君给李渊回了一封信,这个祖彦君就是那篇著名的《讨杨广檄》的作者。

李密在信中称李渊是兄长,但实际上是摆出了一副十足的大哥派头。其实他是在试探李渊的态度,如果你肯认我做盟主,我就和你联合。不然的话,小心我灭了你!信的大致内容:

“咱们虽然不是同一个源流,但是既然都姓‘李’,无论如何都能攀上些亲戚关系,我这个人有幸让四海的英雄,推为盟主,真是很惭愧啊!希望和渊兄同心协力,共同做一些诸如当年在咸阳捉拿子婴,在牧野打败商纣王这样的大事业,你说好不好啊?”

谁推你做盟主了啊?简直是自作多情!李渊即使同意你做盟主,那刘武周、窦建德、杜伏威那些猛人会不会同意呢？而且对李渊这个可怕的对手，应该早日除掉而后快，你还主动跟人家攀亲戚？

看来，人到了某种程度上，有时真的是不好摆正自己的位置啊。

难道这就是人性的弱点吗？我希望每个人真的能够尽量地克服人性的弱点，它往往阻碍我们向着更高的目标迈进。但是，想要做到这一点，真的很难。

李渊看完李密的回信后，不禁大笑起来。这个李密，简直狂妄自大，以后有他为狂妄自大吞下苦果的时候。后来，李密不仅没做成盟主，反而成了李渊的下属。

有时候，看起来确实很玩笑，但玩笑的背后，其结果是必然的。

但是，眼下李渊明白，李密是不能得罪的，一定要控制好自己的情绪，不能和李密一较高低，还得指望李密当"炮灰"呢。于是李渊让随军秘书温大雅给李密又回了一封信。

顺便说一句温大雅，著名的《大唐创业起居注》，就是他的手笔。

李密和李渊两个人，手底下都拥有超级写手。

李渊在信中一方面吹捧李密，称他是当今的救世主；另一方面说自己年老力衰，准备在太原安度晚年，而隐蔽了自己进军关中的意图。

就是这样一封虚情假意的信，李密看后却大喜过望。自此以后，他专心地对付洛阳周围的隋军，甘当李渊的"炮灰"。李渊成功地钓到了李密这条大鱼。

看来李密最多算是个雄主，不是成就帝业的材料。我相信，换了他去打长安，即使打下来，也不会待得太久。

李渊再一次赢得了外交上的胜利，相信身后有了李密这个"亲友团"的支持，前边的宋老生和屈突通，一定不敢轻举妄动。

你不动，那我先动。但是，就在这时，忽然传来了突厥人和刘武周乘虚袭击晋阳的消息。

真是一波未平，一波又起啊！

撤，还是不撤？

突厥人和刘武周乘虚袭击晋阳。这个消息，究竟是实情，还是谣言，所有的人都不知道。

但是，大家都明白，突厥是个野蛮的民族，不怎么讲信义，趁着李渊进兵长安，从后边拍上一块黑砖，还是有可能的，当初李渊低声下气地联合突厥，就是为了防止突厥人乘虚而入。

难道，突厥人这么快就变卦了？李渊的心情一下子沉入了谷底。是继续西进，还是撤回救太原？这是个问题。李渊只好召集诸将，商议对策。

“诸位，近传突厥人和刘武周乘虚袭击晋阳，大家认为这个消息可靠吗?”李渊的声音有些低沉。

“突厥人野蛮至极，从来都是唯利是图，这一次袭击晋阳的消息，我看很有可能!”说话的人是裴寂。

李渊面沉如水，他知道如果按照裴寂的逻辑，长安恐怕是去不成了。但是，接下来裴寂所说的话，更令李渊感到了一丝绝望。

“宋老生和屈突通据守险要，要打败他们不是很容易，李密虽然同意和咱们联合，但是这个人野心难测，这些对咱们都不利啊。突厥人言而无信，刘武周又和他们狼狈为奸，太原是咱们的根据地，手下将士的家属都在那里，我认为应该回救太原，至于进军长安嘛，以后还会有机会。”

如果抛开裴寂的身份和当时的时局，他的话还是有一定道理的。

但是，他忽略了两个问题，第一个问题，这个传言是真是假还不确定，既然不确定，你作为首席谋臣，就轻易地忽悠撤兵，往好了说，你是胆小怕事，说得严重了，那就是涣散军心；第二个问题，即使这个传言是真的，也不一定就只有回救太原这一个办法，如果这时候真的撤军，宋老生和屈突通主动进攻怎么办？到时李密再来个痛打落水狗，我相信李渊到不了太原，就会彻底地玩完。

所以接下来就有人开始反对裴寂，反对的人是李世民。

“此言差矣！请问裴大人，突厥人真要是想进攻太原，为什么不就近攻取离他最近的马邑，而舍近求远深入腹地攻取晋阳?”

“这个……”裴寂一时语塞。

“我认为，刘武周和突厥人表面联合，但实际上他们是互相猜忌，就好像我们和突厥联合一样，双方是出自真心的吗?”李世民的话掷地有声。

“而且，现在朝廷已经派兵拦截我们，如果就此撤回太原，必然会涣散军心，弄不好会出现军队哗变的情况，那我们之前所做的一切，都将前功尽弃!”

“是啊，二弟说得有理。现在我们四周的敌人都很强大，如果撤军，到时腹背受敌可怎么办啊?”李建成补充说。

“请父亲放心，等雨停了，若不杀了宋老生和屈突通，孩儿愿以死谢罪!”

“孩儿同愿以死谢罪!”

这就是年轻人，他们朝气蓬勃。一位伟人曾经对年轻人说过，世界是我们的，也是你们的，但终将是你们的！千古不变的真理。

李渊看着两个宝贝儿子信誓旦旦的样子，心中不禁一阵激动。他知道，此刻自己绝不能后退一步。都说退一步海阔天空，但在特定的环境下，后退就是死亡，前进才会有希望。

冉求曰：“非不说子之道，力不足也。”(我不是不听你的，不按你说的去做，我能力不够啊。)

子曰:“力不足者,中道而废,今女画。”(能力不够,中途会做不下去,而你还没做只是嘴上说啊。)

至言哉!

决不后退,继续前进。我意已决,今后凡有言后退者,定斩不饶!此时的李渊就像古罗马的角斗士一样,面对眼前凶猛的野兽,他已做好决战的准备。战则胜,不胜则死!

但是,对于突厥人袭击晋阳的消息,不论是真是假,还是要认真对待。李渊决定让刘文静再次出使突厥,想方设法地稳住突厥人,哪怕献上无数的金银财宝。

对付宋老生

刘文静走后,李渊迅速部署了下一步的行动计划:攻取军事重镇霍邑。做出这个决定,是因为想要攻取长安,必须从霍邑经过。而且时局对李渊产生了有利的影响。

大业十三年(617年)七月,武威鹰扬府司马李轨起兵,自称河西大凉王,随后攻克张掖、敦煌等地,拥有河西五郡之地。

金城人薛举自称秦帝,立其子薛仁杲为皇太子,随后攻取天水郡,对关中地区虎视眈眈。

而东边的李密,自从和李渊结成同盟后,率军猛攻洛阳,隋将王世充屡战屡败,杨广命左御卫大将军涿郡留守薛士雄率领精兵三万人讨伐李密,但是这位仁兄很不走运,率军走到河间时,碰上了窦建德的起义军,结果被打得大败,薛士雄只率领数十骑兵逃回了涿郡。

这几件事情的发生,使当时的局势一下子向着有利于李渊的方向发展。首先河南、河北的隋军主力,被李密、窦建德等起义军牵制在洛阳一带,无暇西顾。而长安的代王杨侑为了防备薛举、李轨进攻关中地区,不得已从长安附近抽调了五万精兵防守西线。

这样一来,身在霍邑的宋老生和河东的屈突通,就像武大郎爬杠子一样,上够不着天、下够不着地悬在了那里,既得不到东部洛阳的增援,也得不到西部长安的支持。

所以李渊决定,趁此机会,拿下霍邑。

霍邑之战,是李渊起兵后,第一次与隋军正面较量,此战干系重大,打赢了取得开门红,那么后边就很有可能一鼓作气地打到长安,如果打输了,就有可能从此一蹶不振,抱着铺盖卷回家。

这一战，李渊高度重视。为此，他特地让女婿柴绍带领侦察骑兵到霍邑城下侦察宋老生的军情。

柴绍带着骑兵到了霍邑城下，不仅仅侦察敌情，还做了一个大胆的决定，引诱宋老生出战。

柴绍，你疯了？你要跟人家 PK 吗？

不，我没疯。如果他出战，我就跑。

跑？

是的。只要他出战，说明他是个有勇无谋的人，我岳父此战必胜。

他如果不出战呢？

不出战？嘿嘿！凭着我柴绍讨敌骂阵的功夫，只要他能忍受就行。

随后，柴绍让士兵开始高声叫骂，当然在叫骂的过程中随时做好逃跑的准备。

……

宋老生的确很勇猛，当然也很无谋，听到柴绍的叫骂，下令出战，只是他连战马还没跨上，柴绍早已经跑得无影无踪！

柴绍将侦察到的情况如实向李渊做了汇报，当然也将宋老生的特点告诉了李渊。“此人只是匹夫之勇，我师若到，必然出战，战则擒之！”柴绍的话令李渊信心大增。

目标就在前方，传我命令，向霍邑进发！

八月初二，李渊带领部队来到霍邑城下，一场大战一触即发。

宋老生的兵力有三万，基本上和李渊对等。但宋老生是以逸待劳，而且又是坚守城池，而李渊却是大老远地跑来，要打一场攻城战。从作战形势来讲，对宋老生比较有利。

宋老生可谓：一夫当关，万夫莫开，而且宋老生并不笨，更何况是三万夫当关。所以李渊想要拿下霍邑并不容易。

李渊在城下仰望霍邑城头，只见城头旌旗招展，长枪林立，刀光闪闪，城门紧闭，一派杀气。看来宋老生已做好迎战的准备。

李渊认为，强攻不是最上策，应该以最小的代价拿下霍邑，因为后边还有很多大战等待着自己。

“儿啊！你们说这一仗该怎么打啊？”李渊向身边的李建成和李世民询问。

“回禀父亲，听柴绍讲，宋老生有勇无谋，我认为应该用轻骑兵挑战，他必然出战，只要他出来，这一战咱们必胜。”李建成说。

“如果他固守不出战，我们就散布谣言说他暗中私通我们，准备投靠我们，到时候宋老生为了证明自己的清白，一定会出战。”李世民继续说。

“你们的想法很不错，数日前连天大雨我滞留贾胡堡，宋老生就应该主动出击，但是他并没有这么做，可见这个人不太懂得怎么用兵，不过你们只说了一半啊！”

“说了一半？”李建成和李世民觉得很不解。

“你们想没想过，即使宋老生出来，他也是背城而战。”

没错！这就是此战的困难之处。

打不过你，我就退回城去。怎么？你撤了啊？我又出来了。哈哈！

你又过来了？那我就退回去。耗死你！

这个做法很像周星驰主演的电影《九品芝麻官》里的那个无赖状师。

如果宋老生真的这么做，相信一定会给李渊制造相当大的麻烦，因为李渊是耗不起的。

所以，此战的关键点是宋老生出城后，如何让他远离霍邑城。然后，切断他的退路，来个瓮中捉鳖。这个方法是可行的，因为宋老生是个暴脾气。

李渊想到了春秋时期晋文公的退避三舍。他忽然笑了，眼睛中放射出闪亮的光芒。于是李渊做出了如下安排：

一、将骑兵部队分为左、右两军，李建成领左军，李世民领右军；

二、如果看见宋老生出城后，部队马上向后撤退，如果宋老生来追，李建成领着左军堵死东门，李世民领着右军堵死南门，切断宋老生的退路；

三、令柴绍再次讨敌骂阵。

“老生，老生，老豆花生”的声音再次响起。

宋老生的性格，决定了他的命运是个悲剧。

士可杀，不可辱。随我杀出城去，李渊，霍邑城下就是你的葬身之地！

事实上，结果恰恰相反。

撤退！李渊下达了命令。

不知不觉中，宋老生已经追出霍邑城一里远了。

看到宋老生已经远离了霍邑城，李渊命令停止撤退，列阵与隋军对峙。

紧接着一阵呼喊声传到了宋老生的耳朵里，让他觉得很是刺耳：“宋老生已经被捉获！”这绝对是一句要宋老生性命的话。

“我被捉获？这不是胡扯吗？”就在宋老生纳闷的时候，李建成和李世民率领的骑兵部队从背后向宋老生杀来。

宋老生此时真的成了一只鳖，而且是在瓮中。

拿命来吧

当宋老生意识到这是个陷阱时，一切都已经晚矣。尤其看到李世民像吃了大力丸一样，左右猛砍，以至于刀刃都开始缺损的时候，宋老生觉得这一战，自己注定要失败了。但是，他万万没有想到自己会葬身在这里。

事到如今,也只能死战到底了。不管如何,先退回城里再说。于是宋老生掉转马头开始猛烈地冲击李建成和李世民的骑兵部队,试图冲开一条血路,退回城里。

而就在这时,李渊率领着人马,并没有和李建成、李世民的骑兵部队围歼宋老生,而是悄悄地绕过宋老生,代替李建成和李世民堵住了东门和南门。即使你退回来,也进不去,我再给你做个大瓮,等你爬进来。

宋老生还是很勇猛的,经过了一番拼杀之后,终于杀开一条血路,渐渐地撤到了霍邑城下,此时他手下只剩下十来个人。但是,当看到李渊的部队已经堵在了城门口时,宋老生大吃一惊!

李渊什么时候过来的? 才出一瓮,又入一瓮。宋老生彻底绝望了,吾命休矣!

突然,宋老生感到脖子上一阵疼痛,随后,他看到了自己的身体渐渐地倒了下去,这是为什么? 原来,在宋老生吃惊的时候,有人从背后砍下了他的脑袋。砍他的人是刘弘基。

刘弘基虽然结果了宋老生的性命,但手下的士兵们却觉得不过瘾,纷纷上来乱砍一通,转眼间宋老生便成了一堆肉泥。

守城的士兵在城楼上眼睁睁地看着自己的主帅被剁,自己却靠不上前去,急得上蹿下跳,真想打开城门冲出去,拼个你死我活。

可是,真要打开城门,李渊他们顺势冲进来可怎么办?

唉,算了吧,咱们头儿已经让人剁了,还是紧闭城门别出去了。

守住城池要紧啊!

这个想法非常好,但要看对手是谁。很不幸,他们的对手是李渊、李世民这样的超级牛人。所以,不仅你们的主帅被剁,城池你们也是守不住的。

就在李渊看到宋老生倒下去的时候,他下令猛烈攻城。

"岳父! 且慢! 我们还没来得及准备攻城的云梯呢?"身边的女婿柴绍提醒说。

"不! 宋老生刚刚阵亡,现在守城的士兵肯定是惊魂未定,而我军却是士气如虹,如果不趁此机会攻城,错过了这个时机,等城中的人做好部署,恐怕攻城就很困难了。"

没错! 势如破竹! 战则胜!

有时候,打仗是需要变通的,不一定都要按照教科书一板一眼地来做。其实,现实生活中又何尝不是如此。那些所谓的成功者,一定都是深深懂得变通的人。

士兵们得到了李渊的命令,迅速地展开了一场"攀岩比赛"。一个接着一个地踩着肩膀开始攻城。他们冒着城头滚木、箭雨,奋不顾身爬上城头。经过了将近一个时辰的奋战,终于攻克了霍邑城。只是这个胜利,是用无数的死尸和血流成河换来的。

史书记载：血流蔽地，僵尸相枕！

当李渊巡视战场，看到这惨烈的景象后，他不禁对身边的人发出一阵感慨："今日霍邑之战，为宋老生所逼，乃至生灵涂炭。在战场上是不分善恶忠奸的，相信宋老生手下死去的这些兵士们，死前也一定有想归附我的，他们也都有自己的亲人啊！可是现在……仔细地想想，心中深感痛惜啊。"李渊说完，情不自禁地怆然泣下，身边的人也都默然良久。

然后，李渊又说了一句话，这句话堪称经典。

"以后攻城，当以文德取之，要尽量避免使用武力，力争用和平的方法来解决！"

这句话成了大唐帝国立国的指导思想，后来的"贞观之治""开元盛世"等盛世局面，都是从这句话中成功地吸取了经验。

是的，这就是"偃武修文"。

一个盛世局面的开创，绝不是仅仅依靠武力而成就的。千古皆然。

霍邑之战以李渊的大获全胜而告终，这也是李渊起兵以来，对隋朝作战的第一次重大胜利。李渊显得异常兴奋，传令犒赏三军。

李渊犒赏三军的方式，有些与众不同，那就是不论出身贵贱，即使你是随军作战的奴隶，只要有战功就能得到奖赏。

为此，李渊还特别起草了一份告示，告诉全军将士，人人平等，只要有功，不论出身，都会依据战功进行奖赏。

这种措施在现在看来好像很平常。不过，请注意，李渊是距今一千多年的人，在那个重门第观念的时代，李渊居然能够做到有些现代人还难以完全做到的平等思想，真是匪夷所思。我曾经怀疑是不是史书为了美化李渊的开国功勋，故意这么写。

当我认真分析李渊的人生成功轨迹后，我很快打消了这种怀疑，因为在李渊的身上，我看到了一种高贵的品质，那就是——仁者仁心。所以，李渊能够具有人人平等的思想，就能够让人理解了，这显然不是依靠社会整体思想的进步，而是印在某个人身上的思想烙印。

只要你具备仁者的心灵，不论在什么时代，都会体现出伟大的博爱。

攻占了霍邑，李渊的部队略加休整，继续南进。八月十二日，到达绛郡（今山西新绛境内）。

李渊又碰到了新的对手。继宋老生之后，第二位抗拒李渊的人是陈叔达，他领兵坚守绛郡。

超级写手陈叔达

要说起这个陈叔达，可是大有来头，这位仁兄乃是陈宣帝的第十六个儿子，很有才学，在他还是个小孩子时，有一次参加一次宫廷宴会，在一顿饭的工夫，就写了十首诗，被人们争相传诵，成了当时著名的超级写手。

后来，陈朝灭亡后，杨坚爱惜他的才华，让他做了绛郡通守。

其实，我认为这个安排是不合理的，陈叔达虽然很有才华，但那是文才，不是武略，让一个书生去带兵，结果可想而知。

八月十三日，李渊的军队向陈叔达发起猛攻，结果没用多长时间，隋军一败涂地，陈叔达战败被俘。

李渊和杨坚一样，也是很爱惜陈叔达才华的，所以当手下的士兵将陈叔达绑到他的面前时，李渊第一件事就是替陈叔达松绑。

“将军受惊了！”李渊的声音很温和。

“哼！我现在乃是阶下囚，受不起唐公的这番礼遇啊！”陈叔达语中带刺地说道。

“呵呵，我爱惜将军的才华，希望将军能够归顺于我，我们共举大业，拯救黎民百姓于水火间，将军可愿否？”

“拯救黎民百姓难道就必须造反吗？李渊你这是大逆不道啊。”

“将军此言差矣！今杨广无道，天下人揭竿而起，其实只有一个目的，那就是推翻暴政。我和他们一样，别无二心。今日起兵，虽然反对杨广，但是却想拥立代王。”

接下来李渊的这句话，说得很有分量，在我看来，陈叔达投靠李渊，就是这句话起了作用。

“将军是陈朝人，当初杨坚爱惜您的才华，您屈尊于他，今日李渊同样爱惜将军的才华，将军为何执意不从呢？”

这绝对是一句刺激陈叔达神经的话，这句话的潜台词是，别在这跟我装忠贞，你可以投靠杨坚，为什么就不能投靠我？

陈叔达虽然是个书呆子，但并不是弱智，当然也不是圣人。

在一般情况下，生存是硬道理。如果敬酒不吃，吃罚酒，那就不好了。所以陈叔达决定投靠李渊。

“唐公如此爱惜我，我愿效犬马之劳！”

收拢人心当然要恩威并举，李渊是这方面的专家。

自此陈叔达成为李渊的超级写手，和温大雅同掌机密文件。后来李渊军中的军书、教令、文告以及李渊开会的发言稿等，基本上都是出自陈叔达之手。

李渊爱武将，同时更重文臣。文武并举才是治国之道。

渡过黄河

八月十五日，李渊进军到龙门。龙门紧靠着黄河。

黄河，这是一条让中华儿女魂牵梦绕的河流。滚滚黄河，奔腾咆哮，东流不息。

传说，每年春天，江河湖海中的黄鲤鱼，都会来到黄河，然后逆流而上。一年中，能登龙门者最多不过七十二条，只要登上龙门，就会有云雨相罩，然后天火从后边烧掉尾巴，黄鲤鱼化身为龙。这就是传说中的"鲤鱼跃龙门"的故事。

今天，李渊骑着战马在黄河岸边，忽然想起了这个传说，不禁浮想联翩。今日我统兵来到龙门，不就是前来跃龙门的黄鲤鱼吗？如果起兵成功了，我将会成为黄袍加身的真龙天子。难道，老天爷在暗示我会成功？成功了我将号令天下，万人景仰。这一切，会实现吗？

李渊当然不会想到，一年后他的这个理想将成为现实。

嗯，那就为了这个即将实现的理想努力奋斗吧！

回到营地，李渊的思绪又回到了现实中来，前有滔滔黄河，又有屈突通的重兵把守，眼下还是要解决怎样渡过黄河的问题。

现在屈突通率重兵把守河东（今山西永济），李渊面临着两个选择。

第一个选择，不和屈突通交手，从龙门强渡黄河，直取长安；第二个选择，先取河东，打败屈突通，再渡黄河。这两个选择都有一定的风险。

第一个选择的风险是，在渡过黄河后，如果长安不克，背后就有可能遭到屈突通的板砖。

第二个选择的风险是，和屈突通交手，如果不能短时间解决他，和他形成长期的对峙，一旦长安的代王杨侑缓过手来，派兵东渡黄河，进攻自己，到时就会受到长安的隋军和屈突通的夹击。

这个滋味可是不好受的。

该如何选择呢？李渊陷入了两难的境地，于是只有召集部将开会商讨对策。

"屈突通手握重兵，坚守河东重地，我们如果不理他，直接渡过黄河，攻打长安，如果打不下来，屈突通赶来援救，我们就会腹背受敌，我认为应该先打败屈突通，然后再渡黄河。"裴寂在会上率先亮明观点，主张先取河东。

"不！我认为兵贵神速，现在我们士气正盛，应该急速渡过黄河，相信长安周围的隋军一定会望风而逃，如果在这里和屈突通形成对峙，白白浪费时间，时间长了会使军心涣散，而且关中有很多义军，他们现在都没有归属感，我们应该把他们纳入麾下，屈突通死守河东，不足为虑！"李世民的观点主张强渡黄河。

年轻人的想法就是大胆。相比之下，裴寂的观点虽然也很有道理，确实显得有些保守。看来年轻人和长辈之间的代沟，始终是个不好解决的问题。

这两种意见各有各的道理，李渊更加犹豫不决。散会后，李渊的眉头紧紧地锁在了一起。是渡河还是先打屈突通，这个问题令李渊心烦意乱。

正在李渊冥思苦想之时，一个人来到了李渊的身边，他向李渊提出的建议，使李渊最终找到了解决这个问题的第三种方法。这个人的名字叫任瑰。

李建成和李元吉在河东的时候，曾经受过任瑰的照料，说任瑰是李渊一家的大恩人，一点也不为过。

这次任瑰来投奔李渊就是因为他曾经照料过李建成和李元吉，李渊一造反，他就被当地官府缉拿，不得已前来投奔李渊。

任瑰给李渊的建议是，迅速渡河。

迅速渡河？这个观点和李世民一样啊，怎么能说是第三种方案呢？

任瑰的渡河方案和李世民的渡河方案是不一样的。准确地说，任瑰的方案更加可行，具体的操作方法是，主力渡河，留下偏师围攻与牵制屈突通。

李渊听完任瑰的建议后，高兴得差点跳了起来。

这是一个再简单不过的方法，只是有时当局者迷，旁观者清。不要认为自己全知全能，你的知识和经验在某种环境下，会被遏制到最低限度。也许别人一句无心的话语就会让你瞬间拨云见日。当然，前提是你是一个虚心纳谏的人。

找到了解决问题的方法，李渊迅速作出了部署。首先命令左右统军王长谐和刘弘基及左领军长史陈演寿等人率步兵六千人从梁山渡河，屯兵河西，作为先头部队。同时自己亲率主力大军，渡江入关，重点攻取长安。然后集中相当的兵力，组成偏师围攻与牵制屈突通。

李渊特别叮嘱偏师部队，不要和屈突通正面对抗，只要牵制住他，确保大军平稳渡过黄河就好，当大军渡河成功后，偏师部队不可恋战，迅速渡过黄河，与主力部队会合。

九月六日，先头部队渡过黄河，安营扎寨。

九月十二日，李渊率领主力大军，渡过黄河，与先头部队会合。

成功渡过黄河后，李渊立即命李建成和刘文静、王长谐等率军五万人，进驻永丰仓，守卫潼关，防止洛阳的隋军和屈突通部的增援，同时接应偏师部队渡河。又命李世民率刘弘基等诸军五万人，沿渭河北岸西进，迂回包围长安。

这两路大军都是以长安为最终的战略目标，定期会战。

三个宝贝

就在李渊准备向长安挺进的时候，有三个人来到了李渊的身边，他们的名字分别叫作于志宁、颜师古、长孙无忌。

在这里之所以要介绍这三个人，是因为这三个人在后来的“贞观之治”中，在政治、文学领域中做出了卓越的贡献。

于志宁，京兆高陵（今属陕西）人，是当时闻名全国的超级写手，在后来的贞观时期先后预修《隋书》《大唐仪礼》《留本司行格》《周易正义》《尚书正义》《本草》等，自撰《谏苑》二十卷、文集四十卷，为唐朝的修史工作作出了巨大的贡献。

颜师古，北齐著名大儒颜之推的嫡长孙，后来在贞观时期为《汉书》作注、考订《五经》，丰富了《汉书》和《五经》的内容。他还有个非常著名的四世孙，名叫颜真卿，关于这个牛人的事迹，我们将在以后详细介绍。

长孙无忌，相信大家应该比较熟悉，他是李世民的大舅哥，李世民妻子长孙氏（后来的长孙皇后）的亲哥哥。这兄妹俩就是那个向隋文帝献上“解仇斗郄”之术大破突厥的名将长孙晟的儿女。

长孙无忌将在后来的“玄武门之变”、李世民废立太子等一系列事件中展现出非凡的政治谋略，李世民排凌烟阁二十四臣的顺序时，将长孙无忌排在了首位。不是因为他和自己沾亲带故，而是因为这个人实在太过出色。

李渊对于这三个人来投奔自己，那是相当的高兴，马上对三个人进行封官，任命于志宁为记室（随军秘书长）、颜师古为朝散大夫（智囊团成员）、长孙无忌为渭北行军典签（随军文书）。

这个时候，李渊收到了一封来自鄠县（今陕西户县）的信，当李渊读完这封信后，他立即召柴绍来见。

他派给柴绍的任务是，马上到鄠县去接应自己的女儿平阳公主。因为平阳公主在鄠县招募了七万人。目前正带着这七万人赶来投奔自己。

一个女孩子居然招募了七万人。谁说女子不如男，花木兰的故事代代流传。

平阳公主

平阳公主是李渊和窦氏夫人的第三个女儿。李渊派柴绍去接应她，是因为她是柴绍的妻子。

有的武侠小说把她叫作三娘子，或者叫作李秀宁，其实因为古代男尊女卑，历史上并没有记载她叫什么名字。“平阳公主”是唐朝建立后，李渊给她的封号。

但即使不知道她真正的姓名，平阳公主在历史上留下的名声，也远远超过了她的本来名字，因为这个女子确实不一般。

唐朝的公主女强人实在不少，例如太平公主、安乐公主等，但是我认为从品德、才能、智慧、功绩等诸多方面比较，她们都与平阳公主相差甚远。

因为这个女子开创了唐代公主的豪迈风气。

大家都知道中国历史上的唯一的一位女皇诞生于唐代，但是也许你不知道，中国历史上第一支娘子军也是诞生于唐代，它的创建者就是平阳公主。

平阳公主和柴绍成亲后，一直定居在长安。但是，当李渊起兵后，这对夫妻受到了朝廷的通缉。

听到被通缉的消息后，当时柴绍想和平阳公主一起前往太原投奔李渊，但是这个不寻常的女子却作出了一个惊人的决定——让柴绍独身去投奔李渊，自己留下来伺机招募义兵，准备接应李渊的大军。

这个决定对于男人来讲也许不算什么，大丈夫当以天下为己任，又岂能太在意儿女情长？但是，请你不要忘记，如果一个女人也能作出这样的决定，那就只能证明一点——这是个巾帼不让须眉的女人。

柴绍走后，平阳公主迅速离开长安，前往鄠县。鄠县虽然不是平阳公主的家，但是李家在那里有庄园产业。平阳公主回到鄠县后，卖掉了庄园，开始招募义兵。她在短短的三个月内就招募了三四支在江湖上已有相当规模的起义军。

史书上并没有过多地记载平阳公主是怎么招募到这些义兵的，但是通过分析，我们可以得出如下结论：

一、平阳公主是个“漂亮 MM”，所以那些义军的首领看着比较养眼。要知道任何时代美女都是比较有号召力的。

二、除漂亮之外，要具备超强的组织能力和应变能力。要知道她招募的这些义军原本都是些杀人不眨眼的强盗。如果没有几分真本事，就是男人也镇不住他们，何况其兵源还来自原本不相统属的系统。

三、纪律严明，得到老百姓的拥戴。相信平阳公主一定是个令出必行的人，治军非常严明。

四、善于用人。

五、具有亲和力。

……

当然要想成为一个让人钦佩的女上司，能让你的员工努力地工作，为本单位创造更多的价值，不是仅仅具备上述几点就可以的，相信平阳公主的身上一定还具备更多做上司的潜质。

通过不懈努力，她成功地收编了关中地区几股很有实力的义军，例如何潘仁、李仲文、向善志、丘师利等部，规模达到了七万人。

当她听到李渊成功渡过黄河后，就带领这七万人前来与李渊会合。所以才有了前面李渊命柴绍接应她的事情。

值得一提的是，当平阳公主与李渊会合后，将这七万人全部交给了李世民，主动让出了指挥权。我相信这更是她的闪光点：摆正自己的位置，不过分，不越位。

因为唐朝的牛人实在太多，在后面我们将不再介绍她。所以借着这个机会我们说一说平阳公主的结局。

唐朝建立后，平阳公主的主要任务就是防守李家的大本营山西，她驻守的地方就是娘子关。娘子关位于今山西省平定县东北的绵山上，为出入山西的咽喉，原名苇泽关，因平阳公主率数万“娘子军”驻守于此才更名娘子关。

后来，平阳公主的事迹就不再见于史籍。直到武德六年(623 年)二月初，史书上忽然记载了她的死讯。之所以会记上这一笔主要是由于她的葬礼与众不同,平阳公主是以军礼下葬的。而在这之前,李渊刚刚平定了刘黑闼。

有文章猜测,平阳公主是在平定刘黑闼时战死的,我觉得很有道理。因为平定刘黑闼时,平阳公主驻守的娘子关就在前线,相信以她的性格一定会参加这次战斗,所以很有可能是死在那场战役中。

顺便说一句,平阳公主是中国古代历史中,唯一一位以军礼下葬的女性。

君不见,娘子雄关今犹在,千年犹忆女将军。

每当我读到平阳公主的历史资料时,我都会对这位女子产生一种由衷的钦佩之情。在中国古代社会男权统治下,平阳公主宛若一枝鲜艳的花朵,绽放出永恒的芳香。

在这里我想说,相对于男人来讲,女人也许很弱势,但正因为弱势,所以才更要自强。写到这里,我忽然想到了一首诗,我们大家一起来吟诵一遍吧!

巾帼英雄胆气豪,腰横秋水雁翎刀。
功成名就天下定,女儿红装换战袍。

第六章
拿下长安

进逼

算上平阳公主带来的这七万人，李渊的兵力达到了二十五万人。

从最初的三万人到现在的二十五万人，李渊的势力似乎在一夜之间陡然猛涨，但是你要明白这是靠怎样的努力换来的。

大家跟着你，一要有饭吃，二要有出路，这个出路就是你能为大家带来好日子。准确地说，是你能为大家带来一个太平盛世。老百姓的要求实在很简单，能够安居乐业，这就足够了。

人们正是在李渊身上看到了这种希望，所以才情愿跟着他勇闯天下。

所以，三万人变成二十五万人，不是什么奇迹，而是一种必然。

这二十五万人中，李世民因为得到了平阳公主的七万人所以兵力达到了十二万人，李建成有五万人，李渊有八万人。看到自己手中的兵力已经相当充足，李渊命令两个儿子李建成和李世民向长安进发。

李建成和李世民分两路大军奔向长安，这兄弟俩简直可以用神速来形容。

李世民连克高陵、泾阳、武功等地，可以说几乎没有遇到什么抵抗，就到达了长安附近的阿城（秦时阿房宫城）。

而李建成这边，虽然屈突通在闻知李渊渡过黄河后，迅速领兵急救长安，但是在新封却被刘文静、王长谐部所败，最终走投无路投靠了李渊，所以李建成的行进速度也是相当快的，几天的工夫就从永丰仓打到了长乐宫。

这兄弟俩一北一东，对长安形成钳形夹攻之势。

就是不理你

十月四日，李渊进军至长安，屯军于春明门（长安城东面三门中的中门）西北，与李建成和李世民合兵一处。

长安就在眼前，此时李渊却开始犹豫起来。究竟打不打长安？立即就打，还是先做政治攻势？毕竟自己起兵的口号是拥护代王杨侑的。

代王杨侑虽然年幼，但并不是白痴，看到李渊的大军把长安围个水泄不通，随即命令长安留守卫文升、阴世师等严加防范。

究竟严到什么程度呢？据说信使都不通。

绝对不能让李渊进来，宋老生已经死了，屈突通也投降了，这是最后的希望了。杨侑企图用死守来保住长安。只是，这点希望，也将很快破灭。

鉴于自己起兵时的口号和杨侑的严防死守，李渊决定暂不进攻长安，先采取政治攻势。所以，柴绍继续出马。不过，这一次不是讨敌骂阵，而是劝降。

“守城的兵士听着，唐公此次来长安，乃是拥立代王的，请回去告知代王，让他打开城门。”

“唐公没有反隋之心，请代王放心。”

一连十余天，柴绍每天都是重复同样的话语，应该说还是很有诚意的。但是，长安方面的态度实在不靠谱，不管是同意也好，反对也罢，你总得表个态啊！

不出声！不表态！不回音！

这就不好了。李渊也许有耐心，但是手下的将领可都是暴脾气。

“管他三七二十一，先打进去再说。”

诸将这样的态度，李渊可以理解，毕竟到这来，就是为了进长安，如今总在外边转悠，还不如不来。但是，李渊知道只有这样才能表明自己“尊隋”的诚意，从而取得政治上的主动。

我希望你没有回音，越没有回音越好。这可不是我要打你哦，你让我不得不打。所以李渊力排众议，决定继续等待。

等待的目的，是为了那个最终决战时刻的到来。

李渊决定再给代王杨侑一些时间，时限是七天。如果在这七天中杨侑还是连个屁都不放的话，李渊就下令攻城。但是，在这期间，发生了一件让李渊意想不到的事，就是这件事，促使李渊提前攻城。

这究竟是一件什么事，让很有涵养的李渊，连七天都忍耐不了？那么，我告诉你这绝对是一件让李渊觉得比杀了自己还难以接受的事情。

事情的发生是因为两个人：阴世师和骨仪。

两个二杆子

这两个人是杨侑身边的宠臣，也是奸臣。本来杨侑将防守长安的重任交给了卫文升和阴世师，由卫文升负责统领全军，但卫文升是个已经七十多岁的老头子，杨侑刚刚任命完毕，这个老头子就病在了床上，没等李渊打进长安，就病死了。杨侑无奈只好将防守长安的重任交由阴世师来负责，同时让骨仪协助他。

这两个人是个什么样的人呢？用一句话来概括：打仗熊样，做官猴精。都是官场老手，善于拍马屁。李渊的儿子李智云就是被这两人所杀。

相信在平时，他们一定使用了很多哄杨侑开心的伎俩，从而赢得了杨侑的信任。要不然，杨侑不会将防守整个长安的重任交给他们。

这两人有一个共同的特点——贼大胆。基本上算是能惹不能扛的主。

这一次，两个人想出了一个守住长安的“万全之策”，至少在他们看来是“万全之策”，那就是将李渊在长安的亲戚全都抓起来，从而要挟李渊，使他不敢攻城。

这个计策还是很不错的。

人心都是肉长的，李渊也不例外，看着自己的亲戚在敌人手里，即使想攻城也得慎重考虑。像刘邦那样，自己的老爹都快让项羽下油锅了，还插科打诨地要分杯羹吃，毕竟不多见。

但是，阴世师和骨仪接下来所做的事情，就证明了这两个人是名副其实的白痴。这两位仁兄居然挖掉了李渊家的祖坟，然后挫骨扬灰，而且捣毁了李渊家祭拜的祖庙。

这就很过分了。

不仅是过分，简直是有损阴德。让生者不安也就罢了，但是无论如何也应该让逝者安息。

在古代，中国人最崇拜的就是自己的祖先，俗话说“百善孝为先”，就是说一切行为都是以“孝行”为根本，父母去世要守孝三年，逢年过节要祭拜祖先，这都是我们中华民族的优良传统。

如今李渊的祖坟都让这两位仁兄给挖了，李渊不抄家伙和他们拼命才怪。

这两个人做的这些事，连他们的手下，都有些看不过眼，私底下议论纷纷。当李渊听到这个消息时，脸色瞬间由红润变得铁青，然后由铁青变成紫色。

“混账！阴世师、骨仪你们这两个混账王八蛋！不杀了你们俩，我李渊誓不为人！”

杀我爱子，刨我祖坟，毁我宗庙，抓我亲属。你们两个人死一万次也不够！传我命令，全军将士准备攻城！

虽然李渊被激怒,但是并没有失去理智,在下达攻城命令的同时,李渊同时传令,打进长安后,不得毁坏隋朝的祖庙,不得侵犯代王杨侑及皇室成员,违者灭三族!

真正的王者风范。

报复的方式不仅仅是以暴制暴,有一种报复叫作——宽容。

在我眼中,天下才是最重要的。

进入长安

十月二十七日,李渊下达了总攻的命令。

李建成负责攻打长安东、南两个方向,李世民负责攻打长安西、北两个方向。而李渊自己则在原地坐镇指挥。

将士们,长安就在前方!

刹那间,二十余万将士抬着攻城的器具,冒着隋军的箭雨、滚木、石块,冲向长安那高大坚实的城墙。

大业十三年(617 年)十一月九日,这是个值得纪念的日子。

在这一天里,军头雷永吉第一个登上了长安的城墙,成功地打开了一个缺口。

随后,李渊的部队一拥而上,顷刻,隋军土崩瓦解,长安被攻陷了。

我的描述虽然很简单,但是你千万不要认为长安就是这么轻易被攻打下来的。据史书记载:"云梯竞耸,楼橦争高,百道齐来,千里并进,绕京竹木,歼于斯矣!"这场战役,绝对是一场惨烈的拼杀。

虽然有很多唐兵想一睹长安城的风采,但是在他们即将踏进长安城的时候,不幸倒下了。自古以来,都是一将功成万骨枯。

秦中自古帝王都,长安就是帝王都的中心,这是座伟大的城市。刘邦、刘秀、苻坚、杨坚以及无数的英雄豪杰,都曾经在这里留下了光辉的足迹,如今李渊也来到了这个城市。

曾经朝思暮想的地方,现在我终于来到了,这怎么能不令我心潮澎湃呢?

宁死也不逃

当李渊来到皇宫大殿时,他一眼便看到了躲在桌子底下的代王杨侑。

杨侑只有十三岁,放在现在也就是小学刚毕业,一个小孩子看到一群胡子拉碴、拿刀拿枪的人进来,吓得一下子就哭了。

“杀了他！杀了他！为死去的弟兄报仇！”士兵们群情激奋。

虽然李渊在下令攻城的时候，说打进城去，不得侵犯代王，但是当真正面对代王时，士兵们还是怒从心头起，因为他们知道，攻打长安死了那么多兄弟，全是因为这个小孩子。

虽然现在杀了杨侑实在是比捏死一只蚂蚁还容易，但是李渊并没有忘记当初起兵时的口号，何况，这个小孩子在未来还有利用价值。

没等李渊表态，杨侑身边的一个人突然发话了：“唐公举义兵，既然是匡复帝室，尔等不得无礼！”此时杨侑的身边只有这一个人。

这个人名字叫姚思廉。

他当时的职位是侍读（陪代王读书），而后世人们给他的身份是大史学家。因为他著有《梁书》和《陈书》，是纯粹的高级知识分子。

中国的知识分子向来有骨气，他们不畏艰险，不畏强暴，胸中有一股浩然正气，正所谓：富贵不能淫，贫贱不能移，威武不能屈。

我始终坚信，正是有了这些知识分子，正是因为他们的高贵气节，中华文明才生生不息。而姚思廉就是这庞大的知识分子队伍当中出类拔萃的一个。

“放肆！都给我退下！”李渊斥退身边的士兵。

然后李渊恭敬地向杨侑和姚思廉行了一礼说：“我此次前来，确实乃是尊奉代王，匡复帝室。方才手下兵士多有冒犯，还请代王恕罪。”

“唐公乃仁义之人，我相信唐公是不会食言的。”姚思廉依旧保持着高傲的神态。

“呵呵，是啊，这么多人都走了，只有姚公还留在代王身边，真是令人佩服啊。”话语中李渊充满了对姚思廉的敬佩之情。

“现在我来了，长安的事情就交给我吧，姚公赶快扶代王到后殿休息去吧。咱们择个良辰吉日，再拥立代王为帝。”

“唐公，老朽只说一句话。”

“姚公请讲。”

“望唐公爱民如子，好自为之。”姚思廉的眼睛放射出精光。

到现在为止，姚思廉当然明白，李渊做皇帝只是时间早晚的问题。

姚思廉说完后扶着杨侑离开了大殿。

现在李渊站在这座空旷的宫殿里，顿时觉得肩上的担子更重了。

李渊并未食言，在接下来的日子里，他安抚百姓，不许军队抢劫百姓，宣布废除隋朝的一切严刑峻法。

李渊也没有忘记处理两个人，阴世师和骨仪。他给这两位仁兄的待遇是斩首示众。

同时李渊下令将监狱中的囚犯全部释放。但是，有一个人，李渊却是坚决不放。这个人的名字叫李靖。

李靖

李靖，字药师，京兆府三原（今属陕西）人。他出身高贵，是隋朝大将韩擒虎的外甥。这是一个有才的人，一个高尚的人，一个让后人无限景仰的人。当初，就连杨素都称赞他是个“王佐之才”的料。但是，眼下这个未来的“王佐之才”却被关在监狱里。这是为什么呢？

事情还要从头说起。

当初李靖曾经担任马邑郡丞，本来过着快乐的公务员生活，但是这位仁兄却偏偏不甘寂寞，李渊在太原暗中招兵买马，想要起兵造反时，李靖察觉了他的这一动机。

于是这位仁兄做了一个大胆的决定：前往江都向杨广报告。

这是可以理解的，毕竟吃着隋朝的俸禄，就要为隋朝尽忠，何况他的舅舅还是隋朝的大将。但是，我猜测李靖当时还有一个想法，就是想得到重用。

连杨素都夸我是王佐之才，而我现在却在山西这个山高皇帝远的地方，天天干的活可是不少，却没人赏识，照这样下去，恐怕我成了骨灰也不会成为王佐之才。于是李靖就天天盼着机会的出现。

都说机遇是留给有准备的人，李靖可是一颗红心，两手准备。

现在李渊要造反，这就是机会。我要是到江都给李渊奏一本，杨广肯定让我升官发财，说不定还会让我统领千军万马去打李渊。

妙极！妙极！

是金子总会发光的。但是，自己身为朝廷命官，处在李渊管辖的地界，想要前往江都似乎不太容易。人家要问：李靖，你去江都干什么？总不能回答：我去告李渊造反吧！所以李靖想了个妙计：将自己打扮成囚犯的模样，让自己的长官派人押送自己去江都。

这实在是个好办法，李渊要是问起来，就说是朝廷重犯，皇上让押往江都。但很不凑巧的是，当他到了京城长安时，关中已经大乱，因道路阻塞而未能成行。不久，李渊于太原起兵并迅速攻占了长安，士兵们真的将李靖当成了囚犯，就地关在狱中。

谋事在人，成事在天啊。既然已经如此，是生是死，听天由命吧。

此时，李靖当然不会想到，正是因为这次的囚禁，他的命运发生了根本的转变。那个灭萧铣、抗突厥不世出的名将李靖，即将诞生。

现在李渊正在翻看着长安城囚犯的花名册。

“嗯？李靖？”李渊的眼睛盯在了李靖的名字上。

“这个李靖是那个韩擒虎的外甥吗？”李渊问手下的兵士。

“回禀唐公，正是此人！”

“我好像记得他是马邑郡的一个什么官，怎么跑到长安犯罪来了？”李渊有些纳闷！

“这个人先不要放，把他带到我这里来，我要亲自审问他！”

差点见阎王

李渊看到李靖那憔悴的面庞时，竟然有些心疼。毕竟李渊和李靖的舅舅韩擒虎是老相识。但是，李渊发现李靖的眼神似乎有些轻蔑。

“你可是韩擒虎将军的外甥？”

“是又怎么样？”

这是什么态度？李渊好像挨了一记闷棍。“所犯何罪啊？”李渊继续问道。

“我没犯罪！”

“没犯罪？那为什么会是囚徒的模样？”李渊不解地问。

“哈哈哈！李渊，可惜天不助我李靖，成全了你这个反贼！”李靖高声叫道。

刹那间，李渊惊呆了，他万没有想到李靖会是这个态度。

随后，李靖将自己先前的计划告诉了李渊。

“大胆！敢给我告密！”李渊听李靖说完，愤怒地直拍桌子。

“来人！将李靖给我押出去斩首，让他到阎王老子那里去告密！”

“哈哈哈哈！李渊啊李渊！亏你还说自己是兴义兵，除暴乱，原来都是放屁，你为了泄私怨，现在就要杀义士乎？”

“少跟我来这套！你这样的我见得多了，赶快拉出去！”李渊似乎失去了理智。

就在这时，传来了一阵清脆的叫喊声：“刀下留人啊！此人杀不得啊！”

来者不是别人，正是李世民。李世民知道李渊杀李靖是一时的冲动。

都说冲动是魔鬼，看来这个魔鬼是任何人都挥之不去的梦魇，无论你是俗人还是圣人。李渊这样的英雄也不例外。正所谓当局者迷，旁观者清。

在李靖的问题上，幸好还有李世民，否则李靖会就此人头落地。

“父亲，此人杀不得啊！”李世民来到李渊的面前急切地说道。

“此话怎讲？”李渊不解地问。

“父亲请息怒，听过孩儿的一番话后，如果父亲还认为此人该杀的话，孩儿无话可说。”

此时，李渊的情绪稍稍地平复了一些，他抬头看了一眼李世民，知道这个儿子想必有自己一番独到的见解，所以也想听听李世民怎么说。

“好！那就等一等！听世民说完后，再动手不迟。”

“父亲，这个李靖可是个人才！”

“我知道！但是，我平生最恨告密之人，这种背地里捅刀子的人，他本事再大你说能用吗？”

“呵呵，父亲，孩儿也恨这种人，但是您想没想过，从另一个方面来讲，李靖也算是尽忠了。而且此人在父亲面前丝毫不隐瞒实情，可以看出他绝不是阴险小人。”

李世民停顿了一下，看到李渊的气色有些好转，便走到李渊的身前，凑到他耳根说：“孩儿听说以前杨素曾经夸奖过他，说他是个王佐之才，您想想连杨素都夸奖的人，想来肯定不一般。何况他又是韩擒虎的外甥，而您和韩擒虎又是老相识，如果杀了他恐怕不好吧。

“而且，虽然咱们已经占领长安，但是周围的强敌还很多，眼下正是用人之际，不如让他留在孩儿的帐下，戴罪立功。”

李世民的这番话，深深打动了李渊。李渊虽然刚才很冲动，但他绝不是驴脾气。听李世民说完，李渊意识到如果没有李世民的提醒，自己就犯下了一个可怕的错误。

杀了一个李靖不要紧，最重要的是，天下有才之士谁还敢来投奔自己？想到这里，李渊惊出了一身冷汗。

我刚才怎么这么糊涂？我的见识怎么还不如我儿子啊？看来有志确实不在年高啊！

但是，话已经说出，犹如泼出去的水，怎么能收回呢？李渊有些为难。

“父亲啊，我看李靖已经通过您的考察啦。”李世民大声地对李渊说，然后朝李渊挤挤眼。

“考察？哦，对对！来人啊，给李靖松绑！”瞬间李渊便明白了李世民是在给自己解围。

李渊走到李靖的面前，看着这个面庞白净的年轻人，脸上逐渐露出了笑容，“嗯，好！是条汉子！哈哈！”说着重重地捶了李靖一拳。

这一次，轮到李靖有些蒙了。

“其实我早就听说药师是个响当当的汉子，今日一见，果然名不虚传！你以为我真要杀你啊？刚才那是试探你。如果你刚才跟我求饶，说不定我真会杀了你。”

不愧是老手，听完李世民的一句话，李渊就可以自由地发挥。

此时，李靖也有些难为情，因为在狱中，他曾经听说李渊到长安城后安抚百姓、废除暴行，所以先前对李渊的偏见也有些好转。

“唐公，说句实话，药师心里佩服你！当初要去江都告发你，是因为想受到朝廷的重用，在马邑这个穷地方实在是……唉！”李靖无奈地低下了头。

“呵呵，别说了，别说了，我都能理解，大丈夫谁不想建功立业啊？从今以后，跟着我,我重用你!”李渊笑着拍了拍李靖的肩膀。

“父亲,就让李靖先在我的帐下效力吧,孩儿想跟他学习兵法。”

“李靖,你愿意吗?”

“唐公如不嫌弃,药师愿效犬马之劳!”

自此李靖成为李世民手下的得力干将。

李靖的故事才刚刚开始,在后边,他会有一系列出色的表现。

我常常在思考一个问题:名将究竟是怎样练成的?看过李靖的故事后,我终于明白了。练成名将,需要勇气、耐心、智慧、隐忍,但是更需要——忠义的气节。正是忠义的气节,挽救了李靖的生命,也是忠义的气节让李靖在今后的日子里大展宏图。

拥立代王

李渊坐在长安的宫殿里,此刻他正在思考夺取天下的这盘棋接下来该走哪一步。

自从进了长安城后,有很多人劝他干脆废掉杨侑,自己称帝。但是,老谋深算的李渊明白,目前还不是称帝的时候。身在权力的中心地带,同样也处在包围圈之中。虽然隋朝的旗帜还在,但是此时的天下早已不是隋朝说的算了。

在李渊的周围,西有薛举;北有刘武周;东有窦建德、李密、王世充;南有萧铣、杜伏威等。处在这群猛人的包围下,相信李渊要是称帝,那一定会被这些人的口水淹死。

大家的目标都是长安,我们在外边拼死拼活,你坐收渔翁之利占了长安也就罢了,居然还敢称帝?这绝对是找扁的节奏。

如果事情闹到这个地步,那当初李渊还真不如老老实实地在山西过老婆孩子热炕头的生活。

帝王的梦想,是千万人的梦想,但是实现这个梦想的只能有一个人,而且在实现梦想的征途上,一定要打败所有的竞争对手,所以道路是曲折的,稍有不慎,满盘皆输。

枪打出头鸟,能飞也白搭。

所以眼下,称帝的时机还不成熟,更何况自己打出的旗号是“拥代王,反杨广”,当然不能出尔反尔。但是,我最终的目的是想拥有那个无上的权力,在获得那个权力之前,我所做的一切都是策略而已。既然不能立即拥有无上的权力,那就使用策略一点点地接近那个至高无上的权力。

李渊的第一个策略是,拥立代王杨侑为皇帝。这个做法很像四百多年前的曹操挟天子以令诸侯。历史总是惊人地相似。

大业十三年(617 年)十一月十五日,李渊将十三岁的代王杨侑迎接到了大兴殿。随着一班朝臣震耳欲聋的“吾皇万岁！万岁！万万岁!”的声音,杨侑被李渊推上了皇帝的宝座,是为隋恭帝,改元义宁。同时以李渊为使持节、大都督内外诸军事、尚书令、大丞相,并晋封为唐王。前边的官职对于李渊来讲都不重要,这个“唐王”才是至关重要的。

这也是李渊的第二个策略。因为从秦始皇以来,皇帝是最高的,也是唯一的。在分裂时期(例如三国、南北朝等),不同的政权就会有不同的皇帝,虽然彼此承认,但是所有人都明白最终实现统一后,皇帝只会有一个,在这种背景下,“王”就成了皇帝之下的一个爵位,在人们的传统观念中皇帝虽然与皇帝不可共存,但皇帝与王可以并存。

也就是说:你称皇帝,我心里不舒服。你要是称王还勉强说得过去。

所以窦建德那么大势力,也只是自称长乐王;萧铣拥有江南大片土地,也只是称梁王;就连李密都只是称魏公。

因为称帝就意味着把自己放在众矢之的的位置。但是称王,从另一方面来讲,又是称帝的进身之阶,往前迈一步就是皇帝。何况对于李渊来讲,杨侑只是个小学生,如果不听话的话可以罚站、留校。只要板起面孔,杨侑肯定害怕。所以“王”放在李渊这里,就相当于皇帝。

现在好了,自己拥有了无上的权力,又避免了把自己放置在众矢之的的位置,何乐而不为呢？是的,暂时是可以的,问题是这种情况什么时候是个头儿。

转机很快就到来了。这个转机完全是因为一个人的死亡。随着他的死亡,格局转变了,历史转弯了。

大业十四年(618 年)三月,隋炀帝杨广在江都被杀!

第七章
江都兵变

郁闷的杨广

杨广对于自己的死,可能早有预料。

自从到了江都后,杨广变得愈加颓废,常常对着镜子欣赏自己。

不可否认,杨广是个美男子,可一想到自己如此艰难的处境,他的脸上越发显得憔悴。

每次一边欣赏镜子里的自己,一边他会对皇后萧氏说:"这么好的脑袋,你猜谁最终能把他砍去呢?"

这样一来,把萧皇后吓得心惊肉跳,问杨广为什么要这样说,杨广每次都是脸上闪过一丝冷笑,然后阴冷地说一句:"不论贵贱只要快乐就好,有什么可以忧伤的呢。"

虽然史书上没有杨广得精神病的记载,但从杨广的这些言行来分析,当时杨广可能已经患上了精神病,至少是间歇性精神病,而他得这种病八成是被吓出来的。

杨广的精神出了问题,但还不至于昏聩得一塌糊涂,也许他早就预感到自己的生命即将走到尽头,但他还是经常安慰自己,他经常对萧皇后说:"现在很多人想篡夺我的帝位,即使他们成功了,我也会像陈后主一样,被封为长乐公(陈后主投降后受封的官爵),到时咱们还不是照样吃喝玩乐?"

记得有个成语叫掩耳盗铃,人有时就是喜欢自己骗自己。

但是，帝王也是人，人的情感很复杂，正常情况下，在生与死的抉择面前，人们依旧会选择生——人之本能。只是有些时候，生与死的选择权利，不在我们手中。

现在李密把洛阳围得水泄不通，李渊又占领了长安，杨广觉得无论是洛阳还是长安恐怕都回不去了。于是他想把国都迁到丹阳(今南京)，打算偏安江南一隅，寻求日后东山再起。可是杨广的这个打算，却遭到了部分大臣的反对。

第一个反对的人是右后卫大将军李才。

他的理由是，皇帝应该有皇帝的威严，现在盗贼四起，皇帝就应该有平定盗贼统一天下的信心，岂能总想着偏安一隅，简直有损隋朝皇家的威严。

这个理由，表面听起来似乎很有道理，但实际上没有用。天下这么乱，杨广比谁都着急，隋朝是他们老杨家的，他又何尝不想重振隋朝的皇家威严，只是现在杨广实在没有这个能力。

第二个反对的人是门下录事李桐客。他的理由，确实是相当客观的，而且代表了一部分人的意愿。

李桐客认为，江东气候潮湿，环境恶劣，面积狭小，恐怕养不了这么多人，老百姓会负担不起，到时还会有人造反，何况周围还有李子通、杜伏威等叛军。

但李桐客最担心的是，禁军当中有很多关中人，如果长期不回关中，恐怕士兵会思乡，到时出现大批士兵逃亡，情况可就不妙了。

这个理由很关键，因为他说出了禁军士兵们的心声。

但是，我认为李桐客的这个理由比李才的理由更加让杨广难以接受，所以他对李桐客起了杀机。

为什么？因为你的话动摇了军心。这个人绝对不能留，但是人家说的话句句在理，你能怎么办？

杨广当然有办法，暗中指使御史弹劾李桐客，理由是诽谤朝政。借着这个理由，杨广将李桐客下入大狱。但是，李桐客的话却迅速在禁军中传开，禁军的士兵们思乡的情绪更加严重。

不久，禁卫军中郎将窦贤就带着一帮人集体逃跑，虽然没跑多远，就被缉拿而回，但这是个危险的信号，如果不严加处理，后果将不堪设想。所以，杨广下令，今后凡私自逃跑者，只要抓到一律格杀勿论！并且命令自己最信任的虎贲郎将司马德戡统领禁军，驻扎在东城外，防止有人再次逃跑。

杨广的安排很周密，自己的人率领军队驻扎在逃跑的必经之路。看来这一次不会再有人逃跑了。

但是，如果司马德戡想要逃跑怎么办？

杨广什么都想到了，他只疏漏了一点，司马德戡也是关中人。仅仅是一个很小的疏漏，却是致命的。

虽然我是你的嫡系，但是我更想念远在千里之外的家人。为了和家人相聚，为了那份亲情,现在的一切都不再重要。所以,司马德戡决定出手对付杨广。

司马德戡的算盘

司马德戡虽然是杨广的亲信,但是个危险人物。这个人就像定时炸弹一样,埋在杨广的身边,只要有人引爆,随时都会爆炸。现在杨广自己一不小心设定了这颗定时炸弹,只要时间一到,杨广将被炸得粉身碎骨。

让司马德戡统领禁军,等于是让抢劫犯管理盗窃犯。

身为关中人的司马德戡其实和禁军士兵们想法是一样的,况且人心思归,挡是挡不住的,他担心如果逃跑的人躲起来,杨广会因为自己管理禁军不善而将自己杀死。真是左右为难啊!看到杨广丝毫没有西归的意思,司马德戡感到很失望。

既然你不带我们回去,那我们就自己回去。可是窦贤的下场,依旧历历在目,司马德戡当然不敢轻举妄动。要想实现西归的计划,必须联合更多的人,争取来个集体大逃亡。

于是司马德戡去找自己的死党元礼和裴虔通商量。

"现在禁军人人思归,我要是奏明皇上,真怕皇上会因为我管理不善而杀了我,可是两位仁兄明白这件事是挡不住的啊!如果不说,又怕皇上知道了,到头来还是会杀我!"

司马德戡用试探的口气问元礼和裴虔通。即使是死党,也不能口无遮拦。

"是啊,现在到处都是反贼,关中让反贼都占了,咱们的家属还在那里,真担心……唉!"元礼也垂头丧气地说。

"咱们得赶紧想个法子,不能就此下去!"裴虔通的态度倒是很坚决。

三个人彼此都心照不宣,其实谁都明白自己接下来要干什么。但最后点破这层窗户纸的还是司马德戡。

"我觉得不如……"司马德戡犹豫了一下。

"不如什么?赶快说啊!"

"不如……咱们和禁军一起回关中去!"

这个说法得到了元礼和裴虔通的一致赞成。

对!不给杨广卖命了!

咱们回家去!

于是三个人开始分头去联合各自所熟悉的人。就像干柴遇到烈火一样,西归的计划得到了很多人的响应。响应这个计划的人名单有:符玺郎牛方裕,内史舍人元敏,虎牙郎将赵行枢,鹰扬郎将孟秉,直长许弘仁、薛士良,城门郎唐奉义,医正张恺,勋侍杨士览……响应的人确实不少,这些人也将在后边诛杀杨广的行动中，发挥各自的作用。

一个西归的计划，得到了这么多人的响应，看来杨广真是不得人心啊！

一个员工不好好工作，是员工的问题。所有的员工都不好好工作，那就是老板的问题。

在司马德戡的忽悠下，大家决定一个月后，集体逃亡。但是，这个计划遭到了将作少监宇文智及的反对。

宇文智及的理由很简单，杨广虽然失去了人心，但是手里除禁军之外，还有正规部队和骑兵，如果大家一起逃走，难免会重蹈窦贤的覆辙。

但是，已经决定的事情怎么能变卦呢？

宇文智及的想法是大丈夫要成就大事业，须小心谨慎，我们就这样逃走，杨广肯定会派人缉拿我们。我们要提防这一点。

那怎么提防呢？

最有效的提防就是不提防。

什么意思？

杀掉杨广！还用提防他吗？

别理我，烦着呢！

宇文智及之所以敢说出这样的话，是因为有这样的环境。据史书记载：当时想逃回关中的不下万人，甚至有的人公开讨论制订逃跑路线。甚至有些极端的人，声称要杀掉杨广。

对于杨广来讲，混到这个地步实在很可悲。一个高高在上的君王，虽然对下属始终保持着一种威严、一种神秘感，但是在某些时候，皇帝更像是高贵的囚徒。杨广就是其中的一个。

手下的士兵竟敢公开讨论谋杀自己，但杨广的反应很特别，特别到什么程度？

——没有反应！

这么大逆不道的行为，难道就没人上报吗？有。但是，如果你看到接下来的一番对话，相信你要是杨广手下的人，也不会上报了。

一个宫女知道了这件事，经过萧皇后的允许，上报给杨广。

“皇上，现在外边的人都公开讨论要逃回关中，甚至有人扬言要杀了皇上，您一定要提高警惕啊！”

“想杀我？你可有证据！”（什么时候了，还要证据！）

“这个……奴家没有，但确实是奴家在外边听到的。”

“胡说！没有证据就到这来告状！朕现在已经够烦的了，你还给我添乱！来人！推出去斩了！”

“皇上，奴家没有撒谎啊，皇上……”宫女的声音越来越远……

你还敢上报吗？反正我是不敢。

为什么杨广的反应如此反常？依照常理，杨广应该是宁可信其有，不可信其无地展开调查才对，但是，现在杨广的态度却一反常态，这是为什么？

其实，杨广未必不知道外边的人想要谋杀他，而他不采取任何的措施，只能说明杨广的精神已经渐渐地枯萎。造成这样的结果，我认为是杨广的性格决定的。

杨广是个极端自信的人，但同时也是个不敢面对失败的人。

他原本是一个极其心高气傲的人，本来期待着自己能够画出世界上最美丽的画，唱出最动听的歌。但是，现在画作已经残缺，歌声也不再动听。所以不做最好，就做最坏，他唯一忍受不了的是平庸，做不了千古一帝，他也没有心情去做一个辛苦维持的平庸帝王。

曾经拥有无上的权威，但随着全国的形势日益恶化，杨广内心表现出了极度的虚弱，以至于虚弱到麻木不仁。不是他不知道，而是他实在不愿意面对，甚至是不敢面对。

虽然天下越来越乱，他自己也危在旦夕，但他却鼓不起心气去为自己的生存而奋斗。他对政治越来越松懈，越来越放任；甚至，对自己的生命，他也有点三心二意，不那么周密地去考虑。

外边的人继续他们的计划，而杨广就像一只鸵鸟一样，一头扎在沙子堆里，即使屁股露在外边，也不要紧，眼不见，心不烦。于是一场军事兵变即将上演。

宇文智及杀掉杨广的话，得到了所有人的同意。因为在他们看来，杀掉杨广与逃回关中紧密相关。要想更好地逃回关中，杀掉杨广是前提。

要想杀掉杨广，就必须首先选出一个能够代替杨广的首领。选谁呢？大家一致推选宇文智及的哥哥宇文化及做首领。

拥立谁？

现在我们需要弄明白一个问题：为什么推选宇文化及做首领，得到了所有人的同意？大家推选宇文化及有两个原因。

第一个原因是身份。宇文化及兄弟三人（宇文化及、宇文智及、宇文士及）是隋朝大将宇文述的儿子，宇文述可是人人佩服景仰的人。

按照中国人“老子英雄儿好汉”的惯性思维逻辑，作为宇文述的儿子，相信也绝不是孬种。现在把人人景仰的宇文述的大儿子搬出来做首领，这样大家都会服气。

第二个原因是宇文化及深深地痛恨杨广。除杨广惯施暴政之外，宇文化及痛恨杨广还因为自己差点被杨广斩首。

杨广继位后，曾经有段时间和突厥的关系很紧张，下令禁止和突厥人互市，但是宇文化及仗着自己贼大胆，暗中和突厥人互市，杨广知道后要将宇文化及斩首，幸亏他的弟媳南阳公主（宇文智及的妻子，隋炀帝的女儿）求情，才免去一死。但是，从此不再任用。后来宇文述临终时央求杨广在自己死后，一定要照顾自己的儿子，杨广看在宇文述的情面上，于是再次任用宇文化及为右屯卫将军，让他戴罪立功。

虽然这件事过去了很久，但是宇文化及始终没有忘记，在他的心里始终有股复仇的火焰，只是苦于没有机会。现在这个机会终于出现了，宇文化及岂能放弃？

让大家意想不到的是，当宇文智及告诉宇文化及准备推选他做首领时，宇文化及吓得面色苍白，顺着脸颊直流汗。这不是把我往火坑里推吗？我是有些恨杨广，但还没到要造反的地步，在复仇与活命之间，我当然首选活命。

但宇文化及没有想到的是，自己的弟弟已经参与到兵变的队伍中，如果杨广一旦追查起来，自己同样脱不了干系。

谋反是要诛九族的，宇文化及他能逃脱得了？幸好，宇文智及及时提醒了他。而且，干掉杨广后，自己还可以做皇帝，这是一个巨大的诱惑。面对着做皇帝的极度诱惑，宇文化及即使再胆小，也难免动心。

事实上宇文化及本来就贼大胆，当初愣是顶风作案和突厥人互市，现在在宇文智及等一帮人怂恿下，宇文化及贼大胆的本性再次显露。

老子干了！现在天下这么多人都争着要当皇帝，我宇文化及为什么就不能当？虽然我不像那些造反的人一样，手里拥有重兵，并且占据一隅，但是我有得天独厚的优势。天下所有造反的人之中，我是离杨广最近的，你们谁也没有我杀掉杨广方便。何况，我的理由很正当，为了让广大士兵回到家乡，相信所有的人都会拥护我。

想到这里，宇文化及不禁大笑起来，笑声中夹杂着一丝诡异。

现在杨广身边的人已经不再是曾经让他吆五喝六、俯首帖耳的绵羊了，而是一群狼。杨广正身处在狼群中间。这群狼正在伺机而动，只要有机会就会一拥而上，将杨广撕咬得粉碎。

杨广依旧是一副疲倦的样子，也许他已经预感到自己留在这个世界上的时间不多了。不要着急，这一天很快就到来了。

所有的人都明白，本次行动有一个关键的前提，就是如何让禁军的士兵听从指挥，虽然平常有怨言，但是这并非意味着关键时刻就真的会付诸行动。所以大家一致认为，要让禁军的士兵愤怒起来。

人在愤怒的情况下，常常会失去理智。只要禁军的士兵失去理智，一切就都好办了。于是一场"忽悠演讲"开始了。

"宰羊"行动

三月十日，阳光明媚。在宇文化及的授意下，司马德戡召集全体禁军将士，言辞慷慨地发表了一番演讲。

"将士们！今天我召集你们来，是有一个重大的秘密要告诉你们！"司马德戡的声调很高。

"秘密？什么秘密？"底下的人议论纷纷。

"那个无道的昏君听说大家想要回关中，他特意准备了大坛的毒酒，说一会儿要宴请大家，准备把你们全部毒死！"这句话虽然扯淡，但一说出来，还是在禁军中炸开了。

宁可信其有，不可信其无。

杨广那个精神病，什么事情都干得出来！连他老爹都敢杀，我们算得了什么？

"什么？毒死我们？杨广你还有没有人性啊？"有的人已经开始怒不可遏。

"老子不给他卖命了，他不让我们回去，我们偏要回去！"

"回关中！回关中！"

看到禁军一片群情激昂，司马德戡暗中窃喜。

"大家不要吵！大家不要吵！"他将众人的声音压了下去，"将士们！我和你们一样时时刻刻地思念着身在关中的亲人，但是杨广说过，谁要是敢逃走，定斩不饶！窦贤就是一个例子啊，如果我们逃走恐怕下场会和窦贤一样啊，唉！"明摆着，这是火上浇油。

"我们就是要回关中！司马将军你说怎么办，我们听你的！"

看到时机已到，司马德戡终于说出了本次演讲中最关键的一句话："看来只有除掉杨广，才能确保我们顺利回到关中！"

"只要能回关中，别说杨广，就是天王老子我也敢杀！"

"对！宰了他！老子早就看他不顺眼了！"

一切都是按照计划进行，士兵们渐渐地失去了理智。杨广真是到了穷途末路了。事实上，这些士兵们也是被杨广逼到绝路上才如此的。

禁军士兵们的怒火已经被点燃，接下来要做的是几个细节方面的工作。

当天晚上正好是元礼和裴虔通在内殿执勤，经过和宇文智及、司马德戡等人的商量，二人决定命令城门郎唐奉义将城门全都关上，但都不要上锁，这样是为了方便禁军直接进入内殿，如果事情不成功，可以全身而退。

另外，宇文智及和鹰扬郎将孟秉率领一千多人，分头把守城内各处交通要道，防止杨广事先得到消息逃跑。

最后，就是让裴虔通设法稳住杨广。因为外边这么多人折腾，杨广不可能不知道，事实上杨广当时看到外边火光闪亮，还问裴虔通是怎么回事，而裴虔通随口撒了谎，说外边失火，正在救火。

就是这样一个蹩脚的谎言，居然骗过了杨广，看来是天灭杨广啊！

三月十一日清早，政变进入实施阶段。

军事政变是一个组织行为，其中的所有人都发挥着各自的作用，总不能像打群架那样，一窝蜂地直奔杨广一个人而去。要知道周围还有很多人和很多事情需要去“照料”，每个环节都不能疏漏，否则就会功亏一篑。

既然是组织，就要有明确的分工。这次代号“宰羊”的谋杀杨广的行动其主要分工是：

一、宇文智及率领一路人包围整个皇城，搜捕皇亲国戚及朝中大臣；

二、司马德戡带领一路人到宫中抢占要地，清除障碍；

三、裴虔通带领一路人直奔杨广的寝室，捉拿杨广。

也许有人会问，那大家推选的首领宇文化及做什么？这个问题很好回答，首领的作用就是事情成功后，出来接见一下全体将士，慰劳一下大家，说些“兄弟们辛苦啦”之类的话。当然，如果失败了，对不起，责任也是首先由你来承担。

所以宇文化及现在的职责就是坐在自己的屋子里，耐心地等待，顺便给佛祖上炷香祷告一下，祈盼事情能够成功。

在这些分工中，裴虔通的任务最为关键，如果要是让杨广跑掉，那么政变就等于是失败了，一切都是徒劳。所以裴虔通不敢怠慢，当即带领一千人以最快的速度冲向杨广所在的成象殿。

一路上虽然有个别人前来阻挡，但是禁军士兵们现在已经愤怒到极点，所以见一个杀一个。很快，他们就到达了成象殿的门口。正当他们准备进去搜捕杨广时，门口却有一个人挡住了众人的去路。

这个人的名字叫独孤盛，时任右侍卫将军。

独孤盛

“闪开！”裴虔通大声叫道。

“呵呵，闪开的应该是你们！”独孤盛声音虽然不大，但是却很有力。

虽然独孤盛只是孤身一人，但是他的气势镇住了在场的所有人。他们都不明白，现在这个局面，为什么独孤盛要这样，这简直就是螳臂当车。

“别跟他废话，杀了他！”手下的士兵说着就想冲上去，却被裴虔通一把拦住。

“我很钦佩将军的勇气，但是杨广现在已经成为名副其实的孤家寡人，所有的人都已经弃他而去，将军这是何苦呢？”裴虔通劝独孤盛说。

他们也许不明白，生命固然可贵，但是比生命更重要的是道义。

我承认杨广是暴君，但同时我更加知道作为臣子应该尽忠。既然我敢站在这里，就说明我早已将生死置之度外！

听完裴虔通的话，独孤盛闭上了眼睛，叹了一口气说：“你们不会明白的！”说完这句话，他的嘴角露出了一丝诡异的笑容。然后，他做出了一个让所有人都吃惊的举动，挥舞着长刀，向众人冲过来：“你们是找不到皇上的！哈哈哈！”

当他冲到众人跟前时，刹那间便有数十把禁军将士的刀枪插入了他的身体。

“你们……你们……是……找不到……他的！”独孤盛的身体渐渐地倒了下去，那丝诡异的笑容依然留在嘴角。所有人都不明白他为什么始终说这句话。

看着倒在地上的独孤盛，裴虔通的心里很不是滋味。曾经的同事，如今却相隔两个世界。如果人世间没有这么多纷争妨碍该有多好啊，裴虔通的眼睛似乎有些湿润。

忽然间，他猛地抬起头。

“不好！独孤盛说我们找不到杨广是有含义的！”

没错，独孤盛实际上是在为杨广争取逃跑的时间，裴虔通所料不错。当他们来到大殿时，发现里边空无一人。

“给我搜！今天就是挖地三尺也要把杨广给我搜出来！”裴虔通下达了命令。

所有人开始行动起来，在整个宫殿内进行拉网式搜捕。半个时辰过去了，禁军的将领们一个个回来复命。他们带来了裴虔通最不愿意听到的消息：没有搜到杨广。

“真是邪门了，不可能跑出去啊，司马将军已经封锁了各条要道，杨广即使插上翅膀也飞不出去的，哪去了呢？”裴虔通的心里敲起了小鼓。

“接着给我搜！”裴虔通显然有些不甘心。因为抓不到杨广，一切都是白搭。

“将军！我们通通搜遍了！确实没有啊！”

“是啊将军！我们连寝室的床底下都看了，周围的宫殿我们也都搜遍了！”

“我们这一路连水井里面都看了，确实没有！”禁军的将领纷纷说道。

裴虔通已经冒出了冷汗，如果杨广真的跑了，万一给外边的哪个将军下道平叛的圣旨，那今天参与政变的所有人都会死无葬身之地。

就在这个时候，一个禁军将士忽然说道：“不对！我们还有一个地方没搜到！”所有人的目光都被这个禁军将士的话所吸引。

还有地方？什么地方？

永巷！

最后的永巷

永巷——皇宫中的长巷，是未分配到各宫去的宫女们的集中居住处，也是幽禁失势或失宠妃嫔的地方，这是皇宫中最不起眼的地方，难道杨广会跑到那里去？不管有没有先打三杆子再说，于是所有人一窝蜂地奔向永巷。

永巷分为东阁和西阁。

进到永巷后裴虔通便看到了一个宫女，他顺势一把拉过宫女，将刀架在了她的脖子上。

“说！杨广在哪里？”

宫女吓得摇了摇头。

“快说！不说我就宰了你！”裴虔通威胁道。

一个宫女哪见过这阵势，当时吓得已经瘫软，连忙用手指了指西阁。裴虔通顺着宫女的手指向西阁里边看去，里边一片漆黑，阴森恐怖。

也许杨广就在里边，可此时谁也不敢进去。谁知道那里会不会掩藏着机关啊？裴虔通有些心虚。

“进去看看！”裴虔通朝周围的人努努嘴说。

大哥，你也太损了吧？前边基本上没有人抵抗，那个时候你跑在最前边，现在有危险了，你拉我们垫背啊？所以没有人动。

如果实在没有人动，那作为领队的裴虔通就必须带头进去。但是，裴虔通也是人，也同样怕死。幸好此时有人替裴虔通解了围，这个人就是校尉令狐行达。

“我去！老子偏不信邪！”令狐行达虽然是个粗人，但在这个节骨眼粗人显然比书生管用。

“抓到杨广老子首功一件！”说完令狐行达提着刀进了西阁。令狐行达渐渐地看到有些微光，前边是一间屋子，微光映衬下，令狐行达似乎看到了窗边有一个人影。

有人，果然有人！令狐行达将刀提了起来，轻轻地走到窗前。然后他以最快的速度，用刀将窗户捅开，然后他便看到了脸色苍白的杨广。

杨广依旧是一副颓废的样子，看到令狐行达，他有些吃惊。他用倦怠的眼神注视着令狐行达，缓缓地说：“该来的还是来了，是要杀我吗？”

这句话一说出，令狐行达反倒不知所措。他以为杨广会跪地讨饶，或者马上转身逃跑，但出乎他意料的是杨广异常地镇定。准确地说，这不是镇定，是麻木，以至于连自己的生命都不在乎了。既然不能追求生的长久，那就追求死亡的永恒。

杨广的声音虽然有些颤抖，但话语中还是透露着帝王的威严。虽然虎落平阳被犬欺，但终究还是一只老虎，即使不发威也会让人战栗。

"臣不敢，臣只是想奉陛下回关中。"令狐行达像是被杨广施了魔咒，一时间温顺得像一只绵羊。

能成为帝王的人，绝不是一般的人，在他的面前你会被他的帝王之气所震慑。令狐行达扶着杨广走出了西阁。

刚走出西阁，杨广便看见了领头的裴虔通。他实在想不到这个在自己做晋王时就成为亲信的人，现在会背叛自己。

"你是我的亲信，为什么要干这种事？"杨广质问裴虔通，"这么多年我让你做我的监门直阁，管理着数百名宿卫，没想到我是养了一只白眼狼啊！"杨广的声音有些哽咽。

不可否认，杨广虽然是个暴君，但是对裴虔通一直是非常信任的，这么多年来始终让裴虔通保护自己，可以说裴虔通是杨广身边最亲近的人。但是，正应了那句话：日防夜防，家贼难防！所以，当杨广看到裴虔通也参与政变时，他的心彻底地碎了。

听到杨广这样说，裴虔通也有些不好意思，毕竟这么多年杨广待自己不薄，吃人家的穿人家的，到最后还反咬一口。裴虔通一下子脸红到了脖子根。

"不，陛下，臣并不想谋反，只是将士们都在想家，臣不过也是想和陛下回关中罢了。"裴虔通急忙为自己辩解。

"唉，行啦，别说了，不要再为自己辩解了。"杨广长叹一声。

"其实朕又何尝不想回去啊，只是长江上游的米船还未到，我想再等一等，既然大家都等不及了，那朕就和你们回去吧。"杨广的确是个聪明人。

现在想回去了？杨广，你的决定已经太晚了！目前这个情况回到关中，我们还能活？

开弓没有回头箭。要么不做，要么做绝！

黎明时分。黎明前，是最黑暗的时刻，但也是最接近光明的时刻。

众人引着宇文化及来到了大殿。此时的宇文化及坐在杨广的龙椅上，神采奕奕。

"启禀丞相，杨广已被捉拿，现已带到殿外！"

"嗯，把他带进来！"

当杨广和他的儿子赵王杨杲被裴虔通和司马德戡等人带进大殿时，宇文化及和裴虔通一样，也被杨广的帝王之气所震慑。

"赶快解决了他！不要再让我看到他！"宇文化及连忙摆手。显然，坐在人家本来该坐的位置上，难免会有些心虚。

此时的杨广知道大祸临头，高声嚷道："你们这帮忘恩负义的家伙，平时和我享受荣华富贵，现在为什么要这样对我？"杨广的声音简直就是歇斯底里。他的叫声并没有吓倒众人，反而把自己的爱子赵王杨杲吓哭了，毕竟他才只有十二岁。

在场的所有人只有裴虔通最了解杨广，他知道如果再不动手，以杨广的口才，恐怕会蛊惑一些人。所以，当杨杲的哭声刚刚从喉咙里发出来，裴虔通的刀就已经插进了杨杲的胸膛。

杨广万万没有想到这个自己昔日最信任的人，居然对自己的爱子痛下杀手。“为什么？这是为什么？天理何在啊？”此时的杨广已经完全精神崩溃了。

“哈哈哈哈！看来我今天是在劫难逃了！不劳你们动手！你们这些鼠辈，怎配对天子动刀，取毒酒来！”杨广冷笑着说道，表情中夹杂着恐怖的诡异。

抱歉，如今你只有死的权利，而没有选择怎样死的权利！

杨广最终被令狐行达用一条练巾活活地勒死了。他的身躯逐渐地倒了下去，嘴里始终重复着一句话：“为什么要杀我？”

为什么要杀你？当你说这句话的时候，你想没想过数万东征高句丽阵亡的将士，他们魂归何处？数十万为你营建东都洛阳而活活累死的壮丁，他们的家人是什么感受？你有没有想过，你的老爹杨坚和大哥杨勇他们又有什么罪？你可曾想过高颎、宇文弼等一批老臣又何罪之有，就被你轻易地杀掉？

历史毕竟是公正的。

萧皇后

杨广最终得到了历史公正的审判，在众人一片激愤的痛骂中，断了气，至死也没有闭上双眼。

是啊，这个世界有太多值得他留恋的地方，曾经的荣华富贵，曾经的高高在上，如今都已烟消云散，死后也仅仅有一小棺材的存尸之地。

众人一一地散去，顷刻间大殿又恢复了寂静，寂静得仿佛有些悲凉。杨广的尸体静静地躺在大殿的中央，此刻在他身边的只有他的妻子萧皇后。

虽然她目睹了刚才所发生的一切，但是她并没有出来阻止。因为她知道，这一天迟早要来到。

她没有力量阻挡所要发生的一切，在她的心中杨广其实早已经是个死人，至少灵魂已经死亡。所以她唯一能做的也就是等杨广的肉体死亡后，将这个曾经为自己带来荣华富贵的丈夫，好生收葬。萧皇后先将杨广的眼睛缓缓地合上。

“现在你终于可以安静了。”萧皇后喃喃地说着，她轻轻地抚摸着杨广的面庞，流下了悲痛的泪水。

虽然杨广生前拥有过无数女人，但是此刻只有这一个女人陪在他的身边，她的身份是妻子。有一句话很经典：女人不会忘记让她哭过的男人，但她最终会留在让她幸福的男人身边。杨广给她带来过幸福,虽然也带来很多的痛苦,可是她依然留在了他的身边。

爱着你,像心跳难触摸。
画着你,画不出你的骨骼。
记着你的脸色,是我等你的执着。
我的心,只愿为你而割舍!

——《画皮》主题曲

如果杨广地下有知,我想也可以瞑目了。

两个月后,宇文化及带领大军北上,临走时命陈棱为江都太守,陈棱就是前边我们说过的让杜伏威打得大败的那个人。陈棱虽然打仗不行,但是这个人有个很优秀的品质,就是知恩图报。为了报答杨广生前的知遇之恩,用天子礼将杨广葬在了江都城西北处的吴公台下。

而萧皇后被宇文化及等人带着一同北上,后来宇文化及兵败,萧皇后则被乱军带到了聊城。之后窦建德率兵攻城迎回了她,并将萧皇后暂安置于武强县。当时突厥处罗可汗的妻子义城公主是萧皇后的小姑(即杨广之妹),因此关系,处罗可汗遣使恭迎她。窦建德不敢不从,于是萧皇后便随使前往突厥。

唐朝贞观四年(630 年),唐太宗破突厥,迎萧皇后回京。回京后的萧皇后得到了唐太宗的礼遇。贞观二十一年(647 年),崩逝,享年约八十岁。唐太宗以厚礼将萧皇后葬于杨广之陵,上谥愍皇后。

生不同归,死则同穴。经历了无数的酸甜苦辣之后,萧皇后最终与自己的丈夫永远陪伴在一起。

顺便说几句,现在杨广的陵墓在扬州邗沟区槐泗镇,多年前我曾到那里去过,我还专门去看过他的陵墓。我去的时候,那里已经被开发成大型的旅游区,充满了商业气息。

杨广的陵墓前,驻足的人很少,也许是人们不愿回忆他曾经带给我们的那段惨痛的历史记忆吧。

虽然杨广已经成了历史,但是他当时的死讯就像一颗划破夜空的信号弹,在当时的中国,一场争夺最高权力的战争即将拉开帷幕。

第八章
称帝开唐

忽悠杨侑

杨广死去两个月后，消息传到了长安。

李渊的第一反应是惊诧，他虽然知道自己的表哥在从前的日子里，犯了许多不可饶恕的错误，但是当真的听到他被人杀死时，心中还是不免有些伤感。

人的感情有时真的很奇怪，明明是对手，有些时候你恨不得立即将他如何如何，诅咒他、谩骂他，甚至想做出一些极端的事情。可是，当他有一天真的从你的视线中永远消失的时候，你才明白你所在意的不过是那份与他为敌时需要出的那口恶气；而对于他个人，也许在你的心中反而会有一种同情和悲怜。爱与恨其实只有一线之隔。

无论如何，杨广是李渊的表哥，这份血浓于水的亲情，将会深深地埋藏在李渊的心底。在某个夜深人静的时刻，偶尔会想起过去，那就让往事成为一种纪念吧，为了忘却的纪念！

杨广的死，昭示着隋朝即将彻底地灭亡。

身在权力中心地带的李渊，此刻面临着一个重大的抉择：是继续维持现在的局面？还是马上废掉杨侑自己登上皇帝的宝座？

可以说杨广的死，为李渊带来了一个突破口，杨广这个障碍已经清除，而且在所有的反隋势力中，薛举早已经称帝，南方的萧铣也在得到杨广的死讯后，马上称帝，改国号为梁。

相信在未来的日子里，还会有更多的人宣布自己是皇帝。杨广没死时，隋朝虽然风雨飘摇，但杨广这面旗帜终究还在，百足之虫，死而不僵。但是，现在杨广死了，大家就会争着当皇帝，以此表明自己才是隋朝的最好替代者。

如果这个时候，你还是扭扭捏捏地像从前一样，装扮忠诚，那只有两种可能，第一种是你“脑残”，第二种就是你没有自信，没有自信的原因就是没有实力。

所以李渊决定，马上废掉杨侑，自己取而代之。那个宝座就在眼前，如果不坐，就是白痴！

大的方针政策已经制定，但具体操作起来，还需要一些技术。杨侑虽然是个傀儡皇帝，但毕竟是自己拥立的，名分尚在。如果这个时候，贸然地废掉他，那李渊等于是在抽自己的耳光。别人可能会问：李渊你刚刚拥立杨侑，现在又废掉，是什么意思？要是想做皇帝，就直接说，你这叫放屁脱裤子——多此一举。

李渊当然不想授人口实，所以最好的办法，就是让杨侑主动将皇位交出来，也就是传说中的禅让。所谓禅让，是中国原始社会末期推选部落首领的制度，简单地讲就是现任首领从自己的臣子中选拔自己的接班人，加以锻炼，然后和平移交权力，一般被选中的人都是德才兼备的。

事实上李渊是想利用“禅让”的形式，表明自己登上皇位的合法性。这是一种非暴力的和平夺权方式，在李渊看来，这也是一种很适合他的方式。但是，这种方式想要实现，也并不那么容易。

杨侑虽然是个小学生，但如果给你来个死皮赖脸，装傻充愣地不买账怎么办？所以李渊认为对付这样一个小孩子，有时候给他一些压力是很必要的。而舆论压力，往往是所有的压力中，最难扛的。要想让杨侑那小子彻底缴枪，就必须冲破他的心底防线。

不战而屈人之兵，乃上上策也！

李渊决定为自己制造当皇帝的舆论，首先看看杨侑的反应。

第一种舆论方式：捧臭脚。具体实施起来，就是裴寂带领文武群臣，联名给李渊上奏章。

这是一封非常肉麻的奏章，其内容就是大讲历史上的王朝更替，禅让的历史，说些“五运递兴，百王更王，春兰秋菊，五绝终古”之类的话，总之一句话，李渊大哥如果你不当皇帝，那这个世界真是没救了。

第二种舆论方式：用神仙忽悠人。

历朝历代想做皇帝的人，都会把神仙搬出来，说自己当皇帝是神仙的意思。这个招数虽然很老套，但是在那个科学并不发达的古代社会，却是屡试不爽，还是有很多人宁可信其有，不可信其无。

这一次，裴寂等人模仿汉光武帝时张华上奉赤伏符的故事，向李渊献上了所谓太原慧化尼的谶语：东海十八子，八井唤三军，手持双白雀，头上戴紫云。不管什么神仙，只要搬出来一个就能忽悠一通，更何况慧化尼在太原。李渊就是在太原起兵的,更有说服力。

第三种舆论方式:恐吓。

这种方式是专门针对杨侑的年龄特点而设计的,毕竟杨侑只有十三岁,一个小孩子是禁不住吓唬的。具体的操作方法是,让杨侑身边的侍卫、宫女、太监等一干人,当着杨侑的面故意讨论杨广被杀的事情。

"唉,你听说杨广被杀了吗?"

"听说了,据说死得好惨呢!"

"是啊,好像是让宇文化及大卸八块了吧?"

"嗯,好像是,而且他的几个儿子也都被杀死了。"

"他要是早点把皇位让出去,说不定也就不会死了。"

"是啊,是啊,没有能力就趁早下台!"

设想你要是杨侑,如果听到这样的话,会是什么感受?别说是十三岁的小孩子,就是我这样的成年人也会心里发毛。

宇文化及可以杀死我爷爷,为什么李渊就不能杀死我?杨侑顿时感到心灰意冷,就像一只身处牢笼之中的小鸟,虽然拥有一方自由的空间,但你怎么能够知道,我的翅膀是要翱翔于天地间,伸手就可以触及的幸福,却隔着一层厚厚的玻璃,看似很美丽,但是却无法得到。

相信杨侑在夜深人静的时候,一定会暗自垂泪,因为他知道自己是一个名副其实的孤家寡人。所有的人都是李渊的人,自己的每一步行动、每一句话,甚至每一个眼神,都在李渊的监视之下,虽然身边还有一个姚思廉,但他已经是一个"骨灰级"的人物了,你能指望他做什么呢?索性退而求其次吧,保命要紧。

于是在经过了很多个辗转反侧的夜晚后,杨侑终于决定让出自己的皇位,这个皇位本来就不属于我,如今我把它交给应有的主人吧。

称帝

杨侑还是很识趣的,知道如果再不从皇帝宝座上抬起屁股来,也许某一天自己在睡梦中,就会被李渊一刀结果了性命。既然大家都跟着捧臭脚,那干脆也算我一个,捧臭脚也不上税,而且还能保住性命,何乐而不为呢?

对于杨侑的反应,李渊都看在了眼里,但既然是"禅让",作为受禅者当然也要履行一个"程序"——谦让一番。

什么?让我当皇帝?不行不行。天下乃是杨隋的天下,我身为隋朝重臣,自然要为隋朝尽忠,让我当皇帝,这简直是陷我于不仁不义啊。还有,让我当皇帝的主意是谁出的?一定要严肃处理。现在皇帝还小,我肯定要辅佐一下嘛,那也不能说要我当皇帝啊,总之一句话,当皇帝这件事,打死我都不干。只要打不死我就干！

好了，闲扯到此结束。

大业十四年(618年)五月二十日，李渊在长安太极殿正式登基，国号“唐”，改元“武德”。历史终于即将走上巅峰时刻，只是这一切都来的是那样的突然。

唐朝的建立，意味着中国的历史进入了一个新的纪元。而这个时刻距离李渊起兵，正好一年的时间。

无论如何，李渊开创了一个时代，相信这个国家在他的手中定会变得更加强大。

六月，立李建成为皇太子，封李世民为秦王、李元吉为齐王。

既然建立了国家，当然要理清内部秩序，不以规矩，不成方圆。对于大臣，李渊给予待遇最高的人就是裴寂。这个曾经陪着李渊一起喝大酒、一起装孙子、在李渊起兵时无偿提供铠甲的人，现在终于得到了李渊的报答。李渊给他的职务是右仆射、知政事。上朝时可以和自己同坐，下朝时可以随便出入李渊的卧室，并且不直呼其名。可以说裴寂绝对是位极人臣。

得到上司重用的人，往往不是能力最强的人，而是在上司需要雪中送炭时，能挺身而出的人。要记住，雪中送炭要比锦上添花更能打动人心。李渊对待裴寂的做法，引来了另一个人的不满，准确地说是嫉妒。这个人便是刘文静。

刘文静的官职是纳言，地位在裴寂之下。论能力，刘文静绝对高过裴寂。但是论雪中送炭，裴寂绝对高过他。

刘文静经常给李渊上谏说，现在您是皇帝了，不同于以前了，即使功劳再大的人，也是臣子，您应该适当地保持距离，不能乱了规矩。

李渊当然能够听出来，这番话是针对裴寂说的。对于这两个老臣，李渊最了解他们不过，总是吵吵闹闹的。现在自己对裴寂很亲近，刘文静心里有些不舒服，也可以理解。所以对于刘文静的话，李渊总是一笑了之，告诉刘文静不要想得太多。

但是，李渊万万没有想到，自己亲近裴寂的举动，却为后来发生的刘文静案埋下了隐患，刘文静也因此招来杀身之祸。目前，裴寂和刘文静两个人还是相安无事。因为他们需要共同面对一个外部敌人，这个敌人确实给李渊带来了极大的麻烦。

李渊五月称帝，六月就有人打上门来。

谁啊？薛举！

薛举来犯

薛举是个愣头青，在杨广没死之前，大家都不称帝，可是薛举不管三七二十一,先当皇帝过把瘾再说。所以,他一起兵就自称“西秦霸王”,后来觉得不过瘾,干脆自称“秦帝”。也许认为“霸王”这个称号似乎不太吉利,当年西楚霸王项羽的结局尽人皆知,所以薛举把称号改成“秦帝”,把自己比作秦始皇,可以统一天下。

薛举的这个做法,很像现在的许多明星,成名后改个有个性的名字,使自己更加出名。这个做法倒是无可厚非,但是想统一天下还要靠实力。

薛举显然缺少这种实力,兵虽然不少(号称三十万),但薛举的个人能力和李渊、李密、窦建德等人比起来,还是略逊一筹,原因就是他的性格有问题。这个人实在太喜欢冒进。

这一次率领三十万大军东征李渊,来势汹汹。不过,打仗这差事可不是做游戏,薛举为了保险起见,拉上了一个合伙人——梁师都。

其实,梁师都也是隋末的地方割据者,世为本郡豪族大家,仕隋为鹰扬郎将。大业十三年(617年)杀郡丞唐世宗,称大丞相,又联兵突厥共同反隋,据雕阴(今陕西省北部绥德县,位于米脂县南)、弘化(今甘肃省庆阳县,位于环县东南)、延安(今陕西省延安市)等郡,并自称皇帝,国号“梁”,建元“永隆”。突厥始毕可汗封他为大度毗伽可汗,解事天子。

我写了他这么多头衔,看似是个猛人,其实在隋末的历史舞台上,他实在不算个角儿。不然的话,他也不会和薛举这样的愣头青联合。所以我称他们的联合为“凉鞋”(梁薛)组合,凉鞋虽然凉快,但未必结实。

六月十日,薛举一方面亲率大军越过泾州,直扑长安,另一方面令部将钟俱仇领兵进关中。

面对薛举的来犯,李渊不慌不忙。此时的李渊已经不再是一年多前刚刚起兵的那个李渊了,现在可谓兵多将广,而且文臣武将一大片,随便拉出来一个就能顶一气。而薛举,兵虽多,但将很少,手下只有他的儿子薛仁杲还算能征善战。

所以我说薛举是个“纸老虎”。

李渊的对策

面对着来势汹汹的薛举,李渊迅速作出部署。

钟俱仇和梁师都都不算个角儿,解决他们不在话下。关键是薛举亲率大军的这一路。

这场仗是李渊称帝后的第一场仗,其重要性自然不必说,所以李渊不敢怠慢,亮出了自己的王牌——李世民。同时以刘文静和殷开山为副将率领八大总管共计三十万人,正面迎击薛举。这八大总管分别是刘弘基、柴绍、丘行恭、李安远、慕容罗睺、窦轨、蔺兴粲、唐俭,都是个顶个的牛人。

事实证明,即使是牛人有时也会栽跟头。

当李世民率领大军到达长武(今陕西省长武县西北)时,薛举的大军正好也来到此地。于是双方拉开架势,随时准备拍对方的板砖。

从实际情况来分析,薛举并不占便宜,因为薛举是劳师远征,客场作战。

球迷朋友都知道,一般两支球队在实力相当的情况下,主场作战的球队都会大打攻势,而客场作战的球队通常都会先稳固防守,然后伺机打反击。薛举和李世民的这场"足球赛"按照常理也应该如此,但事实恰恰相反。

面对薛举的大军,李世民却打起了防守反击。

事实上李世民正是考虑到了薛举是劳师远征,而且身后群山耸立,补给肯定会相当困难。他的算盘是把薛举拖垮,等到薛举的兵士都大眼瞪小眼地找薛举要饭吃的时候,再搞定他。于是李世民命令所有的人,不论薛举怎么骂就是不能出战,总之一句话,坚决不学宋老生。

但是,人算确实不如天算,就在这个时候,李世民却突然病倒了,所以薛举这个纸老虎开始发威。

纸老虎怎么能发威呢? 因为刘文静和殷开山给了他发威的机会。

李世民在病中将军队的指挥权暂时交给了刘文静和殷开山,并一再叮嘱两个人务必贯彻自己的方针,坚决不能出战,一切等到他病好了再说。

人们总是往往经历了失败,才明白有些话的确是真理。

此时的唐军,都是摩拳擦掌准备与薛举决战一场,更可怕的是全军上下弥漫着一股轻敌的情绪。

贼大胆

最先挑头的人是殷开山。

殷开山是一员猛将,胆子也大,但是这个人有个很不好的毛病——串闲话。现在他和刘文静暂时统领军队,于是他开始忽悠刘文静。

"刘长史啊,你知道秦王为什么不让咱们出战吗?"殷开山神秘地对刘文静说。

"为什么?"刘文静不解地问。

"啧啧啧,亏你还是谋臣啊,这都不知道。"

"别卖关子,赶紧说!"刘文静有些等不及。

"秦王是怕咱没能力打败薛举,所以才这么说。我想薛举现在知道咱们秦王生病,一定会骄傲得不得了,不如咱们打个胜仗回来,让秦王高兴高兴,说不定秦王的病就好了。"殷开山这一通忽悠,令刘文静很动心。

最关键的是刘文静也是个贼大胆。两个贼大胆统领全军,这个仗想不打都很困难，于是一场大错就此酿成。

七月九日，清晨，阳光明媚，高城内。

躺在床上的李世民身体很虚弱，他染上疟疾已经整整三天了。一个疟疾病人要想康复，三天的时间是远远不够的。

李世民静静地闭着眼睛，脑海中忽然浮现出八岁那年身患重病时妈妈带着他到寺庙里上香许愿的情景。那也是个阳光明媚的清晨，妈妈穿着淡蓝色的衣衫，用柔软的胳膊揽着他的肩膀，他将头紧紧靠在妈妈的怀里，感觉就像在云朵里一样温软、馨香、甘甜。这一切恍如昨日，泪水从他的眼角颗颗滚落。如果一切都能重来该有多好啊。

身在病痛中的人，常常会回忆起许多美好的往事。李世民虽然现在是高高在上的军事统帅，但他也是人，只要是人就会有各种各样的复杂情感。李世民也不例外。

"秦王，您总算醒过来了。"说话的人是侍从陆冲。

李世民的思绪一下子回到现实中。

"是啊，我昏睡了多长时间了？"

"您从昨天午时，一直昏睡到现在，我都快担心死了。"

"刘长史和殷司马有没有来过？"李世民问道。

"他们啊，他们现在可能已经和薛举打上了。"陆冲一边为李世民拧着毛巾，一边漫不经心地回答。

"什么？和薛举开战？"李世民不解地问。

"是啊，他们昨天下午就带队伍到城西扎营，今天估计要和敌人交战啦。"说话间陆冲将拧好的毛巾敷在李世民的脑门上。

李世民一把扯下毛巾，急忙起身坐了起来。

李世民当然明白，薛举虽然不难对付，但是也只有自己可以对付，刘文静和殷开山根本不是对手。

"胡闹！简直是胡闹！"李世民伸手搭住陆冲的胳膊，想挪动身子下床，但浑身像面条一样使不上劲，头也晕得直朝下坠，只好停住不动。

"赶快把记室叫来，让他给刘长史写封急信，把队伍立即收回城里！"李世民似乎已经看到了刘文静和殷开山被薛举打得一败涂地的样子。

浅水原之败

高城西南，刘文静和殷开山以及八大总管率领八万步兵，摆开阵势。

刘文静将八万唐军布成了一个前后两节的阵势，其中殷开山率领的骑兵排在大阵前部，刘文静自己率六万多名步兵跟在骑兵之后。

刘文静在马上正襟危坐，作为这支大军的临时主帅，他处在军阵的核心位置，连接着步、骑两军。他丰润的长脸上意气飞扬，眼神滚烫滚烫。在他的内心深处，凉飕飕的惬意和焦灼的压力反复交织。

这一战，是自己私自和对方开战，如果打胜了什么都好说，如果打败了那一切就只能听天由命。但刘文静是个极端自负的人，他相信八万唐军会像虎狼一般摧残敌阵，大丈夫建功立业就在今日。

“弟兄们！咱们荡平薛举，让秦王高兴高兴！有没有信心？”刘文静高声叫道。

“有！荡平薛举！荡平薛举！”

这时，一名元帅府军佐从军阵的空隙穿出，向这边赶来，双腿快得像车轱辘，打得衣裤啪啪作响，口中长啸着“报——”声调激越而黏稠。军佐飞快地跑到刘文静面前，递上了李世民十万火急的书信。

刘文静皱着眉头读了，随手把书信折了几折，塞进信袋里。他对军佐说，回去告诉秦王，就说书信我已经收到，但敌人已在对面，等我击破敌人后，回去再详谈。刘文静此刻也许想不到，他已没有详谈的机会了。

刘文静的自信已经变成了自负，甚至是刚愎自用。他看了看已经准备好的唐军，衣袖潇洒地一甩，手中宝剑闪亮地刺入半空：“前进！”攻击就此开始。

冲在最前边的是刘弘基带领的一队骑兵，他们向薛举军阵发动了猛烈的冲击，经过几番较量，薛举开始有些顶不住了，缓缓地向后退去，又不断射箭阻滞大唐骑兵追击的速度。

看到骑兵逐渐将敌军压制住，刘文静心中不禁窃喜。没有秦王，我刘文静照样能打胜仗。事实上，没有秦王，即使打胜，也只是暂时的。

“传我将令！步兵紧随骑兵之后，全力前进！”刘文静令旗一挥。

刹那间，八万唐军开始齐刷刷地向前涌动。

刘文静的设想是当骑兵部队把敌军冲击得差不多时，再让步兵冲上去接着砍人，反正目的只有一个——来了就别想回去。但是，刘文静犯了一个致命的错误，正是这个错误酿成了唐军的惨败。

什么错误？远离城池！

刘文静带领八万唐军跟随在骑兵的背后，一共走出高城整整八里。

这个地方名叫浅水原，这是一片巨大的开阔地，刘文静注定将在这里“潜水”。八万唐军已经与高城拉开了八里的距离。

宋老生曾经离开霍邑城不到三里，李渊就从背后断了他的归路。李渊能够想到，薛举为什么就想不到？薛举能够拉起一杆子人造反，那绝对不是白痴，何况高城附近一马平川。

最重要的是刘文静有骑兵，薛举也有，而且其装备和作战能力不比刘文静的差。所以当刘文静带领八万唐军继续敲锣打鼓地前进时，薛举的骑兵已悄悄地从背后抄了刘文静的归路。

不好！腹背受敌！晚了，一切都晚了，纵使刘文静插有双翅，也断难飞出重围。

先前被唐军骑兵冲击得不断后退，也是薛举耍的一个花招，目的就是把你引出来。

八万唐军此刻就像一个面团一样，被薛举军压得逐渐成了一张大饼。八大总管奋力死战。

蔺兴粲战死！

慕容罗睺战死！

李安远被俘！

刘文静在乱军中试图组织队伍抵抗，但很快被密集冲锋的薛举的骑兵部队冲散，唐军士兵被一个个地砍倒。刘文静毫无办法，神情似已呆痴，他的心在滴血。

一名卫士拉着他的战马，在一百多名士卒保护下向南奔逃。绝大多数队伍都被打散，只有刘弘基还掌握着一支三千来人的步骑，他不断呵斥着，令队伍向南撤退。

这支且战且退的队伍很快引起了薛举的注意。“追上去！一个也不能让他们跑了！”薛举的声音坚定有力。他派来了数千名精骑对唐军进行追击。无奈之下，刘弘基只好用弓箭来阻击敌人的攻势。

薛举的骑兵也不着急，利用马力的优势，绕着这支队伍不断地打圈，时进时退，引诱唐军不停地射箭。当唐军的羽箭终于耗完后，西秦铁骑便蜂拥而上，来回冲杀，很快将刘弘基这三千人冲散。

刘弘基在与两员敌将对杀时，坐骑从后面中了一刀，他和坐骑几乎同时倒地，被五六名敌兵一拥而上，死死地按在地上。那一刻，他紧闭双目，万念俱灰。刘弘基是李渊手下老资格的将领，宋老生就是被他一刀结果了性命。而今天他却被薛举活捉，命运真的和他开了一个天大的玩笑。

浅水原之战，唐军彻底惨败，付出了四万唐军阵亡、两位总管阵亡、两位总管被俘的代价，更要命的是现在李世民还在高城内。面对刘文静的惨败，他该何去何从？薛举大军进逼高城，对于李世民，能活捉就活捉，活捉不了就带来首级，总之，不灭了唐朝，誓不回军。

此刻的薛举就像一头冲出牢笼的老虎，也许憋得太久，想一口吞掉李世民。

撤退

当李世民听到刘文静战败的消息后，他勉强拖着病体站起身来。

“刘长史向何方撤退?”李世民问身边的护卫。

“回禀秦王！听探马来报,刘长史一路向南而退!”

“向南而退?”李世民皱紧了眉头。

按照正常情况,刘文静打了败仗,应该退回城里,为什么要向南而退？李世民的脑子开始飞速地旋转。

忽然,李世民的眼睛射出了一道精光,传我将令！放弃高城！退回长安!

是的,李世民的判断没错。刘文静向南而退,是想逃回长安,而他不撤回高城内,是因为他已经没法撤回高城。唯一的理由就是,刘文静受到了薛举的前后夹击。

刘文静想逃回长安是可以理解的,但是高城内的李世民便成了孤军。指望李世民率领高城人民与薛举浴血奋战,白痴才会那样想。

李世民勉强支撑病体来到城楼上,指挥守军打开城门,接受败退而归的唐军入城,随后他便看到了不远处薛举的人马正向高城杀来。

李世民才是薛举真正的目标,打败刘文静在薛举看来就像捏死一只蚂蚁一样。

“放箭！不要让敌军靠近护城河!”李世民急忙命令道。就这样靠着弓箭的威力,李世民逐渐顶住了薛举的进攻。

太阳逐渐西斜。一通猛攻后,薛举也是人困马乏,他下令停止了攻击。反正高城现在已经是一座孤城,看你李世民能够坚持多长时间。原地休整,明日再攻！但是薛举万万想不到,就是他的这个决策挽救了李世民。

逃出重围,就在今夜!

入夜后,李世民令唐军做好了可供三餐吃的饭食,除了晚餐,其余都作为军粮装好带上。深夜子时,三万多将士口衔箭杆,马蹄裹布,从东门分批撤退。也许薛举的人马实在太累了,当李世民等人从他们的身边经过时竟然毫无反应。

李世民就这么侥幸地撤回了长安,不,应该说是逃回。他不知道该怎样面对十分信任自己的父亲。

平生从无败仗,这是李世民的第一败。

面对着跪在地上的李世民、刘文静、殷开山以及那些剩下的总管时,李渊轻轻地叹了口气。

“都起来吧。”李渊的声音很轻。

众人缓缓地站了起来。

“陛下,此次战败乃臣之罪也,与秦王无关,臣愿担死罪!”说罢刘文静又跪倒在地。

“还有我,陛下！这次背着秦王出战是我挑的头,我也愿以死谢罪!”殷开山说道。

“父亲！我是主帅！一切责任应由我来承担!”李世民的眼眶有些湿润。

"唉,好啦!好啦!"李渊似乎有些无奈。

"肇仁(刘文静的字)啊,你什么都好,就是贼大胆,要是这样下去,朕很担心你啊。"李渊的话似乎包含某种警示,但刘文静并没有理会。

"杀了你们有用吗?知道杀了你们谁最高兴吗?是薛举!"李渊抬高声音说道。

"但是,这次浅水原之败,实在大大削弱了我军的士气。打了败仗并不可怕,可怕的是军心涣散!"李渊拍了下桌子。

"刘文静罢官废为庶人,在秦王帐下留用!"

"殷开山罢免司马之职,在秦王帐下留用!"

坦白地讲,李渊的处理很仁慈,其实只是形式上处理了两个人,实际上两个人该干什么还干什么。

最后李渊说了一句话:知道我最想听你们说什么吗?

说什么?

不灭了薛举就不来见您!

是的,最好的赎罪方式就是打败薛举!

所有的人都明白。而且机会很快就来了。

当李渊苦苦思索怎么对付薛举时,突然传来一个消息:薛举暴毙。所谓"暴毙"就是突然有一天去见了阎王,死因不详。

我始终认为薛举的死,是人世间一种神秘现象的体现,这种神秘现象就是天道。

天道有常,我始终坚信这句话。如果你知道薛举曾经做过些什么事情,你就会明白我说的"天道有常"是什么意思了。

第九章
平定秦凉

薛举暴毙

薛举是个虐待狂。曾经在攻打扶风郡时，俘虏了大批唐朝的降军，薛举对待他们的方式是——全部杀死。在薛举看来，俘虏的性命完全掌握在自己手中，想杀就杀，无所顾忌。

如果能被薛举一刀结果了性命，倒还是比较痛快的。要命的是这位仁兄虐待俘虏还有很多奇思妙想，简单说来就是割舌、削鼻、剜眼等。最有“创意”的是将人放在捣米的碓里，将人像捣米一样活活地捣死。

他的老婆也许受到了薛举的启发，也发明了一种虐待俘虏的方法，将人埋进土里，只埋下身，上身露在外边，然后用大锤子不断地击打。

总之一句话，如果你不幸落在了薛举的手里，简直比下十八层地狱还难受。

虽然薛举在这些虐待俘虏的行为中获得了超强的快感，但是他并不明白，任何一个生命都有生存的权利，如果你剥夺了他们的生存权利，那么迟早有一天你的生存权利也会被剥夺。

谁来剥夺？天道！

我相信天道始终存在，也许它会因为某种人为因素来得迟一些，可迟来的天道，依然是天道。

天道的原则是什么？公正。

所以薛举最终的结果是——暴毙而亡！连个死亡原因都查不出来，只能说是天意使然。薛举死后，他的儿子薛仁杲继位。

有其父必有其子。薛仁杲继承了他老爹嗜杀的"光荣"传统，将嗜杀进行到底。要是评选历史上最嗜杀的家庭，我会把票投给薛举。真是不是一家人不进一家门啊！

如果说薛举是个虐待狂，那么薛仁杲简直可以说就是杀人魔王，比他老爹更胜一筹，杀人的花样更加丰富多彩。

大文学家庾信的儿子庾立被薛仁杲抓住后，庾立宁死不降，薛仁杲竟然将庾立的衣服扒光，然后放在火上烤，最荒唐的是烤熟后将庾立大卸八块后分给手下人当下酒菜。此外，薛仁杲还发明了给鼻子里灌醋、用小木棍插屁股等诸多折磨人的方法。可以说，薛仁杲比他老爹，有过之而无不及。

但是，薛仁杲终究是不如他老爹的，薛举活着时，对于给自己卖命的老部下，那是相当够意思的，只要立功绝对给赏钱。而薛仁杲比起他老爹来，就显得小气很多，不仅立了功不赏，而且打了败仗还要受罚。如此一来二去，谁还会给你卖命?

没有够意思的老板，就不会有够意思的员工。员工也是人，也要养家糊口，你总是不发奖金，那我们就得考虑跳槽了。所以一批又一批的人开始逐渐疏远薛仁杲。

最要命的就是离心离德。现在薛仁杲的手下已经没有能够挑起重担的人了，到此为止，他基本可以算是一个光杆司令。

军队没人管，身边也没有人给出谋划策，整天只忙着玩杀人游戏，谁还有心思顾及进攻长安。这就给了李渊以喘息机会。

人最大的敌人就是自己，薛仁杲自毁长城怨不得别人。当听到薛举暴毙的消息后，李渊知道消灭西秦势力的机会来到了。因为在他看来，薛仁杲这个小屁孩除会玩玩杀人游戏外，基本算是个饭桶。所以李渊想趁此机会，一举消灭西秦势力。

对！让西秦势力从这个世界永远消失。

稳住李轨

于是，李渊连夜召开军事会议商议平定薛仁杲的计划。

关于这次会议的具体内容，现在我们已经不得而知，只知道在会议中，唐朝确定了平定西秦的战略：一是继续派李世民率领刘文静、殷开山等将领担任平定薛仁杲的重任；二是联合李轨。

想平定薛仁杲直接跟他开战就是了，干吗非得把李轨拉进来？这是李渊的一个策略：远交近攻。就是联络距离远的国家，进攻邻近的国家。这是战国时秦国平灭六国采取的一种外交策略。

李轨的根据地在凉州(今甘肃武威),薛仁杲的根据地在金城(今甘肃兰州),如果你看一下中国地图就会知道,李轨在薛仁杲的西面,而李渊在薛仁杲的东面。

唐朝联合李轨,就意味着薛仁杲成了汉堡包里的火腿肠,同时,也可以避免薛仁杲与之联合。联合之后说不定李轨一高兴从背后拍上薛仁杲一黑砖,那将会省去自己很多力气,至少薛仁杲会顾及身后的李轨,不敢大军压境。只要能达到这个效果,联合李轨就是值得的。

可是李轨就那么听李渊的话?他愿意联合吗?答案是肯定的。至少到目前为止,李渊和李轨之间还没有任何矛盾。而李轨和西秦之间,双方结下的梁子却很深。

薛举活着的时候,常派部将常仲兴侵犯李轨的地盘,搞得李轨东躲西藏,为此李轨很是伤脑筋,现在李渊主动伸出橄榄枝,李轨当然不会拒绝。而且薛仁杲现在成了光杆司令,李轨绝对不会放弃这个痛打落水狗的机会。

为了达到联合的目的,李渊特意给李轨写了一封信,就像曾经联合李密一样,李渊在信中极尽恭维之词,并且把李轨称为"从弟",实际上等于认了李轨这个干哥们儿。李轨看完信后很高兴,立即派遣自己的弟弟李懋去长安给李渊进贡。

千万不要小看进贡这件事,事实上代表了李轨承认李渊帝位的合法性,也就是说您当皇帝,我举双手赞同。

虽然李轨和李密、王世充、刘武周、窦建德、杜伏威等人比起来,不算是大腕,但是对于刚刚建国、急切需要盟友的李唐王朝来讲,得到李轨的承认无疑是一件再好不过的事情。

派李懋去长安,一方面表达了李轨的诚意,另一方面也在试探李渊的诚意。我都已经举双手赞同您了,您是不是也得意思意思啊?李渊也是很够意思的,马上册封李懋为大将军,同时派遣专使到凉州册封李轨为凉王。来而不往,非礼也!

到现在为止,李渊和李轨的合作是愉快的,双方气氛是融洽的,共同谈起薛仁杲时是义愤填膺的。但是,用不了多长时间,李轨就会后悔的。

好了,李轨后悔的事,我们以后再说。现在李渊已经为薛仁杲编制了一张美丽的包围网。臭小子!没有你老爹给你坐镇,看你横行到几时!

九月一日,李世民率领大军再一次来到高城。一个多月前,李世民等人曾经在这里跌倒,现在他们要在这里重新站起来。

薛仁杲的努力

高城曾经是李唐的地盘,如今镇守这座城池的人是薛仁杲。李世民率领大队人马来到这里后，下令原地待命，不许出战。

一个多月前，李世民本想用这个方法，打算把薛举拖得筋疲力尽时，再一举打败他，只可惜运气不好，不幸病倒，才有了刘文静、殷开山的惨败。相信这一次，薛仁杲就不会有这么好的运气了。

为什么李世民两次都下令坚守不出呢？堂堂大唐王朝的秦王李世民难道甘愿做缩头乌龟吗？答案是否定的。因为李世民敏锐地判断出唐军和西秦军有实力上的差距。

什么？差距？

大唐帝国耀武扬威这是地球人都知道的事情，和西秦军比起来怎么会有差距？如果你不相信，那么我就告诉你这是事实。耀武扬威那是在李世民当皇帝后的事情，在刚刚建国的时候唐军其实实力很弱小。

上次刘文静败给薛举，除有轻敌的原因之外，其实另有隐情，那就是骑兵实在太少。薛举依靠强大的骑兵力量，把刘文静往死里打，是因为唐朝缺少骑兵。而缺少骑兵，其中一个最关键的原因是缺少马匹。

西汉刚建国那会儿，也是缺少马匹，官员们大多用牛拉车。唐初的状况和西汉初年很相似。据说当时唐朝能找到的马只有三千匹，加上李渊从老家山西带来的马匹，相信你可以算出来当时唐朝能够组建多少骑兵，我相信最多不过一万名，也就是说上次刘文静率领的与薛举在浅水原对垒的骑兵部队，可以说是李唐王朝骑兵的全部家当，被打败后数目肯定又削减了不少。

而薛举就不同了，起家时就把杨广设在陇右的牧场据为己有，陇右的牧场据说有马两万匹，而且薛举的军队其成员大多都是陇西人，彪悍勇猛。对方人彪马悍，刘文静要是不败就没有天理了。

李世民正是看到了这种差距，所以这一次继续下令不许出战。不可否认，李世民是中国历史上屈指可数的骑兵战大师，但眼下他也是“巧妇难为无米之炊”，只好暂时忍耐一下。

但是，手下的那些猛将们实在有些坐不住，背后议论纷纷。所谓的猛将其实说难听点，就是没有文化的二杆子。猛将不同于名将，猛将是打起仗来不要命，但是眼光基本上都是不怎么样。

“秦王不出战是为什么？”

“嗨！上次让薛举打怕了呗！”

“怕他个头，要是我早把这小子给劈了！”

“秦王啊，看来还是太年轻，有可能被吓住了！”

将士们的议论很快传到了李世民的耳朵里，为此李世民特意下了一道命令，敢言战者——杀无赦！

现在还不是决战的时候，决战要在薛仁杲疲惫的时刻。这个时刻终将会到来！

任凭薛仁杲怎么骂阵，就是不出战，即使骂到祖宗八代，还是两个字——免战。这样一来，薛仁杲可是坐不住了。这位仁兄本来就是个急脾气，现在李世民给他来个死皮赖脸，薛仁杲的情绪开始失控。但薛仁杲是忌惮李世民的，既然你不出战，我就成全你，咱们就这么耗着！传我将令，分兵围攻径州！

径州是关中地区西部的门户，换句话说就是长安的西大门，其战略地位直接关系到长安的安危。当时镇守径州的是骠骑将军刘感。

薛仁杲的目的很明显，既然李世民不出战，那就分出一部分人干脆直接杀向长安。如果李世民回军自救，那高城就不攻自破，到时候两路大军直奔长安，相信李渊一定会坐不住的。反正我手里有三十万大军，不愁没人干活儿。

刘感这个人有个特点——讲义气。

薛仁杲用重兵围困径州，刘感誓死不降，城里断粮时就杀掉战马给手下人食用，而自己则煮马骨和木屑吃，看到有这样够意思的上司，手下没有一个人打退堂鼓，都拼了老命坚守径州城，顶住了薛仁杲的一波又一波的猛攻。其实群众有时是很容易满足的，他们不要求自己拥有什么特权，只求公平。

薛仁杲围困径州令李世民很是坐立不安，如果领兵去救，等于将高城这一路让给了薛仁杲，无奈之下，李世民将这个情况上报给了李渊，让李渊做好防范准备。李渊知道消息后，派长平王李叔良领兵增援。

在此之前，一切都是风平浪静，即使刘感遇到城中严重缺粮的问题。薛仁杲也好不到哪去，既要围困径州，又要顾及李世民，还得提防身后的李轨拍黑砖。

但是，随着李叔良的到来，一切都开始发生变化。

李叔良这个人能被封王，只因为他是李渊的堂弟。换句话说，这是个平庸的人，也是个没见过什么世面的人。

很长时间以来，我始终不明白李渊为什么会派出这么个生瓜蛋子去增援径州，想来想去，也许只有一个答案，是李叔良主动请战。李渊的几个儿子都不是白痴，这个叔叔当然不能只顾着吃闲饭。

薛仁杲知道李叔良来增援后，马上意识到自己的机会来了。薛仁杲围困径州已经很长时间了，当李叔良来到径州后，薛仁杲意外地下令停止攻击。为什么？军中缺粮。当然李叔良并不明白，薛仁杲是在耍滑头。

九月十三日，薛仁杲下令：由于军中缺粮，解除对径州的包围，引兵南下。谁都看得出来，这是典型地在忽悠人。既然缺粮，为什么不回老家？南下干什么？但是，李叔良却不这么想，他认为这是因为自己的到来，薛仁杲害怕的缘故。

如果把别人都当白痴，那这个人就是名副其实的白痴。就在李叔良扬扬得意之际，他又得到了一个足以令他手舞足蹈的好消息：驻守高城的西秦军，全体投降。这真是个再好不过的消息，由于自己的到来，改变了整个战局，在李叔良看来，自己居功至伟。所以他立刻派刘感前去受降。

刘感的回答是，坚决不去。他问了李叔良一个很尖锐的问题：高城内的西秦军要是投降,为什么不向秦王投降?这句话的意思是说:薛仁杲连能征善战的李世民都不放在眼里,你一个京城来的王爷,薛仁杲会买账?可惜的是李叔良根本听不进去。

在我看来,即使受降,他也应该和李世民事先沟通一下。如果真要是这样,也许刘感的悲剧就可以避免了。

听完刘感的问题后,李叔良硬邦邦地甩给刘感一句话:不去就杀了你!

从那一刻起,刘感其实已经做好了赴死的准备。与其被自己人杀死,还不如战死疆场!人最大的悲哀莫过于知道结局,而无力去改变。

刘感很悲壮

九月十七日,刘感带领三千人来到高城下。

"守城的人听着,我是骠骑将军刘感,特来收降你们,快快开门!"城头上毫无动静。刘感又重复了一遍刚才的话,还是毫无动静。

怎么办?放火烧城门。刘感之所以放火烧城门,是因为他知道投降的事,纯粹是忽悠人。所以他丝毫没有犹豫,既然不开门,那我就烧。

可惜,火终究是抵挡不住水的,刘感这边烧,城头上的人那边不断地往下浇水灭火。刘感的努力最终是徒劳的。指望三千人和城中的上万人火拼,不是疯子就是傻子。所以刘感急忙下令,步兵先撤,自己率领骑兵殿后。然后,他就看到了一个他最不愿意看见的人出现在他的面前——薛仁杲。

到现在为止,刘感并没有失去信心,毕竟手里还有三千人,相信只要奋力一战,突围出去不是件困难的事。但是,当他和薛仁杲真正交上手时,他终于明白,自己的判断是错误的。因为薛仁杲的骑兵部队实在太猛了,二话不说,一通猛砍。接下来的事情,相信不用我说大家也能猜到。刘感寡不敌众,战败被俘。

这是继刘文静浅水原之败后,唐军的又一次惨败。这一次,坏事的人是李叔良。

薛仁杲很得意,他老爹摆不平的事情,在他手里似乎是那么轻而易举就能摆平。"传我将令,全军继续围攻泾州!"

当李叔良在泾州的城头上看到薛仁杲的大军时,他一下子就蒙了。最令他痛心的是,他看到了刘感此刻正被薛举押在阵前。

"跟他说,赶快投降!"薛仁杲让刘感向李叔良喊话。

刘感照着做了,可喊话的内容与薛仁杲的要求相差甚远。

刘感说的是,薛贼粮尽,秦王必救!诸位勉励,努力杀贼!各宜自勉,以全忠节!

每次当我看到刘感的这些话时,我的心里总会有一种说不出的滋味。坚强?

自信？遗憾？还是什么？我也说不好。但是，他的话很多年来带给我的一直是感动。

什么是忠义？这就是忠义！

在这个世界上，能够始终坚持自我的人，似乎已经不多了；当自己的生命受到威胁时，还能坚持自我的人，就更少了。

无论如何，从古到今有很多很多人带给我们很多很多种不同的感动，其中的一种感动就是忠义！

刘感的结局是悲壮的。

薛仁杲挖了一个大坑，将刘感的下半身埋了起来，上半身露在外面，这也是他惯用的杀人手法。然后……我实在不忍心再写下去。

但我必须告诉你，这是事实。刘感被乱箭射死！

杀戮和血腥可以屠戮人的肉体。但是，我相信人世间，一定会存在一股浩然正气。

——舍生取义！

薛仁杲最终还是没能攻下泾州。城中的士兵拼死抵抗，他们这样做，不是因为守住城池可以得到多少赏钱，也不是因为可以加官晋爵，而是因为刘感临死之前所说的那些话。这就是忠义带来的力量。

历史常常给我们感动，只要我们能够从中感受到，这就足够了。

郁闷的薛仁杲

薛仁杲实在很郁闷。他没想到泾州城竟然像铜墙铁壁一般，攻了N多次，愣是没攻下来。难道城里的人都吃了大力丸？

他当然不明白，刘感的那一番话，足以激发起城中人的同仇敌忾之情。正所谓人心齐，泰山移。最要命的是，这一次薛仁杲的军中真的开始缺粮了。人是铁，饭是钢，一顿不吃饿得慌。

有时候大家打仗也是为了有饭吃，要是打仗没有饭吃，那还打个屁仗？所以在经过数天的围攻后，薛仁杲实在坚持不下去了，因为再这样下去，泾州城没攻下来，自己内部就有可能兵变。什么问题是大问题？吃饭就是大问题。

所以薛仁杲决定，解除对泾州的包围，退向折摭城，与高城的西秦军会合。

当薛仁杲围攻泾州的时候，在高城与李世民对峙的是薛仁杲的手下大将宗罗睺。

薛仁杲走后，宗罗睺很好地完成了薛仁杲布置的任务，将李世民牵制在了高城附近，让薛仁杲可以放心大胆地进攻泾州，但是究竟人算不如天算，薛仁杲最终因为军中缺粮，放弃了泾州，退了回来。

薛仁杲万万没有想到，从现在开始，他将和李世民进行长达六十多天的对峙。两军对垒六十多天，实在不是个短时间。李世民不着急，自己的身后就是长安，后勤补给十分便利，耗多长时间他都不在乎。

薛仁杲很着急，自己客场作战，后勤补给路途遥远且不说，身后的李轨还虎视眈眈，说不定哪天脑子发热，就会端了他薛仁杲的补给线。

但是，不论薛仁杲怎么挑战，怎么骂阵，甚至骂到了李世民爷爷的爷爷的爷爷，李世民好像是用棉花堵住了耳朵，就是不出战。有的时候，来个死猪不怕开水烫，也是一种很好的方法。

前边我说过，薛仁杲是个急脾气，事实上李世民不出战，就是想利用他的这个弱点。面对李世民的死皮赖脸，薛仁杲毫无办法，但是他手下的将领可就惨了。

具体说来，薛仁杲基本上每天都开会，而开会的内容只有一个字——骂！

“你们这些没用的东西，老子天天养着你们，难道你们连个屁都放不出来吗？”

“一群废物！”

“整天就知道在老子手下混吃混喝，你们还能干什么？”

火车跑得快，全凭车头带，你骂谁啊？作为上司，偶尔训斥一下员工，会提升自己的威严。如果天天训斥员工，其实就等于拆自己的台，再加上这个上司是个财迷老道，相信用不了多久，公司就会倒闭。

果不其然，在薛仁杲的骂声中，终于有人受不了了。十一月五日，部将梁胡郎等人率众投降李世民。此处不留爷，自有留爷处！

梁胡郎为李世民带去了一个至关重要的消息——薛仁杲军中缺粮。这个消息足以改变战局。胜利的天平终于开始向李世民倾斜。

薛仁杲军中缺粮，是因为他和妹夫钟俱仇闹了矛盾。钟俱仇当时的任务是，负责薛仁杲的后勤保障工作。这样一来，西秦军更加人心涣散。十一月十日，钟俱仇率部投降李世民，至此，薛仁杲的后勤保障彻底歇菜。这也意味着，薛仁杲开始走向失败。

面对薛仁杲目前的情况，李世民开始积极谋划一举歼灭西秦军的作战计划。有的人认为应该集中优势兵力，猛攻高城，薛仁杲必然顶不住。也有人认为，大军应该对高城缩小包围圈，但是围而不打，相信用不了多长时间，西秦军不攻自破。

李世民毕竟是久经沙场的战将，针对上述两个作战方案他提出了自己的异议。

第一种方案，薛仁杲虽然缺粮，但是如果猛攻高城，西秦军也许会作垂死挣扎，到时鹿死谁手也不好说。

第二种方案，如果只围不打，西秦的援军到来该怎么办？到时可能就会陷入前后夹击之中。

那怎么办？打也不能打，围也不能围，难道真和薛仁杲在这耗到头发白了不成？李世民的回答是——不！

决战的时刻即将到来。决战地点：浅水原！

再战浅水原

从哪里跌倒，就从哪里站起来。

决战并不意味着猛冲猛打，正所谓战略上藐视敌人，战术上重视敌人。为此，李世民做了精心的部署。

首先，派遣右武侯大将军庞玉在浅水原南面布阵，引诱宗罗睺出战。之所以将这个任务交给庞玉，是因为庞玉有个很突出的优势——会骂人！相信在庞玉花样翻新的骂声中，宗罗睺一定会被惹恼。

李世民特别交代庞玉，如果宗罗睺出战，只许败不许胜，只要牵制住宗罗睺就可以。

此战的关键点在于，李世民什么时候出场？答案是——该出场时自然会出场。

十一月十二日，庞玉列阵浅水原南。

开骂！

“宗罗睺大马猴！”

“宗罗睺小猕猴！”

……

声音此起彼伏，合辙押韵。

这怪不得别人，只怪宗罗睺的名字实在太有趣。实际上，宗罗睺是个很有涵养的人，知道这是在引诱自己出战，这么长时间以来，唐军都像缩头乌龟一样，难道今天李世民的脑子进了水？不对，其中必有蹊跷！所以宗罗睺决定，暂不出战，静观其变。但是很快，宗罗睺就看到了一个令他火冒三丈的场面。

庞玉的花样实在太多，针对宗罗睺名字的特点，不知从哪里弄来一只猴子，而且在猴子的胸前挂个牌子，上边写着三个大字：宗罗猴，更可气的是，庞玉让军士拿个锣站在旁边。镗呤镗呤镗！两军阵前，要你个“宗罗猴”。

士可杀！不可辱！这一次，宗罗睺真的愤怒了。“传我将令！出兵进攻唐军！”宗罗睺开始用骑兵部队猛烈地冲击庞玉的阵型，步兵紧随其后。

庞玉奋力死战，且战且退。他并没有忘记李世民的交代，他相信在李世民的交代中，蕴藏着一个绝对可以打败宗罗睺的计划。

到现在为止，庞玉很好地完成了李世民交给他的任务。虽然且战且退，但是阵型保持得依然完好。

宗罗睺是一员猛将，但军事水平绝对不行。他没有看出庞玉是在有意识地主动撤退，而不是打了败仗溃退而逃。

怎么区分？看阵型。溃退而逃绝对不会将阵型保持得依然完好。

所以宗罗睺继续穷追猛打，全神贯注地穷追猛打。他的惨败就在于太全神贯注！

前边我们说过，庞玉在浅水原南边布阵，也就是说宗罗睺是面朝南进行作战。在这里我再一次提醒大家：浅水原是一大片平坦的开阔地。薛仁杲可以从背后袭击刘文静，李世民为什么就不能从背后袭击宗罗睺，以其人之道，还治其人之身？

当宗罗睺回身迎战时，已经来不及了。李世民身先士卒率领数百名骑兵，迅速地冲进宗罗睺的阵中，用骑兵冲击步兵，那简直就是势如破竹，加上庞玉的背后夹击，宗罗睺的阵型一下子就乱套了。

打仗不怕人少，就怕自乱阵脚。史书记载：罗睺士卒大溃，斩首数千骑。一下子损失了几千人，宗罗睺彻底蒙了。更要命的是退向高城的路已经被堵死。情急之下，宗罗睺决定向折摭城撤退，毕竟自己的主帅薛仁杲还在那里。宗罗睺虽然想得不错，但是李世民是不会给西秦军以任何喘息机会的。李世民下令：全军进击折摭城！

> 夫战，勇气也。一鼓作气，再而衰，三而竭。彼竭我盈，故克之。
>
> ——曹刿

李世民深深懂得一鼓作气的道理。

但是，就在李世民准备向折摭城发起猛烈的冲击时，却遭到了一个人的反对。这个人就是窦轨。窦轨认为，虽然宗罗睺战败了，但是薛仁杲在折摭城的主力并没有什么损失，如果贸然进兵，恐怕于己不利。窦轨是李世民的亲舅舅，平常对这位亲舅舅，李世民一向是毕恭毕敬。但是，李世民作为战场的主帅，知道不能顾及长幼之礼，如果失去战机，一切都将无可挽回。李世民对窦轨只说了八个字：破竹之势，不可失也！然后他率领大队人马，向折摭城蜂拥而去。

薛仁杲领兵拒守。这一次轮到了李世民骂阵，薛仁杲当缩头乌龟，也是三个字：不出战。但是，李世民确实比薛仁杲技高一筹。

兵法云：不战而屈人之兵，善之善者也。

李世民玩起了攻心战。

“守城的将士听着，只要你们投降，秦王绝对保证大家的人身安全。”

“秦王知道你们缺粮，别再硬撑着了！”

“想一想你们的老婆孩子吧，你们难道不想和家人团聚吗？”

自古以来，“亲情”这一关谁都不好过。十一月十五日，薛仁杲的部将浑干率众投降，然后一批又一批的西秦兵士偷偷跑到唐军这一边来。仗打到这个份上，薛仁杲真的没法再撑下去了。

薛仁杲的下场

就此投降吧，即使不为了自己，也得为手下的兄弟们想想出路。不过，薛仁杲依旧自信，他始终坚信凭借自己的一身本领，即使投降，李世民也绝对不会亏待自己。仗着这份自信，十一月十八日，薛仁杲率领折摭城的军民出城投降。

历时半年的平定西秦战役就此结束。

薛举活着的时候，看到自己的宝贝儿子嗜杀成性，就断定自己打下的基业迟早会被他断送。虽然薛举猜到了结局，但是他没猜到这个结局到来得会这样快，他更加没有猜到薛仁杲最后的结局会比他惨十倍。

薛仁杲投降后，李世民很爱惜他的才能，将他收在自己帐下。两个人曾经有过这样一番对话：

"仁杲是真心愿意投降我吗？"

"仁杲仰慕秦王！是真心愿意投降！"

"你的父亲说你迟早会断送他的基业，你怎么看？"

"父亲说得不对，在秦王帐下，照样建功立业！"

"呵呵，希望我的父亲能够好好地接纳你。"

……

这是一段很平常的对话，但其中却暗含玄机。这个对话中隐藏着一个重要的讯息，虽然李世民可以接受薛仁杲的投降，但是李渊会接受吗？事实上，李渊才是最高决策者。

不可否认，薛仁杲有着很高的热情，希望在李世民的手下建功立业，可如果李渊不接受呢？显然，薛仁杲在投降的时候忽略了一个很关键的问题：得到李渊的赦免。而李世民在对话中实际上已经告诉薛仁杲，自己没有把握（仔细体会"希望我的父亲能够好好地接纳你"这句话）。可惜的是，薛仁杲并没有真正理解李世民话里的含意。

十一月二十二日，李世民胜利而归。长安城一片欢腾！

薛仁杲的心情很复杂，按照他的设想，自己是不应该以这样的方式进入长安城的。还是现实一些吧，自己和李世民差得太远了，如今人家能够接收自己，自己唯有以死效力。薛仁杲猜对了一半，死他猜到了，但效力就不必了。

李渊在接见李世民等凯旋的功臣时，一眼便看见了薛仁杲。然后李渊问了一句在我看来非常经典的一句话："刘感安在否？"这句话一出，等于宣判了薛仁杲的死刑。

你以残忍的方式诛杀了我的大将,今日还有脸到我这来？欠下的血债,就要用血来偿还！

历史告诉我们,做事不能太绝。

不是不报,时候未到;时辰一到,诸事必报！

李渊并不是因为薛仁杲是他的敌人而杀他,而是看到了在这个人的血液中流淌着一种残忍、一种血腥、一种罪恶。留这样的人在身边,迟早会出事。

杀！

薛举暴毙！薛仁杲被斩！西秦势力就此彻底地退出历史舞台。

有很多史书说薛举父子在隋末的历史舞台上,开创了一方霸业,也算是一代人杰。对此我不敢苟同,很长时间以来,在这对父子身上,我只看到了残忍、血腥、杀戮,除此以外我什么也没看到。还好,老天终究是公平的。最后我只想说一句话:做人要厚道。

平定西秦,是唐朝建立后最大的一次军事上的胜利,意义不言自明。

首先是对周围大大小小的军事集团具有很强的震慑作用,一些军事集团的首领,在李渊恩威并用的攻势下,相继投降。也就是在薛仁杲被斩的一个月后,襄平太守邓暠献柳城、北平二郡降唐,被李渊封为营州总管。随后,幽州总管罗艺献渔阳、上谷等郡降唐,被李渊赐姓李,封为燕公,罗艺的部将薛万均封为永安郡公,其弟薛万彻封为武安县公。

在这里建议大家,邓暠、罗艺这两个人认识一下就可以了,而薛万均和薛万彻两个人,你一定要牢牢地记住他们的名字。

薛万均将在后来西征吐谷浑的战役中,大放异彩。薛万彻将在后来的“玄武门之变”中,以一句话给李世民制造致命的麻烦。

平定西秦的第二个意义就是唐朝得到了陇右的牧场。在前边我说过,唐朝建国之初,是很缺少马匹的,随着西秦的平定,唐朝得到了陇右牧场的大量马匹。有了马匹,就意味着可以着手组建一支强大的骑兵部队。事实上,后来李世民组建的玄甲军就是以陇右骑兵为班底的,他们在和窦建德的虎牢关战役中发挥了强有力的作用。

总之一句话,平定西秦,好处大大的,财富多多的,人心爽爽的。平定西秦也是李渊统一全国战略的第一步骤。

是的,最终的目的是要统一全国。那么,此时的东部是个什么状况呢？

第十章

东部烽烟

李密的苦衷

所谓东部指的是长安以东、以洛阳为中心的地带。

就在李世民平定西秦的同时，东部的李密、王世充、宇文化及三位猛人不断地互相干架，打成了一锅粥。

李渊之所以能够顺利地一路打向长安，是因为有李密这个“本家小弟”在东部堵住隋军的主力，从而避免了腹背受敌。

在李渊攻打长安、平定西秦的过程中，李密在东部与驻守洛阳的隋军主帅王世充大战了六十多次，双方半斤八两，基本打平。虽然不分胜负，但是李密已经很疲劳了。

为了一个洛阳，值得吗？谁都知道长安才是成就帝业的地方，李密当然也知道。但是，他无法像李渊那样，大踏步地向长安走去，李密有自己的苦衷。

虽然李密用计杀掉翟让成了瓦岗军的首领，但是瓦岗军的班底毕竟是人家翟让组建的，也就是说到现在为止，除一把手换人外，瓦岗军的内部结构并没有什么实质的变化。

那么瓦岗军的根基究竟是什么呢？答案是——山东豪杰势力。也就是说除李密是关陇人外，瓦岗军的成员大部分是山东人。在这些人眼中，洛阳和长安并没有什么分别，长安有的财富，洛阳都有。指望山东人大老远地去攻打人生地不熟的长安，白痴才会这么做。

而且李密即使攻打长安，也没有把握，虽然其身份是关陇望族，但实际上他在关陇地区没有任何根基，他不像李渊那样，在关陇地区有自己的根据地，进入长安后得到了“三秦士庶”的热烈欢迎。李密除那个世袭蒲山公的爵位之外，什么也没有。

所以结论就是，李密虽为瓦岗之主，实际上是个孤家寡人，为此他必须委曲求全地团结山东豪杰势力，不得不将自己的目标指向洛阳。但是，拿下洛阳也不是一件容易的事，在王世充的努力下，洛阳如同铜墙铁壁一般，前后六十余战，洛阳还是原来的洛阳。

最令李密郁闷的是到现在为止，自己还没有一块稳定的根据地。李渊有长安，王世充有洛阳，萧铣有江南，杜伏威有江淮，窦建德有河北。而李密到现在为止还只是一个山大王。

人到了一定程度，就会开始追求稳定。李密也不例外。当然，李密得到了让自己稳定的机会。这个机会出现在宇文化及打来的时候。

对策

宇文化及杀掉杨广后，带领宇文智及、司马德戡、裴虔通等一干人马，一路西归，他们的目的地是关中。想要到达关中，必然经过洛阳。当时守在洛阳的是杨广的孙子越王杨侗。

听到宇文化及到来的消息，杨侗的第一反应是——灭掉宇文化及。都说杀父之仇要报，难道杀爷之仇就不报了吗？杀爷之仇也是仇，宇文化及你就在洛阳这交待了吧！

当然，杨侗现在是有心无力，李密在洛阳城外，不断地捣乱，要是没有王世充，也许自己现在早就做了李密的俘虏，说不定下场也和他爷爷一样。此时，杨侗当然想不到，自己的结局真的和他爷爷一模一样。

指望王世充去打宇文化及，是不现实的，李密已经让他伤透脑筋了，再去打宇文化及，王世充非得吐血身亡不可。而且李密谁来料理？除王世充能和他叫板外，谁也不行。

难道就让宇文化及这么大摇大摆地回关中？杨侗显然不甘心。真的没有办法吗？

答案是否定的。

此时，一个叫元文都的人给杨侗献上了一条计策。元文都，史书记载他性格耿直，明辨有器干，当时的官职是内史令。他的计策是，让李密去打宇文化及。

李密去打宇文化及？没错！

这是一条非常好的计策，而且是一条除狼去虎的计策。一石二鸟！

元文都知道李密现在已经很疲劳了，围攻洛阳，不过是想找个稳定的地方发展自己。既然如此，那就让李密进来，前提是消灭宇文化及。

灭掉宇文化及，让李密入洛阳辅政，随着时间的推移，慢慢地分化瓦解瓦岗的力量。这样做，至少比现在和李密死磕要好很多。即使李密不肯进洛阳，相信到那时李密一定会比现在更加疲惫不堪，到时再让王世充灭掉李密。嗯，很好！

在元文都看来，这个计划简直堪称完美。其实这个计划有一个漏洞。

李密得到了杨侗的诏书，诏书的内容大致为，赦免李密的罪过，以前既往不咎，而且拜李密为太尉、尚书令、东南道大行台行军元帅，封魏国公，可以入朝辅政。当然诏书的最后一句话是，目前东都事紧，先即刻消灭宇文化及。

杨侗的诏书让李密不禁心潮澎湃，奋斗了这么多年，现在终于有了栖身之所。不过，李密的野心，只让他辅政是不甘心的，他的目标是那个万人之上的宝座。先进到洛阳再说，来日方长，李渊可以让杨侑将皇位禅让给自己，我为什么就不能让杨侗这样做？到现在为止，李密始终保持着那份自信。

李密的算盘拨得噼啪响，只是他和元文都一样，也忽略了一个很重要的环节。

李密和杨侗不再是敌人了，至少暂时是这样，他们有个共同的敌人——宇文化及。

就在李密和杨侗刚刚达成协议的时候，宇文化及率军进攻黎阳。进攻黎阳，是因为那里有个很大的粮仓，而且是回关中的必经之路。想要攻下黎阳是很不容易的，因为驻守黎阳的是一个有勇有谋的将军，他的名字叫徐世勣！

徐世勣的建议

徐世勣，字懋功，曹州离狐（今山东鄄城西南）人。这位仁兄十七岁时就跟着翟让造反，是瓦岗军的老资格成员。

李密能成为瓦岗军的一把手，徐世勣功不可没。当初就是他建议翟让推李密为主。不过，“成也萧何，败也萧何”，徐世勣万万没想到自己的这个建议，后来竟把翟让送上了西天。

在瓦岗军中，徐世勣的身份很特殊，原本属于翟让的老营集团，却因为推举李密为主，李密杀翟让的时候，并没有为难他，而且还很信任他。可以说翟让死后，徐世勣摇身一变成了李密蒲山公营集团的人，或者说兼有老营集团和蒲山公营集团的双重身份。

徐世勣的特殊身份，让李密觉得很棘手。一方面是信任，毕竟当初是徐世勣力推自己，要是没有徐世勣，也许就没有自己今天的地位；另一方面是忌惮，徐世勣毕竟在老营集团内有着很高的威信，如果有一天这些翟让手底下的旧部闹起事来，相信徐世勣不会袖手旁观。

所以，李密决定给徐世勣人马，让他去守黎阳。一来黎阳附近有个很大的粮仓（仓城），以徐世勣的才干，把黎阳交给他自己比较放心；二来给徐世勣充分的权力，让他离自己远点，这也是李密分化瓦解老营集团的一个手段。

对于李密的这个做法，徐世勣心里很清楚。但是，徐世勣这个人有个最大的特点——知足。在任何人手下，他都会兢兢业业地工作，而且从不邀功，从不生事，让我干什么我就干什么，而且肯定尽自己全力去干好，心里从无怨言。所以徐世勣的一生，没有遇到太大的挫折。如果你是公司的老板，以后不妨按照徐世勣的标准去招聘员工。

徐世勣的任务很艰巨，现在他不仅仅是把粮仓守好就可以的。他来到黎阳没多长时间，宇文化及就打来了。守好粮仓很重要，灭掉宇文化及更重要！

徐世勣很清楚，宇文化及从江都带来的部队，曾经是杨广的禁军部队，战斗力那就是一个字——猛。以自己手中的这点人马和宇文化及死磕，那简直就是拿鸡蛋碰石头。为此，徐世勣致书李密，提出了自己的建议。徐世勣的建议是：放弃黎阳，退保仓城。只要把粮仓牢牢地掌控在自己手里，就算宇文化及占领了黎阳，没有饭吃，准得发慌。这个建议得到了李密的同意。

宇文化及似乎轻而易举地就占领了黎阳。但是，进了城他才发现，城中一粒米也没有。没有米？那老百姓吃什么？很遗憾，老百姓也都撤走了。

黎阳，是名副其实的空城！宇文化及差点把鼻子气歪了，从江都一路跑来，就没带多少粮食，指望进了黎阳城，能美美地吃顿饱饭，没想到被徐世勣这小子给耍了。没有粮食是不行的，趁着肚子还没有咕咕叫，全力围攻仓城。

就在宇文化及信誓旦旦地准备拿下仓城时，李密在背后拍了他的黑砖。

徐世勣准备迎战宇文化及的围攻时，李密率领两万人马悄悄地驻扎在清淇（今河南滑县西南），其目的是声援徐世勣。

只要你进攻仓城，我就拍你。每次宇文化及进攻徐世勣时，李密都会在背后搞些小动作。搞得宇文化及往前也不是，退后更不成。这真是癞蛤蟆爬脚面——不咬人，恶心人。李密有本事你就出来和老子面对面地大战一场！

宇文化及终于等到了和李密面对面的机会，不过这两位仁兄可没像洪七公和欧阳峰那样在华山着实对决一番，出乎人意料的是这两位仁兄却像市井大妈一样打起了嘴架。

时间：武德元年（618 年）六月十日。

地点：淇水河岸。

双方出场人物：李密 VS 宇文化及。

对骂的功夫

李密站在淇水的北岸率先开骂:“你个死不要脸的,你们家没少得人家隋朝老杨家的好处,虽然杨广无道,但是你得了人家好处就应该尽心给人家办事,没想到你吃里扒外,还想做皇帝,你也不撒泡尿照照自己,我劝你还是赶紧投降,给你子孙积点德!”

宇文化及不甘示弱,站在淇水南岸还骂道:“少废话!你还有脸说我,你个狼心狗肺的家伙,人家翟让待你可不薄,你是怎么对人家的?抢了人家的地盘不说,干吗还要赶尽杀绝啊?小心遭雷劈啊!”

看来双方骂人的功夫都很深厚。第一轮对骂双方战平。

第二轮李密主动变阵,开骂道:“我遭雷劈不要紧,大不了就是个死。可是你要小心儿孙生下来是白痴啊,活受罪一辈子!”

宇文化及从容应对:“受罪?笑话!灭了你我就当皇帝,即使我儿孙受罪,我也会让你儿孙陪着的!”

第二轮双方继续战平。

关键是第三轮。

李密终于使出了撒手锏,骂出这一句,相信宇文化及定会无语。

“我们的祖上可是名门望族,不像有的人原来是匈奴奴隶的后代啊!哈哈哈!”这句话深深地刺痛了宇文化及,因为当时人们风言风语地说宇文化及是匈奴人奴隶的后裔。关于自己的身世,宇文化及自己也不清楚。这一次,宇文化及彻底无语了。没办法,人的出身命中注定。

宇文化及低着头憋个大红脸,很长时间才回了一句:“有本事就和我打上一仗!”

第三轮,李密获胜。

很长时间以来,我对这两个人能够像市井大妈一样互相对骂感到很费解。两个人在当时来讲,即使不算王者,也算是枭雄,能够这样对骂,堪称经典。后来,我终于想明白了。其实两个人是在开展政治攻势,也就是说都想利用指责对方那些见不得人的事情的机会,来增添自己的政治筹码。

打仗不急于这一时,捞取政治资本才是最重要的。可惜的是,这两个人的人生轨迹太过相似,其中都有个共同的经历:谋逆。所以谁都不干净,那就谁也别说谁!幸好李密很聪明,想到了出身比宇文化及好很多,所以毕其功于一役,终于骂倒了宇文化及。否则真的不知要对骂到什么时候才是个头。

既然文斗不行,咱就武斗!宇文化及决定无论如何,先全力拿下仓城再说。事实证明:宇文化及文斗不行,武斗更差劲。几次攻打仓城,都被李密和徐世勣前后夹击，做了汉堡包。无奈之下，只能暂时停止进攻，原地休整。仓城可望而不可即。就像幸福隔着玻璃一样，看似很美丽，伸手却无法触及。

最要命的是，宇文化及的军中严重缺粮。看来一切战争后勤保障工作万万不能忽视。当初薛仁杲就是吃了这方面的亏，现在宇文化及又在后勤保障方面即将栽跟头。

很快，宇文化及军中缺粮的消息传到了李密那里。李密决定忽悠一下宇文化及。

具体的忽悠方法是——求和。

自恋的悲哀

说起来，李密的忽悠智商实在不高，先前在淇水河岸两个人互相骂了个狗血喷头，现在宇文化及缺粮了，你反而向人家求和。拿人家当白痴啊，鬼才相信！但宇文化及却相信了。

我长久以来一直不明白宇文化及为什么被李密如此拙劣的忽悠术给忽悠了？在阅读了弗洛伊德的哲学著作后，对这个问题我想明白了。宇文化及被李密成功忽悠，是因为他过度自恋。

什么是自恋？弗洛伊德对"自恋"定义：自己对于自我投注利比多(libido，泛指一切身体器官的快感，即弗洛伊德认为的"性"，这里的性不是指生殖意义上的性)的兴奋状态。有这一情况的个体称之为自恋人格障碍患者。从利比多的方式来说，也就是他将本来应该投注于自我的对象客体的利比多，反向投注到自己身上，并且经常沉浸在自己不切实际的幻想中。

宇文化及不是自恋，而是过度自恋。在他的头脑中，认为自己是独一无二的。这也难怪，连杨广都能干掉，他还怕谁呢？所以当李密求和的时候，他本能地产生了一种征服的快感，认为李密是因为害怕自己才求和的。而这一切，只能说明宇文化及是个自恋人格障碍患者。这一点从他的反应就可以感觉到。

李密求和具体的表现是，答应给宇文化及送粮。一个长时间与你为敌的人，突然之间对你殷勤百倍，你会怎么想？反正我的第一反应是疑惑。但是，我们的宇文化及非但没有疑惑，反而下了一道命令："赶快吃光自己的粮食，李密要是知道咱还有余粮，肯定就不给咱送粮食了。"看来是病得不轻。

令宇文化及失望的是，粮食吃完了，李密却没有给送。宇文化及左等右等，上等下等，等得望眼欲穿，最终连一粒米也没有见到。

这可不得了，全军几万口子人，都张嘴等着吃饭，如果长时间没有饭吃，最终只有两个结果——兵变或者逃亡！不论哪一种结果对于宇文化及来讲，都是不能接受的。但是，宇文化及的自恋症实在不轻，他依然幻想着李密很快就会把粮食送来。

幸好，上天终究是公平的。就在宇文化及和他的几万号人饿得心发慌时，忽然来了一个人。这个人史料中并没有记载他的名字，只知道他是李密的部将。之所以来到宇文化及身边，是因为他在李密那里犯了死罪。至于犯了什么罪，对于宇文化及来讲并不重要，在宇文化及这里他只有一个身份——救星。因为他为宇文化及带去了一个极为重要的消息：送粮的事纯属李密忽悠您的。

宇文化及听到这句话时，差点没背过气去，顿时由自恋狂变成了抓狂。

如果这个人再晚来几天，后果不堪设想。现在既然已经知道了事情的真相，那就丢掉所有不切实际的幻想。亡羊补牢，犹未为晚！李密！你个言而无信的家伙，我要与你决一死战！宇文化及下定决心，要在战场上与李密一决雌雄。

七月一日，宇文化及率军渡过永济渠。

决战地点：童山。对，就在童山！战则胜，不胜则死！

童山之战是惨烈的。

在这场战斗中，双方收起了先前在淇水河岸的大妈嘴脸，指挥手下弟兄来了一场真刀实枪的火拼。

两个人带领手下诸多兄弟，从早上八点一直 PK 到下午五点。双方坚决执行八小时工作制度，并且没有午休。为了取得最后的胜利，即使不给加班费也认了。

具体的战争过程，李密的处境比宇文化及要危险。据史书记载："密与化及大战于黎阳童山，为流矢所中，堕马闷觉，左右奔散，追兵且至，唯叔宝独捍卫之，密遂获免。"这话说得通俗一点就是，李密在战斗中被箭射中，从马上摔下来，昏倒在地，旁边的人都吓得乱跑，只有秦叔宝自己去救李密，李密才幸免于难。

这个叔宝就是秦琼。绝对的猛将！如果不猛，敢在乱军之中，独自去救李密？除勇猛之外，秦琼似乎还是个名人。知道他的人也许比知道李密、宇文化及、王世充、窦建德的人还多。相信大家都知道秦琼当街卖马的故事，也都知道他被封为门神的故事。但是，我要告诉你，这些都是子虚乌有的事情。

历史上的秦琼就是一员猛将，除此以外，并无任何过人之处。之所以能出名，就是因为在童山之战中他独自救了李密。但秦琼注定不是一个昙花一现的人物，他将在后来的"玄武门之变"中，为李世民冲锋陷阵。

关系很重要

说过秦琼，我们接着说李密。

长久以来，我一直有个困惑，就是在李密中箭坠马后，为什么只有秦琼一个人拼死相救，而其他人都远远地跑开。显然，这很不正常。后来，我仔细地对李密进行了一下研究，发现其实这是李密自身的问题。这就是我在前边说过的一句话：没有够意思的老板，就没有够意思的员工。因为长久以来，李密一直处理不好一个问题。

什么问题？平衡新人和老人的关系问题。

不可否认，瓦岗军的粮食是充足的，可除粮食外，似乎也就没有什么了。千万不要忘记，人们在填饱肚子之后，还会有其他的需求，例如穿好看的衣服，骑剽悍的马，等等。而这些东西，瓦岗军想要拥有，基本是靠缴获而来的。当然缴获的东西，并不专属某一个人，这就涉及如何分配的问题。如何分配，当然要听李密的。

分配是门学问，分配公平了，大家心里都乐开了花。分配得不公平，大家集体嘬牙花子。其间，就考验领导者的水平了。可惜的是，李密的分配水平实在不高。

李密在这个时候往往表现出重视新人，忽视老人的态度。新人指的是隋朝大批的降将，老人指的是瓦岗旧部。李密的想法很简单，既然都是老人，大家在一起这么多年了，相信分得少一些，也不会计较。而新来的人，当然要紧密团结，尤其又是隋朝的降将，为自己树立良好的外部形象，是很重要的。

李密的想法似乎没有什么问题，可他忽略了一个最关键的问题：人性。在利益面前，人性都是自私的，尤其是涉及自己的切身利益。

瓦岗军每次冲锋陷阵，都是这些旧部冲在最前头，这等于是把脑袋绑在裤腰带上。现在可好，仗打完了，倒是那些新来的人分的战利品多，这些玩命的旧部反倒晾在了一旁。老子为你玩命，你却视而不见，连个赏钱都不给。

如果换了你，你的心里会舒服吗？时间久了，怨气多了，就该找个地方发泄了。所以，我觉得，李密这次中箭坠马，没有几个人搭救是很正常的。

在人家付出的时候，你给予什么了？没有。所以，就不要苛求人家对你回报什么。

幸好，还有一个秦琼，不然的话，李密也许早就去见阎王了。在秦琼的积极努力下，瓦岗军顶住了宇文化及的一波又一波的进攻。

傍晚时分，宇文化及实在支持不住了，他实在不明白，没有李密的瓦岗军为什么战斗力还是如此强大。其实，只有一个答案：大家想活命。这和有没有李密没有多大的关系。

这场仗时间打得越久，对宇文化及就越不利。本来军中已经缺粮，现在手下的弟兄和瓦岗军已经足足火拼了八个小时，如果再不进食，即使不被瓦岗军砍死，也得饿得昏倒在战场上。所以宇文化及下令，停止攻击，问题是，粮食从哪里来？宇文化及左思右想，终于想出了一个能够找到粮食的“好”办法。这个办法实在是非常地“好”。

抢老百姓的粮食！

昏招

地主家都没有余粮，何况是老百姓？宇文化及的这个做法，遭到了百姓们的强烈抗议。

“堂堂官军凭什么抢人家粮食？”

“就是嘛，我们的粮食难道是白来的吗？”

“一群大男人，抢我们的粮食，还是不是男人啊？”

……

老百姓的骂声铺天盖地。

说句心里话，自古以来中国的老百姓还是很本分的，如果不是被逼得太甚，基本上都能忍，即使是被抢粮食，只要不影响自己的正常生活，老百姓最多也就是骂一骂。

老百姓的这关不算太难过，可是宇文化及手下的某些人开始表现出强烈的不满。宇文化及的手下也有些很有骨气的人物，老百姓的骂声，对于他们来讲，比抽他一百鞭子还难受。

这叫什么玩意儿啊？抢老百姓的粮食，难道想让老百姓都参加瓦岗军不成？悲哀！真是悲哀！丢人！实在丢人！强烈的不满，最极端的呈现形式就是——倒戈。

七月五日，兵部尚书王轨率众投降李密。七月八日，大将陈智略带领岭南一万骁果（隋朝御林军，多是关中人，骁勇善战，故称“骁果”）投降李密。七月十日，大将张童仁、樊文超率领数万江东骁果投降李密。一时间，李密的队伍不断壮大。而宇文化及这边则是不断地缩水，顷刻间从江都带来的十万大军，只剩下两万人。

为什么转瞬之间，形势突然逆转？为什么顷刻之间，很多人离我而去？我忽然想起了电视剧《宰相刘罗锅》里有句歌词：天地之间有杆秤，那秤砣是老百姓。宇文化及没有把握好秤砣，结果让秤砣砸了自己的脚。宇文化及实在没有颜面在洛阳再待下去了，最终带着两万残兵败将，逃到了魏县（今河北大名）。

在魏县，宇文化及最终实现了当皇帝的梦想，可还没等他坐稳皇帝的宝座，就也迎来了为他送葬的人——窦建德。在窦建德的积极努力下，宇文化及全面溃败，最终被满门抄斩。

不过，这位仁兄留下了一句很有名的话：人生故当死，岂不一日为帝乎？正所谓今日有酒今朝醉，明天倒灶喝凉水。

对于宇文化及我只想说：简直就是一个弄潮儿。

第十一章
悲情英雄

分歧

童山之战,宇文化及不败而败,李密不胜而胜。

其实胜败就在一念之间!李密是幸运的,只因为宇文化及作出了一个愚蠢的决定。现在对于李密来讲,基本上算是完成了东都洛阳派给他消灭宇文化及的任务。完成这个任务后,下一步就可以进入洛阳辅政。

长久以来,李密一直想拥有一个稳定的地方寻求发展,现在自己即将成为辅政大臣,李密的心里乐开了花。

在战场上,李密大难不死被秦琼救起。看起来,"大难不死,必有后福"这句话还真是有些道理。但事实告诉我们,大难不死是可能的,必有后福是不一定的。

就在李密梦想着像霍光、诸葛亮那样做个辅政大臣时,东都洛阳出事了。这件事改变了很多人的命运,当然也改变了李密的命运。李密的噩梦刚刚开始。

七月十五日,王世充在洛阳发动军事政变,诛杀元文都等人,将军政大权牢牢地掌控在自己的手中。

王世充,字行满,本姓支,出自西域。其祖支颓耨,徙居新丰(今陕西临潼东北)。这个人有个最大的优点:不吝啬。只要手下人立功,马上给予赏赐,每次打了胜仗,都把功劳归在手下人身上。手下人不卖命才怪!

这一点，他和李密正好相反。而且王世充还很重视人才，曾经在自己的府门之外，立下三块牌子，上边分别写着：

"一求文才学识堪济事务者；一求武艺绝人摧锋陷阵者；一求能理冤枉拥抑不申者。"

文臣，武将，外加法制建设。王世充在治国方面绝对有一套。我相信，如果他出生在贞观年间，一定是个出色的宰相。但是，眼下是乱世，王世充必须为自己的生存考虑。

这一次，他发动军事政变，其目的很简单：不让李密进洛阳。

针对李密的问题，东都洛阳的内部分为两派。

一派是以王世充为首的部分军官，主张与李密死磕，宁可让李密打死，不能让李密吓死。王世充既是这么说的，也是这么做的，前后和李密大小六十余战，基本上半斤八两。这一派我称之为"鹰派"。

另一派是以元文都为首的部分文官，主张不一定非得打打杀杀，可以采用怀柔政策，具体的方法就是对李密封官许愿，然后让李密去打宇文化及，不论谁胜谁败，其实力都会受损，如果李密获胜就让他进入洛阳，到时再逐渐地分化瓦解瓦岗的势力，一个一个地铲除。这一派我称之为"鸽派"。

应该说，两派的方法虽然不同，但目标都是一致的，那就是灭掉李密。问题在于，现在"鸽派"是占上风的，因为他们的意见得到了杨侗的同意。但是，李密进入东都洛阳后，"鸽派"真的有能力扳倒李密吗？或者说他们是真的想扳倒李密吗？这个问题，一直困扰着以王世充为首的"鹰派"。

李密能够铲除翟让，夺取瓦岗军的最高领导权，绝非等闲之辈。王世充现在最怕的是，李密进入洛阳后，"鸽派"和李密勾结，毕竟"鸽派"和李密并没有本质上的冲突，无论是杨侗当皇帝还是李密当皇帝，"鸽派"的利益都不会受到损失。

但是，"鹰派"这边就不同了，他们和李密大小六十余战，双方杀得天昏地暗，谁都想把对方打倒在地，然后再踏上一万只脚，可谓"仇深似海"。李密真要是进了洛阳和"鸽派"勾结在一起，那么"鹰派"的人将死无葬身之地。所以为了保险起见，王世充决定发动军事政变，将洛阳的军政大权掌控在自己手上。

王世充有这个实力，因为他手中有军队。

李密的梦想就此破灭。

洛阳还是原来的洛阳，依然是李密与王世充的对决。唯一不同的是，瓦岗军已经疲劳至极。即使再疲劳，也要死死地咬住王世充不放，因为李密明白，洛阳对于瓦岗军来讲，是唯一可以立足的地方。所以，李密继续围攻洛阳，王世充继续死守。

王世充当然不想和李密就此耗下去。李密家大业大，有的是骡马，而王世充正好相反。据史书记载，当时洛阳城里的一斛米居然卖到了八九万钱，照此下去，用不了多长时间，洛阳的大街小巷就该有卖小孩的了。王世充决定，寻找有利战机，一举打败瓦岗军，解除其对洛阳的威胁。

不过，道理谁都明白，真正行动起来却是困难重重。首先是兵力不足的问题。

李密之所以火拼完宇文化及之后，还有能力火拼王世充，靠的就是两个字——人多。据推算，王世充的兵力只有李密的五分之一。按照人头来算，等于一个人单挑人家五个人。

最关键的是，长时间以来，王世充一直被瓦岗军围着打，手下的弟兄形成了一种条件反射，只要听见"瓦岗军"三个字，就会产生一种厌战的情绪。究其原因，是因为瓦岗军实在太缠人，轰不跑，赶不走，就像苍蝇一样，时刻围着王世充乱转，搞得人心烦意乱。

如何解决这个问题，王世充着实费了一番脑筋。想来想去，王世充想到了一个绝妙的办法：用死去的周公忽悠手下的将士。

死人忽悠法

其具体的实施方法就是，让手下人谎称自己梦见周公，说周公会帮助王世充打败李密，如果王世充不去打李密，手下的士兵会染上瘟疫，全都死光光！这些话，纯粹是扯淡！周公他老人家现在连灰都找不到了，要说他能帮助王世充，白痴才会相信。但是，王世充手下的兵士的确是相信了。是不是很可笑？其实一点也不可笑。

王世充手下的兵士，大多来自淮南地区，淮南地区有个最大的风俗特点——巫风盛行。在淮南当地，巫师是很盛行的职业，当然也是最赚钱的职业。因为大家都相信他们与天地相通，当然也与死人相通。王世充正是利用了淮南兵士的心理特点，成功导演了一场用死人忽悠活人的好戏。

对于士兵来讲，最怕的是染上瘟疫，虽然去打李密有可能死在战场上，但是现在不去打李密，肯定会染上瘟疫死掉，所以还不如豁出去，和李密干一场，即使死在战场，也比染上瘟疫窝囊地死在洛阳城里好。

出于这种考虑，士兵们开始纷纷请战。王世充看到如此情景，自然心花怒放。但是，他明白，必须把这场"死人忽悠活人"的戏，演得真实、演得生动。为此，王世充特意让人修建了一座周公庙。

"周公在上！受我王世充一拜！您老人家嘱托我的事，我现在就去办！不打败李密我绝不回来！"

在周公像面前，王世充和手下士兵充分表达了决心。誓言是铿锵的，信心是百倍的，胜利一定是属于我们的。

你们是被我忽悠的，现在忽悠完毕。出兵！

会议

九月十一日，王世充率领大军到达偃师，在通济渠南岸扎营，并且在通济渠上开始架桥，只等桥架好后，就全力进攻李密。

消息很快就传到了李密那里。李密也毫不含糊，率领大军驻扎在北邙山下，随时“恭候”王世充的到来。趁着王世充架桥的工夫，李密紧急召开了军事会议，商讨怎样对付王世充。如果说王世充那边，是自上而下的忽悠，那么李密这边就是自下而上的忽悠。在会议上，率先发言的是裴仁基。

裴仁基，字德本，隋河东郡(今山西省永济县)人，少好弓马，精通武艺。曾经参加过平陈战役。大业十二年(616年)，献虎牢关投降李密，被封为上柱国、河东公。我对他的评价是——满腹军事奇谋。

在这次会议上，裴仁基就为李密出了一个妙计。

“主公！我认为对付王世充不可力战！”开头这句话，便说出了瓦岗军目前的现状——相当地疲劳。

“王世充出城欲与我军决战，相信洛阳城内必然空虚，我们应该采取坚守的策略，让他无法向东前进，然后再选派三万精兵，沿着黄河向西，直取洛阳。如果王世充回军自救，这三万人就按兵不动，如果王世充再回军向西攻击我们，这三万人就再进逼洛阳，这样一来，王世充必然疲于奔命，我们就会掌握主动，然后再伺机一举歼灭他！”

高！实在是高！

其实这就是溜猴游戏。这个方案得到了李密的赞赏。

“嗯，德本说得很好！”李密点点头说道。

“现在王世充手中有三大法宝：第一是武器精良，人员训练有素；第二是拼死来战，士气高昂；第三是洛阳缺粮，已无后路可退。按照德本所说，我们坚守城池，来个守株待兔，我估计用不了十天，王世充必败无疑！”

“我反对！”说话的人是新投降的陈智略。

“主公！素闻瓦岗军勇猛无敌，难道只会坚守城池吗？我等前来投奔，是仰慕瓦岗军的威名，大丈夫应该在战场上与敌人一决雌雄，岂能龟缩不出！”陈智略这番话，貌似很有道理，其实纯粹是瞎忽悠。

战争不是打群架，战争的最高境界是用最小的牺牲换取最终的胜利，陈智略不懂得这个道理。但是，他的这番话居然还有人捧臭脚。

“是啊，主公！王世充才有多少人啊？以前他们被我们围着打，现在我们龟缩不出难免让人笑掉大牙！”捧臭脚的是樊文超。

“是啊！是啊！老子早就想和王世充那小子掰掰手腕！”

“王世充算个什么东西？不就是一个胡蛮子嘛！”

“主公！我们向您请战，我们保证这一战必胜无疑！”

诸将七嘴八舌地说道。

“这个……”李密一时间没了主意。

请战的声音压过了裴仁基的策略。到现在为止，手下人似乎已经把李密忽悠得有些迷糊。作为主帅最怕的就是犹豫不决。

人们经常有个惯性思维，那就是“从众意识”。大家都认为正确，那么这件事就是正确的，事实上真理往往掌握在少数人的手里。还好，在这次会议上裴仁基并不孤立，至少有一个人和他站在一起。

就在诸将七嘴八舌地说个不停时，一个人开口说话了：“我同意德本的意见！”声调并不高，却很有力。说话的人是李密手下的文学参军兼记室。

他的名字叫魏征。

魏征，字玄成，河北魏州曲城人。曾经被隋武阳郡（今河北大名东北）丞元宝藏任为书记。元宝藏举郡归降李密后，他又被李密任为元帅府文学参军，专掌文书卷宗。此时的魏征还不是后来贞观时期的那个名相魏征，在今后的日子里，他还要经过诸多的风霜历练。

当所有人都反对裴仁基时，唯有魏征坚决地和裴仁基站在一起。

“我军刚刚和宇文化及打完，将士身心俱疲，需要休整，如果现在贸然迎战，估计胜算不大，所以我同意德本的意见，应该坚守城池，和王世充拼消耗。”不料，魏征刚刚说完，就遭到了长史郑颋的嘲笑。

“哎呀，玄成啊，玄成！我说你们这些文官，看来就会干些抄抄写写的事，只要一提打仗，你们总是前怕狼，后怕虎！”他的这番话，让魏征彻底地愤怒了。

“胡说！打仗不是儿戏，岂可意气用事，一着有损，满盘皆输。到时郑长史你负得了责任吗？”

“你……”郑颋顿时语塞。

眼看着军事会议变成了辩论会。

“好啦！好啦！不要吵了！”李密见气氛不好，赶紧往下压，“大家说的都有道理，我看不如这样吧，咱们少数服从多数，现在主张坚守的只有德本和玄成两个人，其他人都同意出战，现在我决定全力迎战王世充。”

作为主帅，在决定军事计划时，没有自己的主见，居然让手下一通忽悠，李密真是天真到了极点。所以，他的失败不是偶然的。

“我断定，此战必败！”魏征忽然大声喊道。

魏征的声音是那么孤单，现在没有人愿意理他，也没有人愿意反驳他，所有人都沉浸在即将打败王世充的喜悦中，只有裴仁基和魏征两个人的头脑始终是清醒的，因为这两个人明白，瓦岗军已经不再是从前的瓦岗军了。

损失惨重、疲劳至极是瓦岗军的现状，当然还有妄自尊大。王世充明白，不能和李密耗得时间太长。但是,他也忌惮瓦岗军的战斗力。

为了摸清瓦岗军现在的真正实力,王世充决定先派遣几百名骑兵渡过通济渠,对驻扎在偃师的瓦岗军做一次试探性的攻击。当时驻扎在偃师的瓦岗军将领是单雄信。

单雄信是一员猛将,勇冠三军,在瓦岗军内部号称“飞将”。但是,这个人缺点同样很突出:做事轻率,应变能力不足。

李密为了防止单雄信出现闪失,命程知节和裴行俨前去助战。这个程知节就是程咬金,而裴行俨则是裴仁基的儿子。

大家也许深受《隋唐演义》的影响,认为程知节是个名人。例如“半路杀出个程咬金”“程咬金的三板斧”这两句俗谚,中国人都耳熟能详。其实,历史上真正的程知节和秦琼一样,并不是那么出名。但不能否认的是,程知节的确是一员猛将。

这次前去助战单雄信,裴行俨不幸被流矢射中,程知节充分发扬“半路杀出个程咬金”的精神,忍着被敌人长矛刺中的疼痛,愣是把敌人的长矛折断,然后杀散了追兵,将裴行俨救出。

全军之中只有一个猛将,不足以改变整个战局。王世充只用了区区几百名骑兵,就把瓦岗军搅得大乱。

这次的试探性攻击是成功的,最重要的不是打了胜仗,通过这次试探,王世充发现了瓦岗军一个十足的弱点:装备防护能力不足。

攻击开始

瓦岗军不是正规军,所以军队的装备相对来讲比较落后,例如士兵盔甲的防护能力。上次李密被流矢射中坠马,这次裴行俨又是被流矢射中,区区几支流矢瞬间就可以让瓦岗军的高级将领退出战斗,可见瓦岗军的防护能力实在很差劲。这就意味着瓦岗军正面作战的能力严重不足。

而王世充这边正好相反,手下的兵士都是当年杨广手下最精锐的士兵,装备精良,训练有素。虽说战争的胜负不一定靠装备的好坏,但在实力对等的情况下,一方具备优良的装备往往能够占得战场上的主动权。

通过攻击单雄信的偃师阵营,王世充平添了许多自信。带着这份自信,王世充决定对李密发动总攻,给予李密致命的一击。李密!相信这一拳我打出去,你将再也没有还手的机会。王世充的嘴角露出了一丝诡异的笑容。

当晚,王世充开始进行部署。

第一招:祭出骁果骑兵部队。这是王世充手下最精锐的骑兵部队。

特点:闪电突袭。

任务:埋伏在北邙山口,伺机从背后拍李密的黑砖。

第二招:找个"假李密"(和李密长得差不多的一个人)。这是王世充的突发奇想。

特点:分不出真假。

任务:藏在军中,两军交战时,伺机拿出来忽悠瓦岗军。

第三招:演讲忽悠。这是王世充最擅长的。

特点:让人感动。

任务:激发大家去战场"送死"的热情,心甘情愿地拿着刀枪和李密拼命。

三招足够。开打!

九月十二日清晨,王世充率领大军向瓦岗军发起了猛烈的攻击。

王世充虽然人数上不占优势,但由于是突然进攻,瓦岗军事先没有准备,所以很快占得先机。史书记载:"世充纵兵击之,世充士卒皆江淮剽勇,出入如飞!"

不过,瓦岗军毕竟人多势众,经历了最初的慌乱之后,在李密的指挥下,很快就稳住了阵脚,开始对王世充进行猛烈的围攻。顿时,双方杀得天昏地暗。

时间一长,王世充人数少的劣势开始显现出来,渐渐地瓦岗军开始掌握了主动权。就在这时,王世充搬出了那个"假李密"。

"李密已经被我抓到,瓦岗贼寇还不快快投降!"

什么?我被抓?正杀得兴起的李密,突然听到自己被抓,一时间愣在了那里。瓦岗军所有的人都愣在了那里。

就是这一瞬间,只有几秒钟的一瞬间,李密的败局已经注定。当李密回过神来的时候,战局已经发生了变化。

骁果骑兵从山谷中杀出。来得很是时候,来得恰到好处!这块黑砖拍得李密晕头转向。骁果骑兵一口气杀进李密的大营,和王世充的主力部队前后夹击瓦岗军。瓦岗军顿时大乱,四处逃窜,溃不成军,有些吓得当时就投降了王世充。其中的代表人物就是那个主张和王世充死磕的陈智略。想一想很好笑,主张打的是他,最先投降的也是他,看来参战的动机很值得怀疑。

李密现在就像一只受伤的猛兽,急需找个地方先治疗自己的伤口,于是他带着一万多人逃回了洛口。

这一战,瓦岗军彻底一蹶不振,曾经是反隋战线的急先锋,现在却如丧家之犬一般。

王世充是个精明的人,他知道李密虽然败了,但是并没有彻底地被消灭。绝不能给他任何喘息的机会。传我将令!全速追击!

就在李密刚刚到达洛口,还没来得及喘口气的工夫,王世充便以迅雷不及掩耳之势渡过了洛水。仓促之下,李密准备在洛口回击王世充,总是这样逃跑,李密的脸上也觉得很是无光。但是,洛口的形势急转直下,守将邴元真率众投降王世充。

这一突如其来的变化，彻底打乱了李密的部署，如果稍有不慎，还有可能就会受到邴元真和王世充的前后夹击。此时李密忽然想起了身在偃师的单雄信。

单雄信现在是离自己最近的，自己身处险境，为什么他却不来相救。答案只有一个：单雄信投降了王世充。李密此时真是成了墙倒众人推，破鼓万人捶。

现在瓦岗军能够控制的地方，除了黎阳，就只有河阳(今河南孟县)。河阳距离李密最近，所以李密决定退保河阳。在河阳，他终于迎来了一个亲密的战友——王伯当。诸将之中，唯有王伯当自始至终紧紧追随李密。

二次会议

在河阳，李密召开了一次军事会议。这也是他作为瓦岗军最高统帅召开的最后一次军事会议。会议的中心议题是，今后将何去何从？

李密率先发言："诸位！今日之败，虽然是我的失误，但是我们不能这样无休止地逃跑，我觉得只要我们在这里守住黄河，再和黎阳的徐世勣联手，打败王世充并不困难！"李密刚一说完，就遭到了众人的反对。

"主公！不能在这里久留啊！现在我们刚刚打了败仗，人心惶惶，如果没有个安全的地方好好休整，后果将不堪设想啊！"

"是啊！邴元真和单雄信已经投降了王世充，今后会不会有更多的军士叛逃，这都很难说。"

"主公！兵士都已经疲劳至极，若再打下去，瓦岗军真的就会垮掉啊！"

"主公！当初你铲除翟让的时候，徐世勣也差点死在你手里，如今我们想和他联合，他会和我们联合吗？"

这句话令李密想起了许多前尘往事，当初铲除翟让时的画面又浮现在他脑海中。李密没有想到，自己的主张会遭到这么多人的反对，所以赶紧把话往回收："我只是说出我的想法，和大家商量一下，如果大家都反对，我也不能一意孤行！"

李密说完这句话，眼睛开始湿润："今日兵败，我让弟兄们受苦了！我愿以死谢罪！"

坦白地讲，能够和李密并肩走到现在的人，都是对李密誓死效忠的人。有谁愿意看到主帅自刎死在自己面前呢？对于这些人来讲，李密始终是他们的旗帜。

所以李密刚说完，王伯当开口了："主公！你真的忍心扔下弟兄们不管吗？天地间难道就没有我等立身之处吗？"王伯当说这句话，虽然并没有什么理性的思考，但是他的这句话倒是提醒了李密。

"我倒是有个办法，我本是关中人，如果弟兄们愿意，不如和我一起回关中！"

关中是个好地方，只是现在占有它的人是李渊。李密的话谁都明白，回关中就意味着投奔李渊。

“我愿和主公回关中!”王伯当没有丝毫犹豫。

李密看着这个亲密的战友,心中忽然生出许多感慨。是他,把自己推荐给翟让。是他,向翟让建议立自己为主。还是他,在自己最需要战友的时候,雪中送炭。也是他,愿意跟着自己忍受着战败的屈辱。

想到这里,李密对王伯当说:“将军乃是名门之后,岂能还让将军和我一同回关中,将军不如另寻出路吧!”

“主公!从前萧何率领众人心甘情愿地跟随刘邦,萧何能够做到,我王伯当也能做到!”王伯当坚定地说。

“主公!我愿和您一起回关中!”

“主公我也愿意!”

“我也愿意!”

……

就这样,李密带着仅剩下的两万余人,一步步地向关中走去。他相信,在那里他依然会大展宏图。但是,他万万没有想到,去往关中的道路却是一条不归之路。

失意

武德元年(618年)十月,李密带领两万人马来到了长安。他的心情是阴郁的,在李密的设想中,进入长安本不应该是这种方式。

李渊得到李密前来投靠的消息后,第一反应是——兴奋。

李渊明白,李密不是一个普通的投靠者,作为瓦岗军的最高军事统帅,在他最兴盛的时候,手下有百万之众,可以说在当时来讲,瓦岗军是所有反隋势力中实力最为强劲的,也就是说李密是当时最有实力夺取天下的人。

如今在其穷途末路之际,居然来投奔自己,这是十分具有象征意义的,这意味着李密投靠谁,谁就是最有希望夺取天下的人。

而且,山东地区现在还有他的手下,例如徐世勣;李密来投靠,可以说为新建立的大唐王朝带来许多人才资源,相对于李密来讲,李渊更加看重李密手下的那些人才。

李渊的第二个反应是——疑虑。

曾经是瓦岗军的最高统帅,如今来到关中投奔自己,时间长了,李密真的会甘心屈居自己之下吗?由俭入奢易,由奢入俭实在是很难。而且李密和李渊一样,都是野心大大的,李密可以铲除翟让,为什么就不能铲除李渊?

最关键的一个问题是,如何安置李密?这是个很棘手的问题。

以李密的才能来看,做宰相是绰绰有余的。但是,对于李渊来讲,这是不可能的,如果李密做了宰相,相信用不了多长时间李渊就会成为第二个翟让。

如果不重用呢?给个虚职什么的,不就完了吗?李渊当然想这么做,问题是时间长了,李密的心理会平衡吗?千万不要忘记,李密还有一大批手下。

兴奋加上疑虑,这就是李渊现在的全部感受。

当然人家来投靠,总不能把人家轰走,毕竟两个人曾经有过合作,如果没有李密在东部死死地拖住隋军,相信李渊也不会那么顺利地到达长安。何况李密和李渊五百年前是一家嘛。

这个本家大弟,李渊必须见。只是见面的时候,难免会有些尴尬。

李渊在长安接见了李密。

真想象不出,见面的一刹那,这两个人该是什么样的表情。曾经称兄道弟的两个人,如今已是君臣之分了。该说些什么呢?尴尬自然在李密这一边。想起从前在信中表现出的傲慢态度,俨然以天下盟主自居,还说等天下平定后,要给李渊记头等功。现在看来,似乎一切都反了过来。

谦虚使人进步,骄傲使人落后这句话真的很有道理。

李密羞愧得恨不得找个地缝钻进去。

"臣李密参见皇上!"李密只身跪了下去。下边的话,他实在不知道该说些什么。

尴尬只能由李渊热情的接待和亲切的问候来打破,"哎呀!玄邃(李密的字)啊!快起来!我总算把你给盼来了啊!别来无恙乎?"李渊一边说着一边握住李密的手。

"唉!我败于王世充之手,如今走投无路,恳请皇上能够收留我!"成者为王,败者为寇,曾经不可一世的李密,现在也必须低头。

"哪里!哪里!你能来我这,那是我的荣幸啊!只要你愿意待在关中,这就是你的家!"李渊肯定地说。

"多谢皇上!我今后愿效犬马之劳……"

"咳!玄邃说的哪里话啊?要是没有你,我能就这么轻易地进长安?哈哈哈!"

到现在为止,李渊还在继续吹捧李密,只是这次吹捧的意义已经完全不同,吹捧李密等于是抬高自己。这就是老谋深算的政治家。

李渊的热情接待,令李密一扫多日来的阴霾情绪。他相信这位本家大哥一定不会亏待自己,他甚至认为自己应该早些来到长安。

实事求是地讲,李渊对待李密还是很不错的,不分君臣之礼,而且将自己的表妹嫁给了李密,封给李密的官职是光禄卿、上柱国,赐爵邢国公。但是,在李密看来,这简直是让自己难堪。

光禄卿是个什么官职?掌管宫廷伙食的官,和当年孙悟空的弼马温的官职平起平坐。以李密的才能,担任如此官职,简直是用大炮打蚊子。

其实,李密应该明白,作为一方的霸主,他拥有的力量不是一个普通的官员和将领所能比拟的。换句话说,对于新生的大唐王朝来讲,李密可能起到推动作用,同时也极具杀伤力,李渊对此,必须防备,所以最初的时候,不可能重用李密。

但是,正所谓江山易改,本性难移!在骨子里李密还是那个高傲自负的李密,没有任何的改变。所以很快,失落感就悄悄地涌上李密的心头。最令李密不能容忍的是,那些位高权重者,居然向他索取贿赂。对于索贿者,李密是不买账的。我做瓦岗主帅时,不知有多少人想要巴结我。现在你们这些人居然想让我行贿,两个字——姥姥!

不可否认,李密有谋略、有才能,可是比起李渊来,他缺少的是政治经验,大家想一想当年李渊是怎么贿赂那个专使的。而李密却看不透官场人心,当初他没有选择东山再起,如今又不愿默默无闻,这就注定了他悲剧的结局。

此刻,在他的脑海里开始萌生了反唐的念头。李密彻底下定决心反唐,是因为一件事情:徐世勣降唐。

当初李密因为猜忌、隔阂等种种原因,没有去黎阳投靠徐世勣,而是来到关中投靠李渊,但在唐朝人看来徐世勣还是李密的部下,而且黎阳粮食充裕,战略地位十分重要,所以李渊决定招降徐世勣。

当时跟随李密一起降唐的魏征,主动承担了这个任务。在魏征的努力下,徐世勣表示愿意降唐。但是,在具体的操作方法上,徐世勣要了个手腕,他把黎阳的土地人口册献给了李密,然后以李密的名义再上交给李渊。

徐世勣的这个做法,是想为自己捞取一个忠君的名声,毕竟自己还是李密的手下。他明白以李渊招贤纳士的秉性,这比捞取个一官半职要值得。同时这样做也会让李密很有面子。他的这个做法,得到了李渊的肯定,李渊给了他很高的封赏和荣誉,并且赐姓"李",改名李世勣。

李世勣万万没有想到,他的这个做法会把李密推向深渊。因为他献土地人口册给李密,意味着还是把李密当作唯一的首领,而且当时在山东地区和李世勣一样的大大小小的瓦岗头领还有很多,在李渊看来,这些人如果都把李密视为唯一的首领,即使以后都归降了唐朝,也是不稳定因素。

李密的势力实在过于强大,李渊越发感觉到李密是埋藏在自己身边的一颗定时炸弹。自此,李渊开始处处排挤李密,不排除那些向李密索贿者,就是李渊安排的。

处处遭受排挤,使李密的心情一落千丈,又想起自己曾经的部下李世勣如今被李渊争取了过去,李密的不平衡达到了极点。

选择沉默吗?不!那当然不是李密的性格。不在沉默中爆发,就在沉默中死亡。经过一番激烈的思想斗争,李密决定反叛。

当然,自己身处长安之中,反叛是绝没有希望的。为此,李密想出了一个金蝉脱壳的妙计。

一天,在上朝的时候,李密对李渊说了一番话:“皇上!臣等在长安未建寸功,内心实在是过意不去,如今山东地区有很多臣的老部下,臣恳请皇上让臣前往山东,去招抚这些人,让他们归降我大唐,一展我大唐国威!”李渊的反应是——同意。没有丝毫的犹豫。

难道说李渊就这么轻易地相信李密的话吗?李密想反叛的念头,李渊知道吗?我觉得,应该有所察觉,但没有证据。

所以这次李密恳请前往山东,李渊是以不变应万变,李渊也知道以李密心高气傲的秉性,是不会久居人下的,这次出使山东,恐怕是一去不复返。

天要下雨,娘要嫁人,由他去吧!

圈套

武德元年(618年)十一月二十九日,李密再次整装出发,前往山东。

也许是李渊已经预料到李密即将反叛,临走之前,李渊对李密语重心长地说:“玄邃此去山东,希望能够建功立业,大丈夫一言既出,驷马难追。虽然曾经有人在我面前说过你的坏话,叫我不要派你去山东,但是朕真心对待兄弟,别人是不能离间咱们的!”应该说李渊的这番话很真诚,为了表达对李密的信任,李渊还让王伯当和李密同行。但同时这番话也是警告。可惜,李密很不真诚。他只说了一句话:我速去速归!

想忽悠李渊,三十七岁的李密实在太嫩。望着李密远去的背影,李渊不禁轻轻地叹了口气。针对李密的第一个考验就此开始。

李密刚刚走到华州,忽然接到李渊的命令,要他把一半人马留在华州。这个是考验李密是否有异心,如果有异心的话,李密自然不肯放弃那一半人马。可惜,李密没有经受住第一个考验,他留下的那一半人马都是李渊的亲信。

没关系,李密还有第二次机会。

走到稠桑时,李密又接到李渊的命令,让其部队慢行,李密一个人回长安,接受新的安排。这个考验显然比第一个考验更加艰难。

回去那就不是李密的性格了,不回去你就上当了,李密的心里开始敲起了小鼓。

为什么让我一个人回去?难道李渊知道我要反叛了吗?不!不可能!如果他知道,是绝对不可能放我出长安的,李密开始迷惑了。李密正在一步一步地走进李渊布下的迷阵。

稠桑的前方就是桃林县,再往前就出了关中的地界,为什么偏偏在这个时候,李渊招李密独自回去？李渊的葫芦里究竟卖的什么药？答案是,虽然让你看见造反的希望,但是你的一切还都在我的掌控中。

桃林是个很关键的位置,在这个地方召回李密,李密如果想反叛,自然是信心百倍,因为往前一步,就出了关中地界,只要出了关中,李密就成了龙归大海。

但是,桃林距离熊州很近,李密如果白天造反,熊州的守军晚上就会到达桃林,也就是说,李密还在李渊的手掌心里。

李密当机立断,反了！李密的心中,对自己始终是充满信心的,他坚信这一次只要走出关中,自己还是那个威震四方的瓦岗之主。

事实上,李密还有第三次机会,这个机会不是李渊给他的,而是部将贾闰甫给他的。这个机会是考验李密的性格。

李密造反的决定,遭到了贾闰甫的强烈反对。

“主公啊！你现在不再是从前的瓦岗之主了,当初你杀了翟让,人人在背后都说你忘恩负义,即使你现在出了关中,也没有人会真心和你合作的,他们会担心自己和翟让的下场一样,主公你要三思啊！”贾闰甫说完,泪流满面。说句心里话,李密到了这个份上,还能有王伯当和贾闰甫这样的铁杆跟随他,我很是羡慕他。在这个世界上,当你落难的时候,还能够始终如一地对待你的人,似乎已经不多了。所以,我们每个人都应该珍惜在患难之中得来的那份交情。如果有一天,你飞黄腾达了,请你千万不要忘记当初的患难之交,因为他们曾经给予你坚强的勇气,所以才让你走到了今天。

可惜的是,李密现在已经完全失去了理智,也许是在长安的生活使他备受压抑,也许是贾闰甫的话刺痛了他那颗易碎的心,总之一句话,李密完全听不进去。不仅听不进去,李密认为贾闰甫已经背叛了他,居然要拔刀杀了他,幸亏王伯当反应快,及时按住了李密。

就此告别吧,曾经的友谊,如今已经支离破碎,还等什么呢？快步离开要紧！就这样,贾闰甫逃到了熊州,他将李密反叛的消息告诉了熊州守将史万宝。

李密就这样错过了第三次活命的机会,他终究没有逃出自身的局限。

十二月三十日清晨,当人们都沉浸在新年的喜悦氛围中时,李密和王伯当带着几十名士兵冲进了桃林县衙,乘县官没有防备时,突然发动袭击,端了整个县衙。至此,李密和唐朝彻底决裂。

李密占领桃林县后,派人给旧将尹州刺史张善相送信,要他派兵接应。同时,为了防止李渊援军的到来,到处散布准备进军洛州的谣言,从而迷惑李渊。

但是,他的计划,终究没能瞒住一个人,这个人的名字叫盛彦师。盛彦师当时是熊州守将史万宝的副将。这个人最大的特点是——逆向思维+贼大胆。

熊州距离李密最近,理所当然应该去平叛,可是当史万宝知道李密反叛的消息后,这个熊州守将在第一时间表现出了十足的熊样。

他嘬着牙花对盛彦师说："李密是个厉害角色，又有王伯当辅助，现在决定反叛了，而且手下的将士都迫切地想回到东部，咱们如果没有个平叛的万全之策，就不能草率地行事啊！"这些话，纯粹是灭自己威风，长他人志气。还好，他手下有盛彦师这么个贼大胆。

"李密算什么？他要是厉害角色，还能投降皇上？请将军给我几千人，我一定能把李密的人头带回来。"

听完盛彦师的话，史万宝觉得很好笑。盛彦师你是不是今天吃了大力丸啊？

"哦？盛将军你可有良策？"史万宝问道。

"兵者，诡道也！不可细说！"盛彦师说得面不改色，心不跳。

不可细说？你小子忽悠我啊？好！拨给你几千人，看你怎么把李密的人头带回来，你带不回李密的人头，我就砍了你的人头！

盛彦师就这样得到了仅有的几千人马。其实，这已经足够了。

下一步，该如何对付李密呢？此时，盛彦师的逆向思维，使他果断地判断出，李密不可能去洛州。

是的，李密在洛州有什么呢？如果去洛州，他为什么又要让张善相派兵接应呢？李密现在急需的是救兵，而不是城池。答案只有一个：李密明修栈道，暗度陈仓。

想到这里，盛彦师率领人马急速地向熊耳山飞驰而去。李密去找张善相，熊耳山是必经之路。盛彦师的设想是，在熊耳山伏击李密。

"弓弩手听令！"

"在！"

"你等埋伏在山谷高处，等李密的人马走到一半时，万箭齐发！"

"是！"

"刀盾手听令！"

"在！"

"你等随我埋伏在山谷隐蔽处，等弓箭手放完箭，尔等随我一起杀出！"

"是！"

"此战必胜！不胜则死！"

"不胜则死！"

霎时间，整个声音响彻山谷。

李密！你来吧，这里将是你的葬身之处！

最终的结局

当李密带领人马来到熊耳山谷口时，他停下了脚步。熊耳山虽不高，却很陡峭。“过了熊耳山，我们就能和张善相的人马会合了。”李密终于看到了希望。他相信只要翻过这座山，自己还会是从前的李密，一切都可以重来。

是的，现在只有这一座山。

“弟兄们，再坚持一下，等过了这座山，我们就彻底地自由了！”

“誓死追随魏公！”

“好！进山！”

此刻，李密没有想到，进了这座山，他就再也不会出来。

李密的结局是悲惨的，最终被盛彦师的刀盾手砍下了脑袋，王伯当也和他一同战死。盛彦师将李密的首级送到长安，得到了李渊的重赏。

该怎么对待李密的首级呢？李渊忽然想到了李密的老部下——身在黎阳的李世勣。还是送到黎阳吧，相信在那里，李密一定会受到隆重的吊唁。

事实上，确实如此。出于对李密的尊重，李世勣按照君臣之礼，厚葬了李密。史书记载：“哭多呕血者！”自此之后，那个曾经带领瓦岗军驰骋于疆场的李密，彻底地在人间消失。

李密的故事虽然结束了，但是关于李密的话题，千百年来却一直没有终结。

在隋末农民大起义的浪潮中，李密是第一个鲜明打出反隋大旗，提出建立新王朝口号的，他才略不凡，眼光准确，领导瓦岗军逐鹿中原，给腐朽的隋朝统治以沉重打击。

但是，在那个乱世中，对于求生存求发展的英雄来说，除有勇气之外，还要有成就伟业的果敢，可惜李密在某些关键时刻太犹豫太迟疑，要知道一个小小的失误，就会导致满盘皆输，何况他还有无法克服的先天弱点！

李密的成功源于山东豪杰和关陇集团的联合，他的失败也是由于两大势力的分裂。也许，命运如此，注定了李密就像一只独翅的小鸟，虽然奋力地想飞上高空，最后还是狠狠地摔在地上。

《旧唐书·李密传》最后评价他：乌阳既升，爝火不息。狂哉李密，始乱终逆。

好了，关于李密，就写到这吧。

第十二章
西凉战事

计划

李密的死对于李渊来讲其实是解除了一种威胁，如果李密不死，瓦岗军迟早有一天会和唐军在战场一决雌雄。现在好了，一切都可以避免了。李渊心里自然乐开了花。

但是，眼下还不是狂欢的时候，要知道在李渊的周围，对手还有很多。凉州的李轨，马邑的刘武周，洛阳的王世充，河北的窦建德，江淮的杜伏威，江南的萧铣……这些人都时时威胁着新生的大唐帝国。

李渊要想坐稳皇位，这些人必须全部解决掉。正所谓：天无二日，国无二主。当然，李渊也明白，饭要一口一口地吃，字要一个一个地写，人要一个一个地除。

该先从哪一个下手呢？李轨吧。

思考

李渊决定首先对李轨下手，是有很深的思考的。

在当时来讲，李渊要想“解放”全国，首先必须走出关中，向关东进军，解决刘武周、王世充、窦建德三大军事集团，在这个过程中，唐朝要确保身后无事端，否则的话，如果陷入两线作战，麻烦可就大了。

以前,唐朝的身后是西秦薛举,可随着薛举的平定,薛举身后的李轨就和李渊成了邻居。虽然李轨在唐朝平定薛举的过程中,给予了强有力的支持,但是大家都明白,那也是为了自身的利益,对于皇帝的宝座,谁都有觊觎之心。

一旦李渊出兵关东,李轨趁此机会从身后拍上黑砖,情况那是相当不妙,李渊可不想被李轨、王世充和窦建德等人做了汉堡包。说得简单点,长安虽然是个好地方,但现在是深陷重围之中,必须杀出条血路,才有生存的余地。

那就从李轨开始吧。虽然我们之间有过良好的合作,但是没有永远的敌人,也没有永远的朋友。从现在开始,你就是我的敌人。

战略方针已经定下,接下来就是怎样实施的问题。

虽然李渊最初想派出自己的王牌战将李世民领兵前去平定李轨,但是长安距离凉州实在是太远,中间高山叠叠,峻岭重重,军队的供给十分困难。所以,李渊决定采用智取。有这个想法,是因为李轨的内部有很多不稳定的因素。

李轨这个人有个最大的爱好——迷信。

当时他手下有个巫师说上天要遣玉女从天降,李轨信以为真,就让手下人征兵花费巨资修建了一个玉女台。本来凉州就是个穷地方,结果发生了饥荒,李轨准备开仓赈济灾民,却遭到了手下人的反对,他们的理由很简单:老百姓都是弱者,而军队才是国家的根基,把粮食都给老百姓了,军队的士兵吃什么?简直是混蛋逻辑!

就是这样一个很混蛋的建议,李轨居然接受了。这样一来,就引起了老百姓的极大愤慨。当官不为民做主,不如回家卖红薯。李轨的内部不稳定,给了李渊机会。李渊决定派人前去搅局。派谁去呢?这个人在凉州必须有背景,还要有见机行事的能力,这样的人选真是不好找。

就在李渊一筹莫展的时候,有一个人主动上书请求去凉州。这个人实在太合适了,他的名字叫安兴贵。

安兴贵的策略

安兴贵祖居凉州,是个胡人,在唐朝这块地盘上,实在是个小人物。

但是,千万不要鄙视小人物,当初要不是小于廉那泡尿,布鲁塞尔就会淹没在火海中。小人物也能够办大事情!安兴贵就是个能办大事情的小人物。他主动申请去凉州,是因为他的弟弟安修仁是李轨手下的宠臣。

俗话说:朝中有人好做官。我要说:内部有人好搅局。

李渊接到安兴贵的上书后,在第一时间召见了他。

"爱卿主动要求前往凉州,勇气可嘉啊!"李渊首先进行了表扬。

"微臣愿为皇上分忧!"

“嗯！好！可是你要知道李轨占据凉州，已成气候，你独身前往，这个……朕怕你有什么闪失啊！”李渊这句话说得很有技巧，明明是不信任，却说成担心对方的安危。

安兴贵当然听得出李渊话中的含意，他微笑着说：“臣家久居凉州，颇有声望，我的弟弟安修仁深得李轨信任，而且族中有很多人掌握军队，请皇上放心！”

“哦！卿能不能具体说说有什么良策吗？”李渊毕竟老谋深算。即使是忽悠我也要忽悠出个具体内容。

安兴贵的回答只有两个字：“招抚！”

“招抚不成呢？”

“兴我族兵，灭之！”

话外之音

武德二年(619年)三月十日，安兴贵顺利到达凉州。很快，凭着弟弟安修仁的关系，他得到了一个左右卫大将军的职位。

对于安兴贵的到来，李轨的内心其实很复杂。一方面，安兴贵是自己的宠臣安修仁的哥哥，前来投奔自己，至少说明自己是很有实力的；另一方面，安兴贵毕竟是从唐朝阵营过来的人，他来这的目的究竟是什么，李轨心里很没底。

为了摸清安兴贵的真实目的，李轨决定找个机会试探一下安兴贵。在一次晚宴过后，李轨留下了安兴贵，两个人做了一番长谈。与其说是谈话，不如说双方比拼智商。

“爱卿来到这里，朕甚感欣慰啊！”李轨的开场白很俗套。

“蒙皇上厚爱，臣愿为皇上分忧！”

“爱卿从长安那边来到这里，你觉得长安和凉州哪个地方更好？”李轨的试探就此开始。

安兴贵是个聪明人，他觉得这是一个招抚李轨的绝好机会，于是开口说：“凉州是个好地方，马匹甚多，陛下手中又有雄兵无数，所以微臣才来到这里。”这句话，是句地地道道的空话。马匹甚多，就证明凉州是个好地方？不过，安兴贵的回答倒也没有什么漏洞。

“哦！爱卿觉得，今后朕该如何治理凉州呢？”李轨问道。

“这个……”

“爱卿但讲无妨！”

“臣不敢讲！”

“赦你无罪，讲吧！”

机会终于来了！

“臣觉得，凉州虽然是个好地方，但是毕竟土地贫瘠，而且又地处偏远，现在百姓又贫困，如果长此以往，臣恐怕前景不妙啊！”安兴贵说完，抬头瞄了一眼李轨，他发现李轨的脸色有些难看。

“我知道你没有说完，继续说下去！”李轨的声音倒是很平和。

此时，安兴贵的心里敲起了小鼓，究竟该不该说出下面的话？安兴贵实在不愿意放弃这个招抚李轨的机会，但是如果说出下面的话，究竟会是什么结果，安兴贵心里实在没底。刹那，安兴贵的额头上冒出了冷汗。

李轨实在是个老油条！

最终，安兴贵还是鼓足勇气说出了长时间以来最想说的那些话，因为李轨说过，赦他无罪。

“大唐现在已经控制了关中地区，早晚会统一天下，这是大势所趋，不可违抗，臣觉得陛下应该归顺大唐，否则前途黯淡！”说出来心里痛快，爱咋咋地！

安兴贵本以为李轨会大发雷霆，没想到李轨忽然笑了。李轨缓缓地走到安兴贵身前，用一双冰冷的眼睛看着他。

“爱卿是不是来给李渊做说客的啊？想劝我投降？”

接下来该如何应对，这对安兴贵来讲是个考验。

“呵呵，陛下要是这么认为我也没有办法，不过我知道一个人要是发达了，就应该回归故里，如果不回故乡，心里就不会踏实，正所谓‘荣归故里’，至于降唐嘛，就算我是李渊的说客，陛下认为我能说动您吗？”好个安兴贵！你把球传给我，我再回传给你。

李轨看着安兴贵，眼睛射出了一道精光：“今后再言降唐，定斩不赦！”

谈话到此结束，双方就此决裂！

李轨的破绽

“招抚不成呢？”

“兴我族兵，灭之！”

安兴贵始终没有忘记来到凉州的使命。

李轨，从现在开始，即使你想投降唐朝，都不会有机会了。安兴贵决定实施第二方案。第二方案要想顺利实施，必须得到他的弟弟安修仁的支持，因为安修仁掌控着少数部族的大量军队。

安修仁是李轨的宠臣，难道仅仅凭着哥哥的一番忽悠，就起兵造反？要知道，谁也不愿意放弃稳定的公务员工作，去干造反的买卖。但是，最终的结果却是安修仁同意了哥哥的主张。

难道，安修仁的脑袋里进了水？答案当然是否定的。安修仁决定起兵造反是因为一个人的存在对他造成了潜在的威胁。这个人就是李轨的儿子——李仲琰。

很长时间以来，李仲琰对安修仁一直是怀恨在心。这是为什么？因为安修仁逼死了李仲琰的亲信——吏部尚书梁硕。

当初李轨的势力发展壮大后，手下的少数民族部落很是强大，对于这样一股势力，梁硕多次劝李轨要多加提防，因为在梁硕的头脑里始终存在一个概念——非我族类，其心必异！

其实在我看来，同我族类，其心未必同。最重要的是看你怎么去对待人家，我相信只要你用真诚去对待每一个人，换回来的一定也是真诚。

梁硕排挤少数部族，那么身为胡人的安修仁就理所当然地受到排挤，所以两个人处处作对。作对到什么程度？都想置对方于死地。

最终还是安修仁技高一筹，诬告梁硕谋反，结果梁硕被李轨用毒酒杀死。表面看起来，这好像是两个大臣之间的矛盾。其实，这是一场凶险十足的政治斗争。只有一个原因，那就是梁硕的身份——太子党！

安修仁状告梁硕谋反，身为太子的李仲琰会是什么感受？而结果是梁硕被李轨毒杀，李仲琰又是什么感受？在他看来，这是他老爹敲山震虎的一招。小子，你给我老实点，我还活着呢！

安修仁在无意之间，得罪了太子，对于他来讲等于把定时炸弹装进了自己的口袋。

李仲琰把安修仁恨到骨头缝里去了。现在李轨在位，安修仁暂时不会有什么危险，一旦李轨升了天，李仲琰当了皇帝，到时安修仁会是个什么下场，相信不用说大家也能猜出来。

所以，当安兴贵将起兵造反的计划告诉安修仁时，安修仁权衡再三决定和哥哥一起干这桩造反的买卖。这不是为了什么国家民族大义，只是为了自己的切身利益。

李轨，我很感谢你对我的信任，但是我想得到的，是在一个稳定的环境里实现自己的价值。很抱歉！我的这个愿望，在你这里终究实现不了！

突袭

三月二十日，安氏兄弟联合其他少数部族共计三千余人，以迅雷不及掩耳之势包围了李轨所在的武威城。这个突发事件，让李轨顿时慌了手脚。身在内宫之中的他，此刻还不知道是安氏兄弟在造反。

李轨虽然拥兵十万余人，但是大部分人马全都驻扎在边境，武威城中只有守城兵士一千余人。李轨也只好带着这一千多个弟兄硬着头皮往前冲了。

当李轨来到武威城外,看到安氏兄弟的那一刹那,顿时火冒三丈。两个吃里扒外的东西,没想到养了两个白眼狼!家贼难防啊!

"安修仁!朕待你不薄,你为什么要这样做?"李轨高声喊道。

没等安修仁开口,安兴贵拱手一揖,开口说道:"陛下对我胡人暗中提防,生怕我胡人部落抢了你的地盘,其实我们也怕啊!"

"你们怕什么?"

"被吃掉啊!"

"一派胡言!安兴贵!朕要是知道今日如此,那天就应该杀了你!"李轨愤怒到了极点。

"少废话!李轨你言而无信,还有种说人家!"就在李轨和安兴贵对话的时候,一个声音在李轨的阵中突然响起。说话的人,名字叫作奚道宜。

听到这个声音,李轨很纳闷。

就在他愣神的一刹那,奚道宜带着手下人已经向他冲了过来。典型的临阵倒戈!

奚道宜是羌人,曾经是薛举的手下,西秦灭亡后,就带着几百号弟兄投降了李轨。李轨本来答应给他个刺史的官做,可后来不知为什么,李轨又反悔了。也许因为奚道宜是少数部族,李轨对他也是多加防范,一句话——可用但不可重用。总之,奚道宜在李轨的手下日子过得并不舒服,再加上待遇低,时间一长,奚道宜的心理开始严重不平衡。

心理不平衡的最极端的外部表现形式就是——暴力反抗。所以这一次,奚道宜借着安氏兄弟造反的机会,充分发扬"墙倒众人推,破鼓万人捶"的精神,来了个内部反水。

李轨做梦也没想到,奚道宜会临阵倒戈。他更没想到,奚道宜冲上来的工夫,安氏兄弟也一并向自己冲过来。

事情怎么会弄成这样?昨天还是高高在上,今天却成了过街老鼠。面对挥舞的砍刀,李轨实在没有仔细思考的时间。抄家伙,拼了!

就这样,几千号人在武威城外,打成了一锅粥。胡兵善于骑射,李轨手下的一千多人渐渐地顶不住了。李轨且战且退,眼看手下的弟兄一个个地被胡兵砍倒,李轨大喊一声:"快去搬救兵来!"然后就撤进了武威城。

"关紧城门!坚守城池!"

李轨的想法是好的,行动也是迅速的,可惜随着安兴贵的一句话,所有的努力都成了泡影。

"大唐使我来杀李轨,不从者诛及三族!"

哦!原来如此!我说人家安氏兄弟为什么敢造反,原来有大唐在背后撑腰啊。别撑着了老弟,投降吧。

嗯!凉州这个穷地方实在没什么值得留恋,投降!

就这样,李轨手下的很多人偷偷地跑出来向安氏兄弟投降,身在武威城中的李轨逐渐地变成了光杆司令。

人心去矣,天亡我乎? 不,李轨,至少还有那个玉女台陪伴着你啊!

穷途末路

玉女下凡了吗? 没有。

什么时候下凡? 不知道。

李轨没等来玉女,却等来了几千号造反的人。

“人心去矣,天亡我乎?”李轨的口中始终重复着这句话。

也许去搬救兵的人,早已经被城外的胡兵杀掉了。看着周围一个又一个人离他而去,李轨的心情落寞到了极点。深陷困境并不悲哀,悲哀的是就此意志消沉。

于是,伴随着城外胡兵的叫嚣声,李轨领着他的妻子,走上了那个曾经带给他无限希望的玉女台。妻子也是现在陪伴在他身旁唯一的人。

在玉女台上,妻子为他斟满了酒,李轨一饮而尽。一杯接着一杯,今朝有酒今朝醉吧。

“爱妃,你后悔跟着我吗?”

“不! 在我的眼中,你永远都是那个成就伟业的大丈夫!”

李轨轻轻地抚摸着妻子的面庞,他实在不忍心让这个柔弱的女子和自己一起忍受屈辱,就缓缓地说道:“你走吧,找个好人家,去过普通人的日子吧。”

“不! 我不走。你是我的丈夫,即使所有的人都背叛你,我也会在你的身边!”

这就已经足够了,李轨至此终于找到了他人生的支撑点。在李轨的一生中,妻子是唯一自始至终欣赏他的人,只是他却没有给她一个可以依靠终生的臂膀。

都说夫妻本是同林鸟,大难临头各自飞。我要说:世间亦有真情在,患难夫妻见真情。

李轨的事业最终是以悲剧收场,可在情感领域,他是一个伟大的胜利者。

武德二年(619 年)四月,李轨被安氏兄弟押送到了长安。李渊对这个从弟,并没有手下留情。三天后,李轨和他的妻子一同被处斩。

从最初起兵一直到现在,李轨三年的帝王梦想,就此破灭。

第十三章
刘文静案件

山西危急

随着西秦、西凉的逐渐平定,唐朝的后方算是基本上稳定了。

但是,就在唐朝内部欢庆西凉大捷时,一块板砖突然向唐朝飞来。这块板砖的名字叫刘武周。很长时间以来,刘武周身在马邑,却心在太原,总想找个机会侵占太原,然后图谋天下。他最终等来了这个机会。这个机会是突厥人给他的。

当时,突厥的始毕可汗为了向唐朝索贡,率大军渡过黄河,联合刘武周、梁师都两大势力,向太原进逼。可是就在这个时候,也许是因为劳累过度,或者其他的原因,始毕可汗突然去世,他的弟弟处罗可汗继位。

由于刚刚即位,不宜兴兵,所以处罗可汗就将其部队分给刘武周一部分,让他继续向太原施压。四月十八日,刘武周率领大军包围晋阳。驻守晋阳的,是李渊的第四子——齐王李元吉。

李元吉是个什么样的人呢?一个十足的混蛋。这位仁兄有个最大的爱好——打猎。关于打猎,他有句名言:“我宁三日不食,不可一日不猎。”

如果说仅仅喜好打猎,似乎也还说得过去,但是喜欢玩杀人游戏就有些过分了。这位仁兄经常召集手下的士兵、奴婢等人玩些真刀真枪的军事演习,看着两边的人互相砍杀,尤其是砍得血肉横飞的时候,李元吉是最高兴的。

我很怀疑这个人是不是有些心理变态?他的奶奶劝他多多勤于政事,这位仁兄非但不听，在一次酒醉后，竟然将奶妈活活打死！如果他不是李渊的儿子，也许早就被处死了。

这样的一个凶狠残暴、横行霸道的纨绔子弟，晋阳在他手里实在令人不放心。刘武周包围晋阳后，虽然李元吉也组织了有效的抵抗，但是太原地区对于唐朝来讲实在太重要了。

太原是长安的门户，更是李唐皇室的根基所在，一旦太原有失，整个长安就会暴露在敌人的面前。为此，李渊命令太常卿、行军总管李仲文北上增援太原。

面对增援的唐军，刘武周迅速做出反应，对晋阳采取围而不攻的策略，留下手下大将宋金刚率领三万人继续围困晋阳，而自己则率军攻取晋阳周围的地方。

四月三十日，石州陷落！

五月二十日，平遥陷落！

六月十日，介休陷落！

李渊的心情坏到了极点。

自从起兵到定都长安以来，还从没有过如此危急的局势。看来刘武周手中的板砖很是不少，一块块地向李渊飞来，让李渊还真有些吃不消。即使再吃不消，也得吃。

太原现在已然是个烂摊子，但即使是烂摊子，也必须有人去收拾局面。这一次，没等李渊发话，有一个人主动请战。这个人就是裴寂。

裴寂是个文臣，这一次为什么会主动要求到山西前线去呢？其实，他只是想证明给一个人看。这个人就是刘文静。

长久以来，裴寂作为李渊最宠爱的大臣，地位和官职在刘文静之上。同样都是当初晋阳起兵的功臣，为什么现在你的地位就比我高？这很令刘文静不爽。不仅两个人在朝堂不和，刘文静在私底下也总是挤对裴寂，说裴寂就会吃吃喝喝，没有什么真才实学。

刘文静的这番话，传到裴寂的耳朵里，裴寂也只能是牙掉了往肚子里咽。没办法，刘文静从起兵以来，确实立下很多功劳，联合突厥，和李世民平定西秦，虽说有过浅水原之败，但最后总算把西秦平定了。而裴寂有什么功劳呢？

面对刘文静的挤对，裴寂最好的应对方法就是立功。所以，这一次，裴寂主动请求前往太原。

刘文静，你等着！等我打败了刘武周，看你还有什么话说！但是，到了太原，裴寂才明白，打仗这差事，真不是有个脑袋就能干的。

度索原之败

九月初，裴寂率军到达介休。

驻守介休的是宋金刚。面对前来增援的唐军，宋金刚决定据城坚守。这个做法是十分有效的，因为唐军远道而来，后勤补给是个大问题。只要坚守住介休，不让裴寂和李元吉兵合一处，唐军在山西那就是白忙活。事实证明，宋金刚高看了裴寂。

很长时间以来，裴寂作为李渊的宠臣，虽然地位一直很高，但是地位高不一定打仗水平高。准确地说，裴寂的军事水平堪称一个字——菜！

就在宋金刚决定坚守介休时，裴寂将军队驻扎在了一个地方——度索原。度索原是一个非常美丽的地方，也许是因为这里的景色让裴寂十分着迷，所以裴寂才将部队驻扎在这里。但打仗不是旅游。

度索原这个地方有个最大的特点——没水喝。大家想喝水吗？想！嗯，好的，那就请你一溜小跑到几公里外的山涧小溪里去取吧。

很快，宋金刚探听到了这一消息，便派人将小溪的上游堵死了。断了你的水源，看你还能坚持多久。

惨了！这下可惨了！没有饭吃，或许还能顶几天。但是，据科学家考证，人三天不喝水，就会渴死。裴寂实在没有想到，刚到山西就遇到了这么大的麻烦。

“我们都快渴死啦！”

“赶快转移吧！”

“是啊！是啊！再不转移老子不干了，回家种地去！”

……

即使裴寂再不懂军事，他也明白军心是不能涣散的，更何况现在山西的问题不是一时就能解决的，自己军队的内部要是出现了问题，那就等于帮了刘武周的大忙。所以，权衡再三，裴寂决定迅速转移。

但是，裴寂就连转移部队的功夫都是相当地差劲，他居然没有留下殿后的部队，提防宋金刚偷袭，结果被宋金刚钻了个空子，从背后拍了黑砖。

当年马谡被围时，还喊出了“置之死地而后生”的口号，如今裴寂却连喊口号的勇气都没有，宋金刚的部队刚刚冲上来，唐军就在这位仁兄的带领下一触即溃。

关键时刻，裴寂想起了三十六计的最后一计：走为上计。没办法，打不过人家，跑吧！于是，裴寂丢下诸多唐军士兵而不顾，急急如丧家之犬一样地逃到了晋州（今山西临汾）。

裴寂惨败的消息，很快传到了李渊的耳朵里，对于这位自己绝对信任的宠臣,李渊也是很无奈。明明是个文臣,偏要去打仗,还是回来吧。山西的问题不是你所能解决的。有时候,逞强靠的是实力。裴寂你没有这个实力,那就乖乖地待在我的身边吧!

裴寂最终灰头土脸地回到了长安。高调出征,低调败回。

在军事领域,裴寂你永远是裤衩改西装——不够材料。

李渊对这位宠臣还是很宽容的,除训斥他一顿外,没有丝毫的惩罚。但是,李渊对裴寂的宽容,却引来了另一个人的强烈不满。这个人就是刘文静。于是,在唐朝初年,一场惊天谋反大案就此拉开序幕!

性格的缺陷

裴寂的惨败,李渊没有丝毫的惩罚。刘文静上次的浅水原之败,却受到了撤职的处罚。同样是惨败,怎么处理的差距就这么大呢?刘文静百思不得其解。

长久以来,裴寂的地位一直都比刘文静高,同时裴寂也比刘文静更受李渊的宠爱。这也使刘文静心里很不是滋味。

当时,裴寂的官职是左仆射,相当于宰相。刘文静的官职是纳言,相当于部长。李渊可以让裴寂随便躺在自己的龙床上,而刘文静则没有这样的待遇。同样是李渊最初的追随者,为什么裴寂的地位要比我高?

刘文静的功劳确实比裴寂要高,联合突厥,平定薛举,都有刘文静的身影,而裴寂除在起兵之初,捐献过铠甲外,似乎就没有什么功劳了,那为什么裴寂的地位却比刘文静要高呢?原因只有一个——性格。

裴寂的性格很细腻,很会揣摩上司的心思,李渊当初称帝时,就是裴寂带领一干文武群臣拼命地劝谏,而且裴寂还是最初和李渊一起"装蠢"的人。可以说裴寂对于李渊来讲,就好像女儿是妈妈的小棉袄一样。而刘文静就不同了,事实上,刘文静最初也是很受李渊宠信的,但是刘文静的性格有问题,除具有"贼大胆"的品质外,他最大的缺点是恃才傲物。

在看到裴寂一天天地获宠后,刘文静的心理极度不平衡,所以每次朝堂之上,刘文静都会和裴寂作对,甚至搞得裴寂很没面子。这样一来,刘文静固然是满足了自己的虚荣心,但是在李渊的心中,刘文静的位置开始一点点地动摇,在李渊看来裴寂忠厚、老实;而刘文静鲁莽、幼稚。如果你在上司的心目中留下这样一个印象,即使你再能干也是白搭!

我们常说一个人最大的敌人其实就是内心的自己,此时刘文静内心仿佛有一个阻碍他的魔鬼一样,渐渐地,刘文静开始迷失了自己。

醉酒惹的祸

武德二年(619 年)九月的一天,刘文静和他的弟弟刘文起一起喝酒。

喝酒本是件高兴的事,把酒临风,谈古论今。但是,不论做什么事如果过了度,那就有可能变成灾难。就在喝酒过程中,灾难悄悄地降临在了刘文静的头上。也许是因为酒喝得实在太多,也许是因为和裴寂的矛盾令他太过郁闷,刘文静说出了他一生中最不应该说的一句话:“裴寂!你等着!老子早晚要宰了你!”

刘文静说者无心,可在他的身旁还有个侍酒的小妾,这个小妾默默地将刘文静的话记在了心上。这个小妾比较特别,是个失宠的小妾。

刘文静作为一个大男人,不受李渊的宠爱尚且有怨言,更何况一个需要被人关心爱护的女人。

作为一个失宠的女人,除怨恨、不满之外,她的心中一定还会有某种恐惧。这种恐惧常常会使她做出不同寻常的举动,其中之一就是报复。很快,这个小妾将刘文静的话告诉了自己的哥哥,并且让自己的哥哥上书状告刘文静谋反。

也许刘文静的命真的不好,就在这次酒宴过后,刘文静又做了一件他这一生中最不应该做的事——行“厌胜”之法,为自己的家里驱逐妖怪。所谓“厌胜”之法,就是请一个巫师,口中念念有词,为自己除妖驱魔。

这种迷信活动,在当时是被明令禁止的,因为这种所谓的“法术”,有帮人驱魔的,也有借此害人的,究竟是驱魔还是害人,只有那个口中念念有词的巫师知道,而在外人来看是难以判断的,所以出于安全考虑,被明令禁止。

刘文静敢于挑战当朝刑律,可以说是胆大妄为。好了,最不该说的话+最不该做的事,刘文静你的好日子到头了。

当李渊得到刘文静要谋反的消息后,下令成立临时调查小组,迅速调查此事。这个调查小组的成员有三个人:萧瑀、李纲、裴寂。

事实上,这个调查小组的成员安排,有很大的问题。李渊明明知道裴寂和刘文静是死对头,为什么还要派裴寂去调查?难道说,李渊想要故意激怒刘文静,然后置他于死地吗?

问题是,堂堂的大唐皇帝要杀人,有必要费这种周折吗?如果李渊想借口杀掉刘文静,只要安排手下人给刘文静编制个罪名,轻而易举地就可以杀掉,完全不必如此费神。

那么,李渊派裴寂去调查的动机是什么?下面的这个解释,大家可能会很失望。

因为李渊的动机丝毫没有“阴谋”的成分。在李渊看来,裴寂就是自己的代表,裴寂是李渊最宠信的臣子,刘文静曾经是李渊最宠信的臣子,派谁去并不重要,关键是看刘文静的态度如何。那么刘文静究竟是什么态度呢?

下面我们来看一看调查组和刘文静的对话:

“肇仁,你是不是在家里大搞‘厌胜’?”

“是!”

“你是不是说过要杀裴大人?”

“是!”

“你是不是要谋反?”

“我承认我有怨言,我和裴寂都是太原起兵的功臣,我的才能在他之上,我的功劳也比他多,为什么他的地位在我之上,我不服,我没有谋反!”

表面看起来,这番对话似乎没什么问题。但是,如果我们仔细地分析一下,就会发现刘文静的态度很有问题。最大的问题就是,刘文静所说的话将案情引向了另一个方向。

本来,这个案件的导火索是小妾告官,一个失宠的女人状告自己的丈夫,作为朝廷来讲,肯定怀疑其动机,一般情况下,朝廷都是大事化小,小事化了。

而且,谁都知道裴寂和刘文静的矛盾很深,这个案子的关键点在于裴寂处于强势地位,而刘文静处于弱势地位,相信刘文静即使说出要杀裴寂的话,也仅仅是发发牢骚,何况还是酒后说的话。

但前提是刘文静的态度必须坚决,也就是说只要矢口否认一切,这个案子很快就会结束。现在刘文静虽然否认自己谋反,但是承认自己有不满情绪,这个态度就大有深意了。

刘文静的不满情绪来自裴寂比自己受宠,那裴寂的地位是谁给予的呢?答案是——李渊。现在刘文静说自己有不满情绪,那么他的不满情绪仅仅是针对裴寂吗?很明显,刘文静针对的是裴寂身后的李渊。

也就是从这一刻开始,这个案子发生了质的变化!

倾向性

刘文静和小妾的矛盾、和裴寂的矛盾都已经下降到次要地位,现在的主要矛盾变成了刘文静和李渊的矛盾,李渊代表着朝廷,所以这个案子现在的关键点是刘文静和朝廷的矛盾。

刘文静实在想不到,自己的坦诚会使案情变得更复杂。不仅刘文静没有想到,所有的人其实都没有想到,但是只有一个人例外。这个人就是李渊。

当调查组将刘文静的话如实报告给李渊后,李渊的脸色开始阴沉下来。因为他知道,刘文静的话其实针对的是自己。

“你们有什么看法呢?”李渊开始征求调查组成员的意见。

“微臣认为，肇仁不可能谋反！肇仁虽说有些高傲，但是谋反他实在是不敢的！”第一个说话的人是萧瑀。

萧瑀也是李渊非常信任的臣子，他是隋炀帝杨广的小舅子，在隋朝为官时，就经常劝谏杨广爱护百姓，最后弄得杨广心烦意乱，把他贬到了边远山区。唐朝建立后，他投靠了李渊，现在的官职是中书令。

“是啊！微臣也认为肇仁不可能谋反！有怨言不能代表就想谋反，请皇上明察！”紧接着李纲亮明自己的观点。

李纲当时的官职是礼部尚书，同时是东宫的太子詹事。这个人以敢说真话著称，曾经当面斥责过隋文帝杨坚，是个脾气耿直的人。

两个人都说刘文静不可能谋反。以这两个人的人格，李渊对他们的话应该深信不疑。

但是，请注意萧瑀和李纲所说的一切，都是针对原始的案情，显然他们还没有意识到现在案情已经出现了变化。所以，他们的话在李渊看来没有什么实际价值。

“裴寂！你认为呢？”李渊将问题抛给了裴寂。

接下来，裴寂所说的话，对刘文静的前途将是至关重要的！很长时间以来，裴寂一直给人一种老实忠厚的印象。尤其当刘文静向他挑衅的时候，裴寂总是表现出一副很大度的样子。但是，如果仅凭这些，你就真的认为裴寂老实忠厚，那可是大错特错！

事实上，对于刘文静的挑衅，虽然裴寂很想奋起反击，但是裴寂明白，两个人都是朝廷重臣，如果自己和刘文静处处斤斤计较，不仅没有任何好处，相反还会削弱自己在李渊心目中的地位，所以面对刘文静的挑衅，裴寂总是一笑而过。

以退为进，这是裴寂的策略。刘文静任凭你去闹吧，早晚有一天，你会为自己的行为，付出惨痛的代价。

裴寂一直在等待着机会，他相信这个机会一定会到来，而时机一到，只要他祭出撒手锏，刘文静将毫无还手之力。现在，裴寂终于等到了反击刘文静的机会，他岂能白白错过？

所以当李渊征求他的意见时，这位看起来老实忠厚的好人，终于露出了狰狞的面目。他说出了一段对刘文静很具有杀伤力的话：

“肇仁确实很有才略，可这个人有很大的弱点，性格粗鲁，敢于冒险，现在他做出这样的事，看来和他的性格有很大的关系。我觉得他是个危险分子，现在我们四周强敌很多，如果赦免了他，恐怕日后会出大问题。”

这简直是把刘文静往火坑里推。

裴寂这番话的杀伤力在于，指出了“德”与“才”的关系。刘文静很有才，但德行很差，如果德高才差，这个人即使想做坏事也不会成功，所以没有什么威胁。可是，如果才高德差，这种人就是典型的危险分子，因为这种人做好事很出色，同样做起坏事来也不差。

在裴寂的话里，刘文静就是典型的“才高德差”之人。听完裴寂的话后，李渊的眉头紧紧地锁在了一起。现在针对刘文静谋反案，认为刘文静谋反成立的正方代表是裴寂，认为刘文静谋反不成立的反方代表是萧瑀和李纲，一比二。

少数服从多数吗？李渊当然不同意。

事实上，刘文静谋反究竟成立与否，关键要看李渊的态度。李渊当然不愿相信刘文静真的会谋反，作为曾经宠信过的臣子，李渊还是有着很深的感情的。李渊并没有像后来的朱元璋那样，大肆屠杀功臣。但是，作为拥有绝对权力的皇帝，如果真的出现谋反事件，相信任何一个皇帝都不会手下留情。

该怎样处理刘文静呢？李渊陷入了矛盾之中。因为刘文静的身份实在太过特殊，作为太原起兵的第三号开国功臣，刘文静有着很高的威信，如果这个事件处理不好，那带来的负面影响，也许会超出他的想象。

所以，李渊决定再听听一个人的意见，这个人虽然不是本案调查组的成员，但他却是最了解刘文静的人，因为从起兵以来，刘文静一直在他的手下做事。

这个人就是李世民。

结论

在唐朝内部，李世民是最了解刘文静的人。当初刘文静来投奔李渊，他其实看重的是李世民，同时在多年的东征西讨中，两个人建立了深厚的感情，可以说，刘文静是李世民的亲信兼第一副手。

现在这个第一副手遇到了相当大的麻烦，李世民岂能袖手旁观？所以，当李渊征求李世民的看法时，李世民毫不犹豫地力保刘文静。

“当初起兵的事，是肇仁最先提出来的，到了长安后，大大小小的事都由他来处理，而且还和我一起东征西讨，现在说他有怨言是有可能的，但是说他谋反那是绝不可能的事！”

现在比分：一比三！反方扩大领先优势。但是，政治不同于足球比赛，在政治领域有时优势越大，失败得越惨！

事实上，李世民也犯了和萧瑀、李纲同样的错误，都是对衍生出的新案情，视而不见。那么这个新案情究竟是什么呢？我的回答是——威胁皇权。

我们先把刘文静是不是谋反放到一边不谈，我们先来分析一下李世民、萧瑀、李纲的观点。

在这三个人的话语中，都大致表述了同一个意思，那就是承认刘文静确实有怨言，却不同意刘文静谋反。从这三个人的话语中，我们同样也可以听出，他们是反对处置刘文静的。

下面将得出一个很重要的结论，那就是，刘文静可以针对朝廷的事情，发表不同意见，也应该发表不同意见，并且可以不讲方式方法，甚至是口无遮拦地进行表述，大家认为这是很正常的事。

那么请问：朝廷的代表是谁呢？当然是李渊。手下的大臣，可以肆无忌惮地对朝政品头论足，而皇帝，是不是觉得很可怕？如果我是皇帝，我会觉得不寒而栗。最可怕的是，这个肆无忌惮对朝政品头论足的人，还有那么多人支持。

现在我们明白了，李世民、萧瑀、李纲三个人力保刘文静，其实是害了刘文静，因为在李渊看来，刘文静的背后似乎有一股很庞大的势力。这个势力的名字叫作：限权集团，限制皇权的集团！

在这个世界上，把持朝政的只能有一个人，那就是皇帝。皇帝的权力至高无上，决不允许任何人侵犯！对于威胁皇权的人，只有一个字：杀！

综合以上内容，最终得出一个结论：刘文静必死无疑！

隐藏的秘密

武德二年（619年）九月二十日，太原起兵的第三号功臣刘文静和他的弟弟刘文起一起被押赴刑场。

刘文静临死前，抚摸着自己的胸口，说出了他这一生中最后的一句话，这句话也是一句流传了很久的经典：“狡兔死，走狗烹；飞鸟尽，良弓藏！”

然而事实果真如此吗？按照刘文静临死前的说法，李渊等于是屠杀功臣，唐朝的功臣有很多，为什么李渊只杀了刘文静一个人。

除威胁皇权之外，事实上，刘文静被杀还有更深层次的原因，在刘文静案件的背后，还隐藏着一个不为人知的秘密。

这个秘密就藏在李渊的心中。

唐朝之所以能够建立，仅仅依靠李渊的深谋远虑、李世民的能征善战是远远不够的，还需要有一大批追随者，为其拼死效命。我们把这批为唐朝拼死效命的人统称为“太原功臣”。但“太原功臣”实在是个很模糊的概念。

在李渊的心中，一直有一份名单，这份名单上的人物，都是最初追随他的亲密战友，可以说是唐朝建立过程中最有功劳的人，是李渊成就霸业的基础，也是李渊最重要的支持力量。

那么这个名单上都有谁呢？他们是李世民、裴寂、刘文静、长孙顺德、刘弘基、窦琮、柴绍、唐俭、殷开山、刘世龙、刘政会、武士彟。对于这些人，李渊给了他们一个很合适的称谓，叫作“元谋勋效”。

为了表彰这些人，武德元年（618年）八月，李渊特意下达了一份诏书，除确立他们“元谋勋效”的特殊身份之外，还对他们进行了奖励。这个奖励就是授予免死牌。

“免死牌”这玩意儿,如果你真觉得拿到它就可以“免死”的话,那你的死期也就不远了。简单地说,“免死牌”其实就是个荣誉,千万不要拿它太当回事。

李渊给了这些“元谋勋效”们免死的特权,但是请注意,他也仅仅是给了“免死特权”,除此以外,李渊对这些功臣就没有其他的任何表示了。

我仔细查阅了一下武德元年李渊任命中央行政机构(三省六部)的官员名单,在这个名单中,“元谋勋效”中的人占的比例很小,只有殷开山担任吏部侍郎,唐俭担任内史侍郎,而六部尚书竟无一人属于“元谋勋效”。

按照正常逻辑,李渊应该任命这些最信任的“元谋勋效”担任行政职务,奇怪的是,李渊并没有这么做。可以说,在武德初年,这些功臣们完全被排除在国家中央机构之外。

那么我们不禁要问,这些“元谋勋效”当时在做什么?答案很简单,他们充当了唐朝的军事机器,为统一战争四处征讨。李渊这么做,除有当时的形势需要之外,更重要的是因为这些“元谋勋效”们的出身和能力。

如果你仔细地看一下这些人的履历,你就会发现,他们之中的大部分人基本都是武人出身,有的甚至是亡命之徒。不能指望这些人发挥行政才能去治国。这一切,李渊自然心中有数。所以在李渊的心中,对这些“元谋勋效”设置了一个格局,那就是待遇上提高(免死牌),行政上排斥。最根本的目的是限制功臣集团。

以上说了这么多,这和刘文静的死有什么关系?

事实上,当刘文静酒后失言,在家大行“厌胜”的时候,他没有意识到,在李渊看来,刘文静的行为,是对自己的一个挑战。也就是说,刘文静试图打破李渊对“元谋勋效”地位设置的格局。

在刘文静的背后不仅隐藏着限权集团,还隐藏着“功臣集团”的威胁。两大威胁就像两把匕首一样,如果李渊再不采取措施,很快这两把匕首就会插进李渊的胸膛。

刘文静的死,对于功臣集团是个严厉的警告,李渊仿佛在告诉他们,朕给你们的可以拿,朕不给你们的,你们坚决不能拿!于是,很多人就此消沉,只在军事领域做事,决不插手行政事务。

唐朝初年功臣们的集体命运就是这样。

信念

功臣们可以就此消沉,但有一个人虽然也是功臣,却无法就此消沉下去,这个人就是李世民。

刘文静的死,对李世民是个巨大的打击,在李世民看来,刘文静被杀,犹如断臂之痛。同时,李世民也深深地陷入了困惑之中。

谁都知道,刘文静谋反纯粹是子虚乌有的事情,但是为什么父皇执意要将他置于死地呢?即使没有功劳,也有苦劳啊?而且,刘文静是自己的嫡系,即使要杀他,父皇也应该考虑一下自己的感受啊?从起兵以来,自己立有无数的战功,难道这些父皇都视而不见吗?

在李世民的心中,李渊的地位从来都是至高无上的,从小到大,他从来没有怀疑过父亲。可是现在,面对刘文静被杀的事件,他忽然感觉到,父亲并不仅仅是自己想象中那么慈祥、和蔼。在慈祥、和蔼的背后,李世民仿佛看到更多的是一个冷血、残忍的帝王。

没错!李世民你太幼稚了,李渊当了皇帝后,事实上你们除有父子关系之外,还多了一层君臣关系,你作为臣子全然不顾皇帝的感受,力保你自己的嫡系刘文静,皇帝会怎么看你呢?

千万不要忘记,你是"元谋勋效"中名列第一的功臣!

难道……父皇是在警告我吗?会不会有一天我的下场也会像刘文静一样?不!

李世民你不能就此消沉下去,新生的大唐王朝,还需要你去做很多事情,而且你的目标是成就一番惊天动地的伟业。但是,你现在面临着一个很关键的问题,那就是,如何保护自己的安全,如何在自己和父皇之间找到一个平衡点,同时还可以找到一条发展自己事业的道路。

答案很简单:立功。

通过不断地立功,强化自己的地位,树立自己的威信,增强自身的实力,因为只有拥有足够的实力,才能确保自己的安全。

是的,只要让你的父皇认为,你是他身边不可或缺的人;只要让朝廷认为,你是最有价值的人,李世民你的地位就会有保障。

那就从现在开始吧。我会靠自己的实力,继续立下战功,我会靠自己的毅力,小心翼翼地前进。同时,我也会用我特有的方法,让父皇你认识到,靠杀戮强化皇权,是错误的。

此刻,李世民的内心是充满矛盾的,在这种矛盾中,他忽然找到了自己未来的道路,如果说曾经的李世民只是一个驰骋于疆场的名将,那么现在的李世民已经脱胎换骨地成为一个深谋远虑的政治家。

就在这种内心的矛盾中,李世民继续整装出发。因为,此刻山西的形势急转直下。

就在刘文静案件发生的同时,山西的最后一座城池太原陷落,齐王李元吉仓皇逃回长安,山西全面落入刘武周之手。刘武周的大军,很快就会逼向长安。

李世民,现在摆在你面前的,就是一个很好的立功机会。

坚定信念

武德二年(619 年)十月,长安长春宫(今陕西大荔县)。

此刻,李世民坐在自己的房间里,还在回想着刘文静被杀的事件,转眼间一个多月过去了,李世民的心情逐渐地平复了一些。

过去的事情,就让它过去吧,何况刘武周现在闹得很凶,李世民的心里也是无比地焦急!

对于山西的局势,李渊没有明确究竟派谁去收拾烂摊子,按照以往的惯例,第一人选应该是李世民。奇怪的是,直到现在为止,李渊也没有下达让李世民出征的命令。这真是让人费解。难道,李渊的手里已经有了合适的人选?

"报秦王! 内史侍郎唐俭求见!"侍卫的话将李世民的思绪拉回到了现实之中。

唐俭自从起兵以来,一直待在李渊的身边,是李渊的嫡系,也是"元谋勋效"中少有的被任命的行政官员,更是唐朝行政中枢机构的高官,可见李渊对唐俭的信任程度。

"臣唐俭参见秦王殿下!"见到秦王殿下,任你再大的官,也得毕恭毕敬。

"呵呵,唐大人不必多礼! 大人平日公务繁忙,不知今日到此,有何见教?"李世民知道唐俭绝对是"无事不登三宝殿"。

"臣今日到此,乃是皇上之意! 皇上命我带给秦王殿下一封信!"

"一封信?"李世民顿时觉得很纳闷。

他觉得,自己的这位父皇现在做事很是诡异,李世民隐隐地感觉到唐俭此次前来,一定是带着某种目的。当李世民打开信封,看到信上的内容时,不禁大吃一惊。

信的内容大致是,刘武周现在很强大,唐朝刚刚建立,难于和他争锋,李渊准备放弃山西,只要守住长安就可以了。

"放弃山西?"李世民简直觉得不可思议。

"唐大人! 父亲已经决定了吗?"李世民的声音有些急促。

"秦王殿下您认为呢?"唐俭笑着反问。

面对唐俭的反问,李世民觉得这绝对不是普通的一封信。在这封信的背后,一定隐藏着父皇的某种深意,那么究竟是什么深意呢?

首先,李渊如果真想放弃山西,完全可以直接公布,为什么还要以送信的方式,让李世民知道呢?

李渊的目标,是统一天下,面对刘武周,他真的想要放弃吗? 答案当然是否定的。

李世民隐约地猜到,李渊让唐俭给自己送信,可能是一种激将法。

在"刘文静事件"中,李渊全然不顾李世民的感受,让李世民颇为伤心,现在大敌当前,李渊即使想让李世民出征,也不好意思开口明讲。所以,这封信实际上是在激李世民请战。归根结底一句话,李渊和李世民现在是君臣关系。这种关系决定了他们本身就是一种矛盾体。

"秦王殿下!皇上想要放弃山西,你的看法是什么呢?"唐俭开口问道。唐俭的问话很有深意,而李世民怎样回答更是至关重要。

李世民的眼中忽然多了一份惆怅,在他看来自己就像一颗棋子,进退似乎不由自主。

"以微臣看来,皇上希望秦王能够分忧!其实,皇上明白也只有秦王能够为他分忧。"唐俭终于亮出了底牌。

至此,李世民已经完全明白,唐俭是作为李渊的特使,前来说服自己。李世民忽然笑了,因为在他看来,自己那个高高在上的父皇,实在把自己想得过于复杂。

"请唐大人回禀父皇,让他不必如此多虑,世民愿为我大唐贡献一切,哪怕粉身碎骨也在所不惜!"

第十四章
进击山西

出兵

武德二年(619 年)十一月。

在一个大雪纷飞的日子里,李世民率领三万唐军,冒着凛冽的寒风,踏着黄河坚硬的冰层,开赴山西前线。

大唐英勇无畏的男儿,在秦王李世民的带领下,又开始了新的征程。由此,李唐王朝也正式开始了由西向东的全国统一战争。虽然这是一条坎坷的道路,但是李世民坚信,自己终将到达胜利的彼岸。

李世民到达山西后,决定进驻柏壁。之所以这样,是因为这个地方实在太过重要。

柏壁位于汾水下游,是长安到太原的必经之路,刘武周的后勤补给基本从汾水河谷路过,李世民屯兵柏壁等于是将匕首顶在了刘武周的咽喉上,对于这一点,刘武周不得不防。

同时,李世民决定分兵威慑夏县,当时驻守夏县的守将是吕崇茂。这位仁兄本来是唐朝的人,可当刘武周攻占山西后,这位仁兄充分发扬了“识时务者为俊杰”的精神,二话没说做了叛徒,可谓一个典型的墙头草。

李世民威慑夏县的目的主要是想牵制住吕崇茂的兵力,让其不能分身顾及柏壁这个主战场。而且两路大军可以互相照应,进可攻,退可守。鉴于威慑夏县的任务十分重要,李世民将这个任务交给了自己的叔叔永安王李孝基和内史侍郎唐俭。

好了，军事上准备工作一切就绪，接下来的任务就是安抚百姓。李世民当然明白，这场仗要是没有百姓的支持，想要取胜是十分困难的。

自从刘武周到了山西后，唐军节节败退，丢下老百姓不管，每到一地，都会大肆搜刮老百姓的粮食，搞得老百姓怨声载道，逐渐地对唐军产生了一种敌意，所以将家里的粮食全都藏了起来，就是不给唐军。

可以说唐军在山西的溃败，除了有刘武周的原因，也有自身的原因。鉴于这种现状，李世民刚一到达山西，就发布文告安抚民心，宣布不再扰民，恢复生产，这个措施一出台，得到了百姓们积极拥护，民众又都将粮食送到唐军的军营。

记得陈毅元帅当年评价淮海战役时说过一句话：淮海战役的胜利是人民群众用小车推出来的！得民心者得天下，更何况是一场战争。

李世民的确不同凡响，刚一到山西，就稳住了局势。但是，要想彻底打败刘武周，还是要费一番脑筋。现在最关键的问题是，制定一个什么样的战术。

李世民虽然是个猛将，但绝不是那种有枣没枣先打三杆子的二愣子。刘武周能够在山西把唐军打得一败涂地，足可以证明他的实力，而且现在士气正旺，李世民如果贸然全线出击，胜算未必有多少。

那就还是用老办法吧——坚壁清野。这一招，对付薛举很管用，相信对付刘武周也同样奏效。就这样，李世民在柏壁高筑墙，广积粮，准备和刘武周打一场持久战。

但是，就在这时，忽然传来了李孝基被杀的消息。

野心

作为李世民的偏师部队，李孝基的任务其实很简单，那就是牵制住夏县的吕崇茂。

有句话说得好，最好的防守就是进攻。我要说：最好的牵制也是进攻。

不可否认，李孝基也认识到了这一点，而且李世民将进攻夏县的任务交给自己，作为李孝基本人，也想充分展示一下自己的实力，进而证明他这个侄子选择他，是正确的。

李孝基是个很负责任的人，同时也是个耳根子极软的人。就在他决定进攻夏县时，一个人站了出来，投了反对票。这个人的名字叫独孤怀恩。

独孤怀恩也是皇亲，他的父亲是李渊的舅舅，李渊起兵后，他就一直在李渊身边做事，这个人有个最大的特点，就是自命不凡！曾经说过一句很让人刺耳的话："我家岂女独贵乎？"翻译成现代汉语就是，我们独孤家只有女人才可以富贵吗?

这句话在当时来讲可是大逆不道,因为当时杨广、李渊的母亲都出自独孤家,独孤家的女性已经贵为皇后,要想不仅仅是女性独贵,那就只有一个办法:独孤家的男性去做皇帝。

关键的问题是,这话是从独孤怀恩嘴里说出来的,你说独孤怀恩会有什么想法?

很快,独孤怀恩的话就传到了李渊的耳朵里,而李渊的这个皇位本身就是靠造反得来的,所以李渊不仅不生气,反而和独孤怀恩开起了玩笑说:"你姑姑的儿子都是皇帝,然后我舅舅的儿子就必须是皇帝吗?"

李渊说者本无心,但独孤怀恩听者却有意,李渊万万没有想到,自己的一句玩笑话,却在独孤怀恩的心中,埋下了仇恨的种子。也就是从那时起,独孤怀恩就一直在计划谋反只要成功了,独孤家就不仅仅是女性独贵了。

所以这一次,当李孝基决定进攻夏县时,独孤怀恩马上站出来反对。显然,这是一种不怀好意的反对。他的理由是,鉴于攻城的梯子不够,等李世民破敌后,夏县自然孤立,到那时是不攻自破。这话表面听起来似乎很有道理,实际上是相当地扯淡!

你的任务虽然是牵制吕崇茂,但是如果能将他彻底消灭,就不要给他一丝还手的余地。请问,如果宋金刚得到消息后,领兵增援怎么办?

可惜问这句话的是我,而不是李孝基。

只因为独孤怀恩的一句话,李孝基就这样错过了消灭吕崇茂的绝佳机会。而另一边,吕崇茂的反应很敏锐。他判断出,如果李孝基发动全面进攻的话,以自己手中的这点兵力,那绝对会被小锅炖肉。所以,在得到消息的第一时间,吕崇茂果断地向宋金刚发出了求救信号。

夏县作为对抗李世民的最前沿阵地,宋金刚当然不想轻易放弃,于是他向夏县派出了一支实力强劲的增援部队。这支增援部队,为首的是一个类似于"猛张飞"式的人物。

这个人的名字叫尉迟敬德。

气节

尉迟敬德的名字叫尉迟恭,"敬德"是他的字,朔州鄯阳(今山西朔城区)人。

如果引用说书人的说法,尉迟恭绝对可以称得上是一杆丈八长矛横扫天下无敌手。说他类似于张飞,并不为过,因为这位仁兄也有着一张面如黑炭的脸庞。

尉迟恭本是隋朝的武将,但他看不惯杨广的荒淫奢侈,刘武周起兵后,闻听他作战勇猛，就把他收在帐下，在刘武周的手下，尉迟恭很是春风得意。

不过，尉迟恭在内心深处很是瞧不起刘武周的，刘武周和王仁恭的小妾私通，又是因为这个女人才造的反，在尉迟恭看来刘武周简直就是个下三烂，只是刘武周对自己实在是很不错。

受人滴水之恩，当涌泉相报的道理，尉迟恭还是很明白的。在尉迟恭的心中，一直有个美好的愿望，那就是投奔一个真正的明主，哪怕为他粉身碎骨，也在所不惜。

眼下，刘武周让尉迟恭领兵增援夏县，老板发话，尉迟恭还得照办。这一次，尉迟恭不负众望，和夏县的吕崇茂齐心合力，将李孝基的部队，做了汉堡包。唐军中除少数的散兵逃回柏壁外，其余的全被俘虏。

这份被俘虏的将领名单有：李孝基、唐俭、独孤怀恩、刘世让。

这也就意味着，李世民的偏师部队全军覆没，牵制夏县的计划宣告破灭。

实事求是地讲，李孝基等人被俘后，刘武周并没有要杀他们的意思，因为在刘武周看来，李孝基这些人将会是自己手中的筹码，有了这些人，相信李世民肯定会有所顾忌。

老老实实地待着吧，如果李世民够意思的话，你们很快就会回家的。如果胆敢有什么非分之想，小心你们的脑袋！

所有被俘人员，只能听天由命。是的，也只能这样了。但是，凡事都会有例外，李孝基就是个例外。所有的人都可以忍受这份屈辱，唯独他不能忍受。因为他的身份注定了，这份屈辱他是无论如何不可以忍受的。身为大唐帝国的王爷，岂能甘心做俘虏？于是李孝基开始密谋逃跑。

应该说，李孝基是很有骨气的。相信他一定费了很多脑筋，设计了很多逃跑的方法，并且最终付诸了行动。可惜，他的运气很不好，他的计划被尉迟敬德的监军寻相发现了，然后上报给了刘武周。

刘武周处理的方法很简单：杀！

李孝基是李唐王朝在统一战争开始后牺牲的最高级别的将领，同时也是王爷级别中牺牲的第一人。消息传到长安后，李渊万分悲痛，下令废朝三日，赠帛千匹给他的家属，并且准备花重金向刘武周赎回遗体。

但是，刘武周并不买账，无奈之下，李渊只能下令招魂以安葬。

公平地讲，李孝基是个好人，同时也是个能力有限的人，曾经面对如此良好的战机，他却轻易地错过了。

不管怎样，李孝基也是为国捐躯，和那些投敌叛国的人比起来，李孝基还是很不错的。至于他的能力问题，我想我们还是对人不必苛求。

因为我们都是凡人。凡人的特点就是，永远越不过自身的局限性。

不放弃

当李世民知道李孝基被杀的消息后，他陷入了深深的自责之中。

作为自己的叔叔，李世民本应该最了解叔叔的能力，李孝基是个尽职尽责的人，可要想办好一件事情，仅仅做到尽职尽责是远远不够的。归根结底一句话，李孝基不具备独当一面的能力，而李世民偏偏让他赶鸭子上架，那结果就可想而知了。

三国时期，诸葛亮也是让一个不能独当一面的马谡去守街亭，结果大败而归。只是，马谡还能跑回来和诸葛亮见上一面，而李孝基却永远不能再回来。想到这里，李世民不禁潸然泪下。

在他看来，自己是造成叔叔被杀的罪魁祸首。

而且，从整个战局来看，偏师部队全军覆没，造成的消极影响是相当大的。刚到了山西就打了这样一个大败仗，一时间唐军谈虎色变，几乎到了崩溃的边缘。

局势是险恶的，人心是浮动的，只有李世民始终是信心百倍的。

不放弃！决不放弃！永不放弃！

——英国首相丘吉尔

于是，就在这种险恶的形势下，李世民开始展现出他超越常人的一面。李孝基的死点燃了李世民胸中愤怒的火焰，他仿佛看到前方有一种无形的力量正在向他招手。这种力量的名字叫作：信念。

很快，李世民就等到了这个机会。

十二月二十三日，李世民得到了一个重要情报，尉迟恭的增援部队，由于光荣地完成了增援夏县的任务，准备返回老巢浍州。

李世民果断决定，在尉迟恭返回浍州的途中，打一场伏击战。不仅是为李孝基报仇，更重要的是，借此战的胜利鼓舞一下士气低落的唐军。

鉴于这个任务实在太过重要，李世民充分吸取了夏县之败的教训，在选帅工作上，慎之又慎。最后，经过深思熟虑和一番对比之后，他决定将这次伏击战的任务交给两个人：殷开山和秦琼。

殷开山是李世民的心腹爱将，这些年在李世民手下东征西讨，积累了很多实战经验。更重要的是殷开山是一个见到敌人眼就红的人，任凭别人说什么，我也得抄家伙就上。

而选择秦琼，是因为李世民很顾忌尉迟恭的武艺。在唐军阵营中，相信也只有秦琼可以和尉迟恭对上靶子。

伏击战,打的就是一个字:猛!

现在好了,一个猛将配上一个猛人,相信这场伏击战打得一定会很生猛。

在哪里打呢?就在美良川吧。

美良川是自夏县返回浍州的必经之地,这个地方有个最大的特点:四周环山。这实在是个打伏击的好地方,李世民忽然感觉胜利的天平开始向自己倾斜。

正如李世民所料,三天后,传来重大喜讯:美良川大捷!除殷开山和秦琼指挥得当之外,最重要的一个原因是尉迟恭轻敌。

有句话叫作:骄兵必败。

刚刚灭了李孝基,就挨了李世民的当头一棒,本以为李世民只会在柏壁做缩头乌龟,没想到打了自己的闷棍,尉迟恭郁闷到了极点。但郁闷是解决不了任何问题的,眼下还是要迅速决定去往何方。

由于遭到了伏击,尉迟恭觉得不能再往前走了,说不定在前方李世民已经布下了另一个伏击圈,就等着自己往里钻。相同的错误,当然不能犯两次。所以,尉迟恭当下改变返回浍州的决定,准备改道前往河东和驻守蒲坂的王行本会合。

这个世界有时真的很奇妙,明明你已经预料到事情的发展方向,而且你也做了很多努力,但最终的结果还是事与愿违。

有的人注定了,命中是有克星的。而李世民就是尉迟恭的克星。

就这样,尉迟恭率领着手中仅剩的一千人马,悄悄地改道前往蒲坂。他相信,这次一定会瞒过李世民。但是,当他走到一个叫安邑的地方时,尉迟恭觉得自己的判断是错误的。因为在他的前方,出现了唐军,准确地说是李世民率领的唐军。

难道李世民是神仙?已经算出了尉迟恭会去蒲坂?

答案当然是否定的。

我只能告诉你,一个优秀的军事将领除具备勇敢、谋略之外,还要具备关键的一点,那就是敏锐的直觉。敏锐的直觉告诉李世民,尉迟恭很可能会改变行军路线。

李世民取得美良川大捷后,并没有一味地沉浸在喜悦之中。他明白,尉迟恭这样的对手,不能给他半点还手之力,必须穷追猛打。正所谓:宜将剩勇追穷寇!

所以,当尉迟恭悠闲地走在前往蒲坂的路上时,李世民率领三千轻骑兵,连夜抄小路,直插美良川到蒲坂的必经之路——安邑。

也许你会问,李世民为什么会有这样敏锐的直觉?

我只能用两个字来回答你:天赋!

钉子户

安邑这个地方，名字虽好，但尉迟恭在这里注定是不能安逸的，相反，由于李世民的突然出现，让尉迟恭很是手忙脚乱。

经过尉迟恭的奋力拼杀，最终的结果是，除尉迟恭本人和监军寻相外，其余的人不是阵亡就是被俘虏。

虽然结局是惨败的，但小命是必须要保的。俗话说得好：留得青山在，不怕没柴烧。只要我尉迟恭还活着，相信终有一天会打败你李世民。

结果证明，尉迟恭的愿望是好的，却终究没能实现。不过，他最终却以另一种方式，改变了自己的人生轨迹。这一天很快就会到来了。

遭到了李世民的两次伏击，除还有个寻相在身边外，尉迟恭基本上算是成了光杆司令。事实上，光杆司令也有他的优势。这个优势就是，可以毫无顾忌地逃跑。

尉迟恭快马加鞭，他和寻相终于逃出了李世民的伏击圈，跑到了宋金刚那里。尉迟恭惨败的消息，让刘武周很愤怒，在他的眼中，李世民就像个钉子户，拔不掉，铲不动。

缩在柏壁的李世民让刘武周毫无办法，而身在浩州的李仲文可就没有这么幸运了。

浩州是晋西（今山西汾阳）重镇，李渊起兵前这个地方叫西河郡，武德元年（618 年）改名为浩州。

到目前为止，山西所有的地方都已经陷落，只有浩州还在唐军手中。事实上，从武德二年（619 年）七月底开始，浩州就屡遭宋金刚部队的进攻，当时驻守浩州的并不是李仲文，而是一个叫刘赡的人，时任浩州刺史。

刘赡这个人有个特点：认死理儿。但在某些特殊时候，认死理儿不一定是坏事。此时，刘赡认准了一条道——坚守浩州。我就是要证明给人看，所有的地方全都陷落，但浩州绝对是个例外！它在我的手中一定固若金汤！

结果证明，他做到了，而且做得还相当不错。史载：贼数攻之，辄为赡所败。

浩州的存在可以算是个奇迹，但是更奇异的还在后边。

就在李世民取得美良川大捷的同时，一个人悄悄地来到了浩州。这个人就是李密的堂叔——李仲文。刘赡是认死理儿，李仲文是不要命。

他本来是和裴寂一起到山西讨伐刘武周的，裴寂在度索原惨败后，李仲文无奈之下只能四处打游击，二杆子精神实在无从发挥，而且手下的人越打越少，眼看再打下去就成了光杆司令。

所以，李仲文当机立断，引兵前往浩州，和刘赡会合，共守浩州。可是李仲文刚到浩州，就遭到了刘武周的猛烈进攻。没办法，命苦不能怨政府，受累不能怪社会啊。

别看李仲文打游击不在行，但却是个守城专家。在浩州，李仲文的二杆子精神发挥到了极致，在他和刘赡的共同努力下，顶住了刘武周部队一波又一波的进攻。汾阳太符观《郭将军墓碑》中记载着这样几句话：四面受敌，千里绝援，关山杳杳，望长安如日月；岁月遥遥，疑京兆于天上。用一句话来形容：上天无路，入地无门。

就是在这样一种异常凶险的状况下，李仲文没有想到自己在浩州居然足足守了将近一年的时间。这将近一年的时间里，李仲文凭借其"二杆子精神"创造了一个个奇迹。

武德三年（620 年）三月二日，刘武周部将张万岁进攻浩州，被李仲文击退。一胜。

三月十五日，李仲文遣部将张纶在浩州外围伏击刘武周，歼敌千余人。二胜。

三月三十日，李仲文由被动防守，改为主动出击，率军进逼石州，迫使守将刘季真投降。三胜。

四月六日，李仲文派遣部将张德政突然渡过汾水，一举歼灭负责宋金刚后勤保障工作的黄子英部。四胜。

四月九日，进占介休、平遥之间的张南堡，切断宋金刚的军粮供应。五胜。

五战五捷！

如果说身在柏壁的李世民是钉子户的话，那么身在浩州的李仲文就是最牛钉子户。

正是因为有了浩州的存在，极大地牵制了刘武周的军事力量，为柏壁的唐军减轻了负担。而且李仲文的五战五捷对宋金刚的心理打击是十分沉重的。可以说，李孝基没有完成的任务，李仲文完成了。

浩州的"钉子户"精神，让身在柏壁的李世民信心大增。事实上，李仲文的五战五捷已经拉开了唐军反攻刘武周的序幕。

但是，作为一个久经沙场的战将，李世民同时也明白，浩州战场的胜利，只能说明唐军在局部战场占有一些优势，要想彻底打败刘武周，还需要精心的谋划，并且要等待有利的时机。所以李世民决定继续实施"拖"字战术。

这个时候，就像两个高手推太极，在看似不经意间，其实比拼的是两个人的意志和耐力。

时间到了武德三年（620 年）。刚进正月，李世民在柏壁就得到了一个利好消息，唐军攻克了蒲坂。

蒲坂地方不大，却是块硬骨头，当时驻守蒲坂的守将王行本窝在城里，试图拼死抵抗。唐军采取的策略是围而不打。拼死抵抗的勇气是可嘉的，可在大多情况下，肚子饿到一定程度，不论什么崇高的信念都会抛到脑后。

没办法，在坚守了一个多月后，王行本不得已打开城门，出城投降。至此，唐军身后的最后一个火力据点，被顺利拿下。形势一片大好。

对了，忘了说一点，攻下蒲坂的唐军将领是秦武通。秦武通似乎不太知名，而他的上司实在很知名。这个人就是独孤怀恩。

狼子野心

有的人也许会问，这位独孤兄不是在夏县之战中被尉迟敬德俘虏了吗？

是的。但是，独孤兄的逃生技术实在高超，就在唐军取得美良川大捷的同时，这位仁兄不知用了什么魔法，居然冲破敌人的道道封锁线，逃了回来。如此逃生手段，堪比大卫·科波菲尔。

不管怎样，回来了就好，李渊并没有责备独孤怀恩，继续让他率兵攻打蒲坂。

我们在前边说过，独孤怀恩是个心高气傲的人，李渊的一句戏言让独孤怀恩怀恨在心，所以他一直在酝酿着一个计划：谋反！可惜计划刚刚酝酿，他就做了尉迟敬德的俘虏。此前，独孤怀恩的谋反想法没有几个人知道。

请注意，是没有几个人知道，也就是说还是有人知道。其中知道的，有个叫元君宝的人。

和独孤怀恩一起做俘虏的除李孝基之外，还有唐俭、刘世让，当然也有元君宝。元君宝是独孤怀恩的死党，但有时死党并不一定可靠。

在做俘虏的那段日子里，元君宝出卖了独孤怀恩，最可悲的是他并不是有意的。之所以会这样，是因为元君宝的城府太浅。

由于忍受不了做俘虏的屈辱，他对一个人说出了下面一段话：

“独孤尚书最近在酝酿一件大事，可惜没有早点行动，如果能够早点行动，哪还会有今天的屈辱啊！真是当断不断，反受其乱！”

他说话的对象，名字叫唐俭。显然，元君宝忽略了一个重要问题，唐俭是李渊的嫡系。傻子都明白元君宝说话的意思，更何况是老谋深算的唐俭。于是唐俭暗暗地将元君宝的话记在了心中。此后便发生了美良川之战。

独孤怀恩打下蒲坂，为唐朝立了大功，但是在他看来，自己的价值并没有得到充分的展现，在他的心中，那个拥有无限荣耀的皇帝宝座，才是他奋斗的目标。他坚信，通过自己的努力，一定会坐上那个宝座的。

正月十二日，李渊为了激励在前方浴血奋战的唐军将士，决定亲自慰劳一下山西前线。李渊的行程安排的第一站就是蒲坂。

独孤怀恩觉得自己的机会来了。他不仅没有心怀感恩，而且简直可以用狼子野心来形容。

李渊的到来，让他顿感血液沸腾，在他看来，这是上天赐予的机遇，把握住这个机遇，自己就可以成为那个万人敬仰的九五之尊。

对，就在蒲坂干掉李渊！李渊！不要忘了，你的皇位也是夺来的。你能夺得，我为什么就夺不得？王侯将相宁有种乎？皇帝万岁宁有种乎？

不可否认，独孤怀恩有造反的能力，但历史再一次告诉我们，造反这种高风险的职业，除个人具备超强的能力之外，还需要天时、地利与人和。可惜独孤怀恩这三样什么也不占。所以，他的造反注定只会成为一场闹剧。

此外，他的运气似乎也很差。因为在他准备要干掉李渊的同时，一个人悄悄地将独孤怀恩造反的消息，报告给了李渊。这个人就是刘世让。

李渊进入长安后，刘世让率领川兵马归顺唐朝，拜为通议大夫。这个人的特点是——大忽悠一个。

元君宝无意地将独孤怀恩造反的消息告诉了唐俭，唐俭却有意地告诉了刘世让。

刘世让很能忽悠，他的忽悠对象是尉迟敬德。放我回去，和李世民谈判，保证让李世民顺利撤兵。其实他的真正用意是向李渊告密。

刘世让怎么忽悠的尉迟敬德，我们已经不得而知，但是有一点可以肯定，刘世让的忽悠智商肯定不低，不然的话，尉迟敬德也不会像被灌了迷魂药一样，真的放他回去。

这件事情发生在美良川大捷之前，等到刘世让到达李渊那里时，李渊正准备渡过黄河前往蒲坂。刘世让赶回来的时机真是及时。就这样，刘世让将独孤怀恩谋反的消息告诉了李渊。

李渊听到独孤怀恩谋反的消息后，说了一句意味深长的话："吾得免，岂非天也？"是的，似乎冥冥之中自有天意，注定了李渊才是那个真命天子。

李渊当机决定取消蒲坂之行，同时他做出了另一个重大决定：召独孤怀恩觐见！

这是非常厉害的一招，因为在古代觐见皇帝时，是不能带着军队的，李渊的目的是只要独孤怀恩来到这里就马上把他拘押！如果独孤怀恩不来，那就是抗旨不遵，到时顺理成章地给他安个谋反的罪名，再去平叛。

总之一句话，孙悟空是飞不出如来佛的手掌心的。

独孤怀恩接到觐见皇帝的圣旨后，他丝毫没有意识到这是个陷阱，因为在他看来自己的这个计划简直天衣无缝。事实再一次告诉我们：狂妄自大害死人。

接下来的事情，相信不用我写，大家也能猜得出来。

武德三年(620 年)二月十九日，李渊下令诛杀独孤怀恩及其党羽，并没收了他的家产。

对于独孤怀恩我只想说：

野心是允许有的，但人不能没有良心。

追击！坚决地追击！

在与独孤怀恩的较量中，李渊展示出了超人的智慧，一举粉碎了独孤怀恩的阴谋。

没有大规模的杀伐，没有血腥的屠戮，我们看到的只是四两拨千斤的巧妙。当然，独孤怀恩之所以失败，也与他的智商有很大关系。

如果说李渊的胜利依靠的是智慧，那么李世民的胜利依靠的就是耐力。

四月十四日，在与李世民对垒了将近半年的时间后，宋金刚终于坚持不住了。原因是粮食不够。

作为刘武周的先锋部队，宋金刚一骑绝尘，深入山西腹地，不可谓不勇猛，但打仗仅仅依靠勇猛是不够的，还要讲究战略和战术。也许宋金刚懂得这个道理，可李世民比他更懂得这个道理，在柏壁龟缩不出，就是在等待这个时机。所以宋金刚只能是有前劲没后劲。

既然没有底气和人家拼了，那就只有一条路：撤退！

李世民一直在等待这个时机。

痛打落水狗还是很过瘾的。于是唐朝历史上一场罕见的追击战就此开始。

这场追击战简单来说，就是宋金刚在前边拼命地跑，李世民在后面拼命地追，很像警察抓小偷。

四月二十一日，李世民率军在吕州追上了为宋金刚殿后的寻相，见面之后一通猛打，寻相惨败，继续北逃，李世民继续追击。

双方谁都明白，各自手握本方的绝对主力部队，这次的较量谁都输不起。

目前宋金刚的任务是保存有生力量，李世民的任务是彻底打垮宋金刚。这是一场双方殊死的较量，也是一场耐力的比拼。

宋金刚跑得快，李世民追得急！据史书记载："秦王世民追及寻相于吕州，大破之，乘胜逐北，一昼夜行二百余里，战数十合！"

二百余里，相当于从天津到北京，在那个交通并不发达的岁月，李世民率军用了一天的时间就完成了，堪称神速！

而且这个二百余里，是连续完成，并且中间还要和敌人交战，再除去士兵吃饭的时间，可以推算出来士兵们没有其他任何的休息时间，士兵们是人而不是野兽，就算是野兽也有疲劳的时候，那么我们不禁要问，李世民这个连续的一昼夜行军二百余里是如何做到的？

其实，在上述这段历史记载中，透露出一个很重要的讯息，那就是李世民的骑兵战斗力。仅仅依靠步行完成连续的二百余里追击，显然是行不通的。唯一的解释就是，李世民是带着骑兵在追击，而且是骑兵部队中的轻骑兵部队。

这个很好理解，如果带的都是重骑兵，相信宋金刚早就一溜烟跑得没了踪影。最关键的一点是，在追击的过程中，还要和敌人交战，并且每次交战还都必须打赢。做到这一点，实在是太困难了。

但李世民做到了。

综上所述，应该可以推断出来，李世民的骑兵部队战斗力应该有多强。简直可以用两个字来形容：恐怖！这仅仅是个开始。事实上，骑兵在唐朝已经发展得异常壮大。不要急，在今后的日子里，我们将不断地见识到他们的风采。

连续的追击，连续的打击，使宋金刚很是狼狈。但同时，唐军也已经疲惫不堪，即使是机器，在运转了很长时间后，也需要休息，何况是人。当唐军追到高壁岭时，体能终于到达了极限。

很多天来，士兵们在李世民的带领下，充分发扬“疯狗”精神，咬得宋金刚基本上没有还手之力，但即便是疯狗，疯到一定程度时也需要吃饭、睡觉。从柏壁到高壁岭，唐军已经整整追击了将近半个月。

虽说士气高涨，但同时也是疲劳至极！

所以，一个人开始出来阻止李世民继续疯狂的追击，他的理由很简单，如果再这样下去士兵们即使不战死，也会被累死。这个人就是刘弘基。之所以刘弘基会站出来说话，是因为他的职务——行军总管。

如果说主帅李世民，相当于现在一支职业足球队主教练的话，那行军总管刘弘基就相当于这支球队的领队。

主教练负责指导球队的训练、打比赛、战术制定等；领队负责一支球队所有人员的吃喝拉撒睡等工作，此外还要兼做思想工作，也就是说相当于一个大管家。现在，唐军足球队的领队就是刘弘基，看到士兵们累得拉了胯，他理所当然地要站出来说话。

刘弘基对李世民说：“您现在追击宋金刚到这里，已经称得上是大获全胜了，如果再这样地疯狂追下去，士兵们会吃不消的，这样会给部队带来更大的损失，应该原地驻扎，就地休整一下，然后再继续追击。”

客观地讲，刘弘基的建议还是很中肯的，作为全军的大管家，当然要考虑士兵的感受，这也是他的职责所在。但有些事情，如果完全按照常规来做，那结果也只能就是常规化。

在李世民看来，宋金刚也许觉得唐军现在疲劳至极，可能会放缓追击的速度，所以相应地会放缓逃跑的速度。

只有突破自身的极限，才会收到意想不到的效果。但突破这个极限，又谈何容易，人类在挑战极限时，往往需要下很大的勇气。李世民注定就是那个打破常规的人。

逆向思维，往往会收到意想不到的效果。正所谓：兵者，诡道也！

所以李世民听完刘弘基的话后，马上否定了他的观点，“正是因为我军不断地追击，才迫使宋金刚毫无还手之力，现在他已经军心涣散，我们必须一鼓作气消灭他，如果让他缓过劲来，再想打败他就不太容易了！”

李世民是从战略意义角度进行分析，刘弘基是从人性化角度进行劝说。双方似乎讲得都很有道理。但是，李世民作为主帅，拥有最后的决定权。所以他决定，率领大军，继续追击！

精神的强大，才是真正的强大！

英勇无畏的大唐将士，和我一起去开拓前方那布满荆棘的道路吧。在前进的道路中，也许会有挫折，也许会有失落，但是我坚信，最终的胜利一定会属于我们！一定！

决战

五月五日，李世民率军终于到达了本次追击战的终点——介休。之所以说是终点，是因为宋金刚实在不能再往北跑了，因为再往北就到了刘武周的老巢——太原。

说什么也不能让李世民打到太原。此时的宋金刚，虽然被李世民打得满地找牙，但至少神志还是清醒的，而且手中还有两万人马。两万人，如果全都抄家伙拼命，也能顶一气。所以这一次，宋金刚将所有的宝都押在了介休一战上。

跑了这么长时间，让人家追着屁股在后面打，实在是很丢人，坚决不能再跑了。是爷们的就跟着我在介休这块地盘上，和李世民厮杀一场，宋金刚当然想不到，介休之战竟是他平生最后一战。

宋金刚终于男人了一把，率领两万人在介休城西门外列阵迎战，这个阵势很是壮观，南北长达七里！

面对如此壮观的阵势，李世民开始思索着破敌之策。宋金刚的布阵很有特点，简单来说，这是个南北长蛇阵。

俗话说：打蛇打七寸。这句话的实际意义在于，看准时机，在敌人的薄弱部位上给予致命的打击。问题是，如何才能让宋金刚的长蛇阵露出破绽？

以目前的情况来看，宋金刚的布阵简直是滴水不漏。不！事实再一次告诉我们，任何事物都有它的漏洞，宋金刚的漏洞在于——太过自信！他相信自己背城而战，占有地利，李世民远道而来，此战胜算不大。

是的，自信是件好事，但是凡事勿过度！

认知你自己，凡事勿过度。

——古希腊德尔菲神庙中的箴言

对，那就利用宋金刚盲目自信的弱点。于是，李世民做出了如下部署：

命秦琼、程知节率军冲击宋金刚阵的北端；部将翟长孙、秦武通冲击南端。

诸将得令。

且慢，两端只许败不许胜！

只败不胜？这是个什么逻辑？

我要的是最终的胜利，为了最终的胜利，此前所付出的一切代价都是值得的。

唐军就此展开了攻击。很快，在唐军诸位将领的"正确"指挥下，冲击南北两端的唐军开始溃败。这种溃败，显然是有意识的。

也许是很长时间以来，一直让李世民追着屁股打，实在太过窝囊，所以当看到唐军溃败后，宋金刚顿时一舒胸中的一口恶气。在他看来，否极泰来的日子就在今天。

李世民！想不到你也会败在我宋金刚的手上，可惜我以前高估了你，没想到原来你也是浪得虚名。早知如此，我还跑个屁！传我将令，大军向前推进十里！

好了！要的就是你这句话！

宋金刚显然忽略了一个问题，李世民部队的表现为什么反差如此之大？先前追得自己无处躲藏，现在转眼间一败涂地？有的时候，人真的会被眼前的表象所迷惑。所以透过现象看本质这句话，实在是很有道理的。可惜，宋金刚没有学过唯物主义辩证法，所以等待他的只有惨败。

看到宋金刚大军前进了十里之后，李世民下令继续冲击宋军阵型的南北两端。这次的任务是牵制，牵制的意思就是不能胜也不能败。

此刻，宋金刚的"七寸"终于暴露在了李世民的面前，他的这个"七寸"就是他的身后。是的，宋金刚最初是背城列阵，现在前进了十里，也就是说目前他自己的身后与介休城有十里的距离。

这就已经足够了，十里的距离足够李世民带领骑兵部队横冲直闯的了。想想宋老生和薛仁杲当年是怎么失败的吧。没错，断了你的后路，来个瓮中捉鳖！"断后战法"一直都是很实用的。

战斗依然在继续！

但是，这次宋金刚显然感觉到唐军的战斗力似乎比先前提高了不少，南北两端虽然不断地打退唐军多次进攻，但唐军似乎"野火烧不尽，春风吹又生"一样，源源不断地顶上。

都是同一战场的唐军，战斗力的差距怎么就这么大呢？难道……李世民在耍滑头吗？

通过观察唐军的战斗力，宋金刚隐隐觉得李世民在耍滑头，只是他判断不出李世民下一步究竟要干什么。那就继续进攻，给唐军以足够的压力。向前！向前！再向前！

决定战争的胜负，指挥官的素养虽不说是决定性的，但至少是很重要的。可惜，宋金刚和李世民比起来，那是小巫见大巫。

正当宋金刚率领人马努力向前冲的过程中，李世民带领自己的精锐轻骑兵部队，已经悄悄地从北端绕到宋金刚的背后。当然这也要得益于冲击宋军的南北两端唐军，正是他们的不懈努力，才死死地咬住南北两端的宋军，使宋军的所有人居然没有发现李世民的行踪。

当宋金刚回身忽然发现李世民的骑兵部队时，战争的胜负就此决定。

史书记载：世民率精骑击之，出其阵后，金刚大败，斩首三千。

我承认我败了，但我不服气！李世民你虽然胜了，但只能说明你的运气比我好！

宋金刚你错了！决定战争的胜负，运气只是其中的一个因素，重要的是信念！从柏壁到介休，我一直都有必胜的信念，你宋金刚呢？

我胡汉三还会回来的！

不！你永远不可能再回来了！

宋金刚手握刘武周的全部家底，如今被李世民打得面目全非。

当刘武周知道宋金刚惨败的消息后，他预感到自己的这次山西之行已经走到了尽头，本来山西就是李渊的老巢，自己在这里折腾了这么长时间，现在闪人，值了。于是刘武周和宋金刚带领五百多骑兵，连夜离开山西，投奔了突厥。

他们相信，依靠突厥人，终究还能卷土重来。但是，他们万万没想到，等待他们的将是闪亮的刀锋。突厥人最终还是将这两个已经毫无利用价值的人，砍成了两半。

历史告诉我们，没有永远的敌人，当然也没有永远的朋友，有的只是永远的利益。

对于刘武周来讲，这真是一个莫大的讽刺，最初是依靠突厥人才起的家，最终也是因为突厥人而破产。也许这就是刘武周最好的谢幕方式，也许这就是刘武周的宿命。

历史又一次告诉我们：古今成大事者，必自强者也！

凯旋

宋金刚虽然落荒而逃，但介休城还有刘武周的部分残军驻守。当然指望这些人进行反攻，那是妄想，这些人眼下能够做的也仅仅是据城坚守。

对于介休城，李世民并不想强攻，因为在介休城内有一个他想收服的人，这个人就是尉迟敬德。

要说尉迟敬德是很够意思的，他的上司宋金刚不顾自己的处境，跑得一溜烟没了踪影，但尉迟敬德还是收拾残军，重整旗鼓，继续守卫介休城。

什么样的员工才是好员工？要我说，不论老板在与不在，员工都能够始终如一地干好本职工作，这样的员工才是好员工。相信这样的员工不论到了哪个公司都是受欢迎的。尉迟敬德就是这样的员工，何况他现在所在的刘氏集团即将破产。单凭这一点，李世民就认为尉迟敬德是个可用之人。为了得到这个很敬业的员工，李世民决定让宇文士及前去劝降。

宇文士及在劝降的过程中，究竟说了些什么话，史料上虽然没有明确的记载，但是我相信宇文士及所说的话，一定是很有诚意的。同时，还有最重要的一点，那就是尉迟敬德也看中了李世民。

在前边我说过，尉迟敬德虽然在刘武周手下做事，但是从骨子里是瞧不起刘武周的，他一直都盼望着遇到一个真正的明主，去发挥自己的才干。秦王李世民的大名，相信尉迟敬德早已是如雷贯耳。通过这么长时间的交手，他已经切身地感受到李世民就是自己在努力寻找的那个明主。

有的人从朋友变成了敌人，而有的人从敌人变成了朋友。

就此成为我的朋友吧！

自此，尉迟敬德成为李世民手下的得力干将。在今后的岁月里，我们将逐渐见识到这位猛将的风采。请大家一定要记住他的名字，尉迟敬德注定是一个让人期待的人。

五月十二日，李世民率大军进至晋阳，刘武周的宰相杨伏念献城投降。

五月十七日，剿灭吕崇茂余党，收复夏县。

至此，山西又重新回到了唐朝的怀抱。

五月二十九日，李世民胜利回到长安。

走在长安的街道上，李世民就像现在的流行歌星一样，受到了众多粉丝的追捧，鲜花、掌声、溢美之词，李世民所到之处都会掀起一阵狂潮，在他们看来，李世民俨然就是他们的偶像。

山西大捷，是继平定薛举、李轨之后，唐朝的又一次重要胜利。它的意义在于，不仅仅是从刘武周手中夺回了山西，而是为唐朝接下来的全国统一战争，增添了无穷的信心。

所有的人都沉浸在喜悦中，当然其中最高兴的就是李渊。为了表彰李世民的功绩，李渊除给李世民诸多物质上的赏赐之外，还特意为这个宝贝儿子开了一个庆功会。在这个庆功会上，李渊特意让宫廷的乐师们编排了一个大型的歌舞大曲，以期通过这个歌舞大曲在舞台上再现秦王李世民英勇战斗的风姿。

李世民后来当了皇帝后，对这个歌舞大曲进行了重新编排，从而使它更加激荡人心、更加波澜壮阔。这个歌舞大曲的名字叫作《秦王破阵乐》。

由于本人早年学习的是音乐专业，所以在这里简要地介绍一下《秦王破阵乐》。

这部大曲是集歌、乐、舞于一体的大型综合性宫廷乐舞，分为曲和舞两个部分，最初演出的时候是没有歌词的，李世民后来在重新编排时，让人加进了歌词，作词的人就是魏征，而作曲的人是唐代著名的思想家、音乐家吕才。

最初演出这部大曲的时候只有几十个人，李世民后来把它增加到一百二十人进行演出，可谓别开生面。此外这首乐曲在清商乐的基础上，充分吸收了胡乐（主要是龟兹乐）的风格，使全曲的风格更加多元化。演出的时候，身披铠甲的勇士手持长矛等武器，往来穿梭、奋力拼杀，再现了战场上厮杀的场景。据说这个曲目当年在长安演出时，观众深受震撼，有很多观众情不自禁地跟着手舞足蹈。

可惜的是，由于年代久远，这部曲子的歌词没有保留下来，但是在一代又一代音乐工作者的努力下，这个曲子的曲谱保留至今，而且在日本还有这个曲子的九种传谱。

今天，当我们还原这个曲子，把它再现出来的时候，相信每一个人也会和当年长安的那些观众一样激昂，内心会受到震撼。

隆隆的战鼓已经敲起，激昂的音乐已经响起，相信《秦王破阵乐》一定会把你的思绪带回到唐朝那个激情燃烧的时代！

第十五章
鏖战洛阳

草台皇帝

欢乐的时光总是短暂的，李渊等人都明白，解决了刘武周之后，下一个要解决的就是东南问题。

现在挡在李渊面前的有两大高手，洛阳的王世充和江陵的萧铣。

此前，这两大高手就一直在和李渊不断地掰手腕，双方虽没有大规模地正面开战，但在局部总是有一些小摩擦，双方互有胜负，可是由于刘武周的问题没有解决，所以李渊对这两个对手采取了“忍”的策略。

现在刘武周已经顺利解决，那么王世充和萧铣就上升为主要问题。问题的关键在于，这两个对手，应该先解决哪一个？

有的人主张，先解决萧铣，因为对比两家的实力，萧铣自然比王世充要弱，柿子先拣软的捏，这是人们的惯性思维。

有的人主张，先解决王世充，因为王世充所在的洛阳，是中原的中心地带，如果说当时长安是一个政治中心的话，那么洛阳同样也是政治中心，从当时的政治观念来看，无论是拥有洛阳还是长安，都可以傲视群雄，如果两个地方都能揽入怀中，那么恭喜你，从此你真的可以君临天下，去做开创盛世的美梦了！

在我看来，主张先解决王世充的人，是相当有才的人，因为他们敏锐地看到了洛阳的战略意义，这就好像一场攻坚战一样，成功地占领对方最重要的高地，将旗帜插在上边，其中的象征意义，不言自明。

综合各种因素，李渊决定首先解决王世充。除洛阳具有重要意义之外，根本的原因是王世充在洛阳的根基并不稳。

用一句话来形容，王世充现在是烦恼并快乐着。自从打败李密后，这位仁兄转过手来开始对付小学生杨侗。在王世充老师的“正确”教导下，我们的杨侗小学生顺利地完成学业，光荣地“毕业”了——被毒杀。

紧接着，王世充于武德二年(暂时采用唐朝的年号)四月，正式称帝，国号郑。奋斗了几十年，王世充终于攀上了他的人生制高点。

初当皇帝的王世充就像刚刚经历过新婚一样，内心充满着激情和喜悦，但时间一长，他忽然发现原来当皇帝是一件很没意思的事，因为他发现了一件实在令他很头痛的事——处理政务。

从才学上来讲，王世充是很出色的，精通历史，擅长兵法，还会龟策、推步之术(算命)。但处理政务不是你才学高就可以的，它好像做家务一样，是没有尽头的，需要的是耐心。家务做不好可以重做，但政务如果处理不好就有可能会引起一些相当大的麻烦。面对着每天大量需要处理的事情，王世充开始感到烦躁，他实在没有想到，当皇帝还会有这样的烦恼。

而且王世充处理政务的方式很特别，因为担心老百姓有些事情传达不到自己这里，王世充做了一个大胆的决定——宫外听朝。

所谓宫外听朝，就是在宫外，设置一个临时朝堂，老百姓可以排着队向皇帝直接反映情况，很类似于现在的市长接待日制度。但唯一不同的是，王世充天天如此。凡事一旦过了头，就会形成一种灾难。每天向王世充反映情况的老百姓络绎不绝，而反映的事情更是五花八门。

“王二偷了我家的牛，他不承认，请皇上裁决！”

“皇上！我老婆被人霸占了，那男人有钱有势，我斗不过他，请皇上为我做主啊！”

“皇上！我男人去外地做生意，说好这个月回来，可是这都月底了还没回来，请皇上为他占卜一卦，算算他什么时候能回来！”

“皇上……哎！皇上你别走啊！听草民把话讲完啊！”

……

三十六计，走为上策，再不走头都快炸开了。

最初，王世充是依靠哄骗皇帝的手段，在官场上平步青云，由此他便认为只要掌握了一套系统的、科学的哄骗手段，自己就可以成为一个无敌的政治家。所以宫外听朝不过是王世充的政治秀，在他看来，皇帝都被我忽悠了，何况是百姓。事实上，他错了。

王世充一定没有听过一句话：群众的眼睛是雪亮的。因为公道自在人心。

这个世界就是这样,说出的话就要负责,何况是皇帝说出去的话。宫外听朝最后居然演变成了临阵脱逃,皇帝当到如此程度怎一个"衰"字了得!

面对一个如此荒谬的皇帝,面对一个如此没有前途的国家,百姓们开始失去信心,于是许多人开始叛逃,最理想的去处当然是长安。

为了防止叛逃事件的进一步升级,王世充想到了一个很绝妙的主意,至少在他看来这个主意是十分绝妙的——五家相保制度。所谓相保制度,就是一家叛逃,四家株连。此外,凡是领兵出战者,先把家属扣押作为人质。

留住我的人,但你留不住我的心!

许多人就此开始变换了一种对抗方式,由先前的叛逃变成了消极怠工。防线总是从内部开始崩溃的。如此内政,如果不招来外敌,那老天爷实在太不开眼。

很快,外敌出现了。这个外敌的名字叫作——李唐王朝。

遭遇战

武德三年(620 年)七月,仅仅休息了两个月后,秦王李世民就再次披挂上阵。

前方目标:洛阳。

如果说平定薛举是稳定唐朝的后方,平定刘武周是为了收复山西,那么洛阳一战,将是李唐王朝能否最终统一天下的关键一战。此战的意义不言自明,胜者很可能会以秋风扫落叶之势,横扫当时的各种割据势力而统一中国,败者也许最多只能跑到山沟里打打游击了。

鉴于此战的重要性,李渊特命李世民带领七大行军总管,二十五位得力干将,共计十余万人东出潼关,直奔洛阳。

这是一场王者与枭雄之间的战争。洛阳,注定要成为一个生死场。

但令李世民和王世充意想不到的是,双方首次碰面居然不是在洛阳,而是在一个很小的地方——慈涧(今洛阳市西)。

慈涧虽然是一个很小的地方,但却是东都洛阳西部的一个重要据点,李世民和王世充在这里碰面,还要得益于王世充的冲冠一怒。

在前边我说过,李世民出征之前,双方就已经开始了一些武装冲突,其中规模最大的当数罗士信攻占慈涧。

罗士信本是王世充的手下,可这位仁兄深受相保制度之害,所以投降了唐朝。由于他熟悉洛阳周围的地理环境,所以李渊让他继续发挥自身的优势,到洛阳的周围去打游击。

对于罗士信这个对手,王世充最初并没有在意。但是,罗士信继承了"破坏之王”的光荣传统，在洛阳周围拼命地搞破坏，先是在一个月黑风高的晚上，潜入洛阳外城的清化街，一把火把那里烧得一塌糊涂；然后攻占了青城堡（今洛阳西北），最后把慈涧围个水泄不通。

王世充派太子王玄应前去救援，没想到被罗士信一通猛打，大败而逃。王玄应的大败，让王世充忽然觉得罗士信似乎不像想象中的那么简单。这么长时间以来，罗士信在自己的眼皮底下一个劲地折腾，而且折腾得有模有样，令王世充很是气愤。

影响大大的坏啦！如果不彻底地剿灭这伙人，也许明天我的洛阳宫殿也会被他烧成灰。于是王世充决定亲自带领三万精兵，去会会这个曾经的老部下。王世充本来想去慈涧打狗，没想到这一次居然碰到了狗的主人。

李世民即将到达慈涧时，忽然探听到洛阳方面有一股部队正在向慈涧赶来，直觉告诉他，这股部队来者不善，如果冒进的话，可能会有遭到伏击的危险。于是他命令大军暂时停止前进，原地待命。

李世民向来有个爱好，那就是喜欢做兼职工作，这一次他除担任主帅之外，还兼职做了一把侦察敌情工作。主帅兼侦察兵，这是个很有趣的职务，同时也是个很危险的职务。侦察工作毕竟不是李世民的本职工作，俗话说，隔行如隔山，做得了主帅，未必能做侦察，所以李世民的侦察工作做得并不理想。

准确地说，是不及格。因为在他开展侦察敌情工作的时候，有一个人发现了他。这个人就是单雄信。单雄信的身份是猛将，他还有个特殊的身份——王世充的部将。

啥也别说了，开打！

在李世民的一生中，有很多次处于极其危险的境地中，这一仗算是其中的一次。毫不夸张地说，李世民差一点丧命，之所以最后能够安全地逃回来，是因为他用弓箭杀出了一条血路。

这场遭遇战令李世民很是狼狈，但是不管怎样，总算是逃了回来。

不要认为历史上有名的唐太宗，一生都在荣华富贵中度过，事实上正是因为李世民有了这些经历，才为他日后创立伟业打下了深厚的基础。

不经历风雨，怎么能见彩虹？何况是经历了生与死的搏杀！

王世充虽然在这场遭遇战中占得先机，但他并不是白痴，他当然明白，李世民手中的十万大军绝不是来洛阳旅游的。

三万 PK 十万，基本等于自杀。

李世民！我在洛阳等着你。有种的！你就放马过来。

部署

洛阳周围的几个据点都属于易守难攻的类型。王世充的想法很简单,他认为只要守住这几个据点,拖住李世民的大军,胜利的天平就会向自己倾斜。因此,王世充摆出了一副防守的架势,而且将防守据点的任务全部交给了自己的儿子。

魏王王弘烈守襄阳(今湖北襄樊);荆王王行本守虎牢关(今河南荥阳西北);宋王王泰守怀州(今河南沁阳);王世充本人和其他几个儿子则在洛阳城外围布置了重兵把守。

铁桶阵!名副其实的铁桶阵!

在他看来,自己布置的这个防守体系很合理很科学,李世民是绝对打不透的。事实上,这个布阵是很不合理很不科学的。

打仗这个行业,讲究的是寸土必争,王世充将所有的宝都押在了这几个据点上,而放弃了其他地方,其实是很不高明的。

洛阳属于四战之地,不像长安那样有潼关据险,更不像四川那样有剑阁可以当关,如果想要守住洛阳就必须扩大防守的面积,从而减轻洛阳的压力。

当然,最好的防守就是进攻。其实,以王世充手中的兵力,足可以主动出击,御敌于国门之外,可惜他并没有这样做。所以,王世充在不经意间,将战争的主动权让给了李世民。

面对王世充的铁桶阵,李世民也做出了部署。针对洛阳周围的形势,李世民决定采用挤压式的打法,分五路大军进逼洛阳。

第一路:部将史万宝统领两万精兵从宜阳方向(今河南宜阳西),攻占龙门(今河南洛阳南),切断洛阳和襄阳之间的联系。

第二路:部将刘德威统领两万精兵东出太行山,围攻怀州,切断洛阳与虎牢关地带的联系。

第三路:部将王君廓统领两万精兵,进攻洛口仓,切断洛口仓到洛阳之间的粮道。

第四路:部将黄君汉统领两万精兵,向南进攻回洛仓(今河南孟津县东),切断洛阳与回洛仓之间的粮道。

当然,第五路大军就由李世民自己统率,死死地咬住身在洛阳城的王世充本部。

可以说,李世民为了拿下洛阳,特意用五路大军编制了一张网。李世民的意图很明显,用这张网死死地罩住王世充,让他动弹不得。现在网已张好,开始捕鱼!

这五路大军虽说各有各的任务,但最关键的其实是王君廓和黄君汉这两路。

洛阳城的主要粮食供应基地是洛口仓和回洛仓,切断这两个地方前往洛阳的粮道,那洛阳城里的人就得勒紧裤腰带了。

人是铁,饭是钢,一顿不吃饿得慌。更何况打仗这差事,比一般的工作更加消耗体力,没有饭吃,那可是件很可怕的事情。

洛阳的形势,其实是很不妙的。随着时间的推移,王世充越来越感觉到洛阳似乎并不像自己想象中的那么稳固,让人家断了两个粮道,这个问题很是令王世充头痛。说一千道一万,谁让你当初放弃这么一大片土地,让李世民撒了欢地折腾。

命运其实是掌握在自己手中的,有时候机会一旦错过,就永远不会再来。

心存幻想

缺粮的日子是十分难受的。

即使意志再坚定,也架不住肚子咕咕地叫。于是洛阳周围,曾经依附于王世充的一些郡县开始纷纷倒戈,投降了唐朝。洛阳逐渐地变成了一座孤城。

王世充本以为李世民会率领主力大军,直捣洛阳城下,然后开始一场攻城战,如果这样,即使洛阳是座孤城,凭借洛阳城坚固的防守,也完全可以抵御唐军,然后等唐军疲惫时,再搞个突然袭击,肯定大获全胜。

可惜,这一切都是假设。

事实告诉我们,过分依赖主观意识的判断,其实往往会出现很大的偏差。李世民不仅没有率大军攻洛阳,反而在洛阳北边的北邙山安营扎寨,准备要打一场持久战。

既来之,则安之。王世充我会陪你玩到底。

这一下,王世充傻了眼。他万万没有想到,李世民居然来了个"坐地泡"。最关键的是,李世民耗得起,王世充耗不起。

长安方面可以源源不断地给李世民运送粮食,而自己却完全做不到这一点,王世充甚至后悔当初自己怎么会占了洛阳这个倒霉地方。面对如此现状,王世充也只能是一声叹息,此时他既没有决战的勇气,也没有守住洛阳的信心。

但王世充能够占据洛阳,成为一方霸主,依靠的绝不仅仅是运气,事实上,在如此困难的局面下,王世充还是想出了一个保住洛阳的方法。至少在他看来,这个办法是可行的。

什么办法?求和。

八月十日，在撑了将近一个月后，王世充终于坐不住了，他决定主动出击。当然这次出击，并不是准备和李世民进行决战，而是谈判求和。

王世充列阵于洛阳城西北的青阳宫，这里和李世民驻扎的北邙山，仅有一河之隔，在这里他准备好好地做一下李世民的思想工作。

“秦王殿下！隋朝已经灭亡了，李唐占据关中，我占据洛阳，我并没有向西侵略唐朝，现在秦王殿下率领大军来到洛阳，是什么用意？”在我看来，这是纯粹的废话。先前两家在局部战场的摩擦，难道是在进行访问交流？

李世民的回答很简单：“现在所有的人都敬仰我大唐，唯有你不把大唐放在眼里，所以我才率领大军前来兴师问罪！”

你以为不侵犯我就可以了吗？有想法也不行！

“我们双方现在息兵讲和，这不是很好的事吗？”这句话说得完全是长他人志气，灭自己的威风！

宁可被人打死，不能被人吓死。现在仗还没打，胜负还很难说，作为一个国家的最高首领，居然说出如此下贱的话。

没前途，实在是没有前途！

在这句话的背后，其实暴露出王世充一个致命的弱点——目光短浅。他没有看透，即使自己说出 N 多个道理，李世民也是不会撤兵的。在政治和军事斗争中，是永远没有道理可讲的。能够讲的，是实力。

针对王世充提出的息兵求和，李世民只说了一句话：“奉诏取东都！不令讲好也！”对不起，要想讲和，最好和我老爹讲去，我的任务是把你消灭。

谈判到此结束。还得接着打！

李世民的这番回答，意味着谈判彻底破裂，双方再也没有回旋的余地，只能是兵戎相见。王世充同时也郁闷到了极点，恨不得马上打过河去，把李世民打倒在地，最好再踏上一万只脚。

但最终，王世充还是理智战胜了情感，因为这次他根本没有做打仗的准备，本以为自己好言好语，会让李世民感动，没想到却吃了个闭门羹。既然谈不成，那就打下去吧。

两军依旧相持。

李世民并不着急，自己粮草充足，完全不必急于进攻，他心里很清楚，洛阳不可强攻，当年李密就是强攻洛阳，虽然大小百余战，但到最后依然没有拿下来，自己反而耗得油枯灯灭。

李密失败的教训，李世民牢牢地记在心里。

既然来了，就绝不当第二个李密。胖子不是一口吃下的，花针不是一天磨成的。王世充咱们一切一切，慢——慢——来。

形势对王世充似乎越来越不妙。

在唐军五路大军的进逼下，王世充重兵把守的据点都被唐军困死，越来越多的郡县纷纷向李世民投降。在这些投降的人中，有一个人在这里需要说一下。这个人的名字叫张公瑾。

张公瑾，字弘慎，魏州繁水（今河北大名）人，时任洧州刺史。当然这个官职是王世充任命的。

这个人有个最大的特点——臂力过人。据说当时张公瑾府外有一对石狮子，这位仁兄不费吹灰之力就可以搬起来，而且还能原地转圈。也许你会怀疑这个传闻的真实性，不过没关系，我们终有一天会见识到他的臂力究竟是否过人。

在前边，我让大家记住过很多人的名字。在这里，张公瑾也不例外，也请你记住他。在"玄武门之变"中，正是因为他的臂力，成功挽救了李世民。

也许是上次侦察工作做得不够理想，在两军相持了将近一个月后，李世民决定再干一回他的兼职工作——侦察兵。这一次，为了以防万一，李世民带上了猛将尉迟敬德。而且，亲点了五百玄甲兵随同自己前行。

在这里，简要向大家介绍一下玄甲兵这个兵种。

这个兵种是由李世民创立的，由李世民在自己的骑兵部队中精选出来的优等骑兵组成的，共千余人。玄甲兵的装束很特别，从上到下一身黑衣黑甲，类似于日本的忍者，而且所骑的战马也有铠甲护体。当时李世民把玄甲军分为左、右两队，分别由秦琼、程知节、尉迟敬德、翟长孙统领。

需要特别指出的是，玄甲兵的铠甲绝对是一等一的好货，唐军的铠甲抛弃了魏晋时期的具装铠，而改为以明光铠为代表的唐十三铠。明光铠是一种亮式的板式铠甲，他比魏晋时期的具装铠要轻很多，但防御性能比具装铠要好很多。

除装束特别之外，作为玄甲兵其中的一员，除善于骑射之外，什么刀枪剑戟、斧钺钩叉、鞭锏锤抓、镋槊棍棒、拐子流星、带钩儿的、带尖儿的、带刃儿的、带刺儿的、带峨眉针儿的、带锁链儿的……十八般兵器必须样样精通。

可以说，玄甲兵是李世民的王牌部队，战斗力是超一流的，身边跟着这样的士兵，心里就是踏实。

二次遭遇战

九月二十一日。

李世民带着尉迟敬德和五百玄甲兵登上魏宣帝景陵察看敌情。他实在没有想到，王世充居然当了把二杆子，命令单雄信带着近万人向自己杀了过来。

狗急跳墙！王世充这次真的急了，表现形式就是抄家伙拼命。让你围了这么久,如果再不教训你一下,兄弟们是会耻笑我的。

抛开战争的背景不谈,单看这次的较量,很像两个黑社会团伙的血拼。

从前王世充缩在洛阳城里,很像狗熊在冬眠,但是这一次突然杀出,动作极其迅速,上万人在单雄信的带领下,以迅雷不及掩耳之势将李世民团团围住。在王世充看来,集中上万人的优势兵力攻击只有五百人的唐军,此战必胜。今天是个好日子,要逮住李世民这条大鱼。

事实再一次告诉我们:希望越大,失望也就越大。当王世充的部队围住李世民时,李世民手中的王牌部队——玄甲兵开始发挥威力。

要说李世民创建的这个兵种,实在不是混饭吃的,上万人围住他们的时候,丝毫没有惊慌,反而在最短的时间内布成一个圆形阵将李世民和尉迟敬德围在中间,因为他们明白,此刻保护主帅是最重要的。

前边我说过,玄甲兵十八般兵器样样精通,事实上作为骑兵部队他们最擅长的是弓箭,所以这一次弓箭就是他们最好的防御武器。

开弓!放箭!整个过程都是一气呵成,在此期间,李世民没有说一句话。没有主帅的指挥,居然在最短的时间内,动作完成得如此干净利落,可见平时训练有素。

王世充一波又一波的攻击被玄甲兵用弓箭击退,但是弓箭再多也有用完的时候,弓箭用完了,就用长刀;长刀被打掉了,就用短剑;短剑折了,就用铁钩……

总之一句话,有什么用什么。什么都没有了怎么办?一句话:战死沙场,宁死不降!

在我看来,玄甲兵之所以战斗力出众,除装备精良之外,最重要的是他们具有一种精神。这种精神的名字叫视死如归。

五百人抵抗上万人,百密难免一疏。在他们抵抗了将近半个时辰后,由于伤亡过大,阵型渐渐地开始有些松散。缺口还是出现了。

就在缺口出现的一刹那,单雄信在兵士的掩护下,策马迅速杀入阵中。擒贼先擒王的道理,他还是明白的。只要李世民倒下了,唐军就会自动瓦解。

单雄信是超一流的猛将,在杀入阵中的一刹那,借助惯性,用马槊刺向李世民。

李世民虽然也是身手不凡,但他的身上只佩带一柄短剑,作为象征性的防身兵器。单雄信的马槊刺过来的时候,李世民下意识地用短剑去挡,但是他忽然发现了一个问题。这绝对是一个置他于死地的问题——短不敌长。

完了!看来今天我李世民是外公死儿子——没救(舅)了!

就在这千钧一发之际,一杆长槊猛然间刺向单雄信的胸部,单雄信躲闪不及,栽于马下。刺出这一长槊的人正是尉迟敬德。

在最关键的时刻,出现在了最关键的位置,尉迟敬德刺出这一槊的价值,实在是无法用金钱来衡量的。

单雄信栽下马之后，手下的人开始慌了神，因为他们不知道此刻究竟应该是先救主帅，还是继续围攻李世民和尉迟敬德。就在这一愣神的工夫，尉迟敬德架着李世民杀出一条血路，突围而去。

史书记载：世充兵稍却，敬德翼世民突围！

猛人！的确是猛人！

"先不要管李世民了，快去救主帅！"单雄信手下的人不知是谁喊了一声，众人这才恍然大悟，连忙将单雄信从地上扶起，可是就在这一刻，李世民和尉迟敬德带着玄甲兵又冲了上来。杀你个回马枪！

顷刻间，形势顿时逆转，先前的围攻者变成了挨打者。打仗讲究的是一鼓作气，只要一泄气，再想重新振作起来可就不容易了。这一点，在王世充士兵的身上就反映得很明显。

本来形势一片大好，上万人围着李世民的五百人打，眼看就要得手，没想到被猛人尉迟敬德搅了局，主帅单雄信被挑落马下不说，居然还让李世民逃了出去。

所以当李世民重新杀回来的时候，王世充的部队开始乱成了一团糟。

此时，坚守大营的唐军守将屈突通看见李世民遭到突袭，急忙率领大军赶来增援，正所谓兵合一处，将打一家，将王世充的部队团团围住，一通猛打。箭射、刀砍、斧剁……刹那间死尸遍野！

这一顿猛拍下来，共解决了一千多人，而且活捉了王世充手下的大将陈智略，其中最大的收获是俘虏了六千多名排槊兵。

如果说玄甲兵是李世民的王牌部队，那么排槊兵就是王世充的精锐之师。为了打造这支精锐之师，王世充像李世民一样可是没少费力，但是这一仗下来居然被打得所剩无几，看来真是应了那句话：是骡子是马得拉出来遛遛。

事实证明：排槊兵和玄甲兵比起来，简直不在一个档次。

而其间所反映出来的问题，就是主帅的训练水平和调教能力，从这一点上就可以看出王世充和李世民相比，实在是差了很多。

这一仗，唐军大获全胜。

李世民心中有数，最要感谢的人当然是尉迟敬德。如果没有尉迟敬德，也许自己早已经不在人世间了。为了表达对尉迟敬德的感谢，李世民特意赏赐了他一箱金银。

由于他的表现实在太过精彩，后人依据他这次险救李世民的历史，成功改编成一个《单鞭夺槊》的故事，至今仍在民间广为流传。人们通常是不会忘记在历史中有惊艳表现的人的，当然你的这种表现需要得到大家的认可，尉迟敬德就是这样的人。

不可否认，尉迟敬德的确是一员猛将，在后来的几次战役中，多次单枪匹马闯入敌阵。史书记载：出入重围，往返无碍。

拥有这样的人才，秦王幸甚！大唐幸甚！

求救

李世民是快乐的。

在这场遭遇战中，能够突围出来已经是很幸运的事了，没想到最后居然把王世充打得大败，真是一份意外的收获。

王世充真是够窝囊的！上万人居然被打得一败涂地，而且自己的精锐部队——排槊兵，基本上不复存在，王世充百思不得其解，自己失败的原因在哪里？经过这一战，王世充手下的士兵的确有些谈“唐”色变！

……

打了败仗并不可怕，可怕的是丧失信心。

不过，在王世充看来，事情并没有那么糟糕，至少现在洛阳城还是稳如磐石，他认为只要洛阳城在，自己就有和李世民叫板的资本。

“会好起来的！一切都会好起来的。”王世充努力地安慰自己。事实上，他的噩梦才刚刚开始。

十月十五日，唐将罗士信攻克千金堡（今洛阳北）；

十月二十一日，管州总管郭庆举城降唐；

十一月一日，唐将李大亮攻克樊城，斩杀王世充大将国大安；

十一月二十九日，李大亮又攻克沮州和华州，斩杀守敌近万人。

加上李世民五路大军所控制的几个据点，到现在为止，洛阳城外所有的据点基本被唐军所掌控。此时，洛阳成了一座名副其实的孤城。

李世民的意图很明显，从一开始就在遵循一个原则：以洛阳周围的据点为主攻点，进而包围洛阳。现在这个计划基本实现，所以接下来就要关门打狗了。

坏消息接踵而来，王世充陷入了很矛盾的境地。看来洛阳现在即使不想守也得守了，因为除洛阳外，王世充根本没有其他地方可以去。但是，能守多长时间呢？王世充心里实在没底。

缺粮、军心涣散，甚至还得提防有人反水，这种担惊受怕的日子，王世充真的受够了，曾经他觉得处理政务是件很烦人的事情，现在他忽然觉得曾经的日子是那么美好！

王世充想起了曾经的美好，他觉得无论如何也要保住洛阳。只要保住了洛阳，我还会拥有那些曾经的幸福。

向人求救吧。为了洛阳的存在，即使让我跪下来求人我也愿意。

向谁求救呢？准确地说现在谁有实力来救我呢？

窦建德！

无奈之举

其实，王世充实在不愿意向窦建德求救，真是拉不下这张老脸。

当时所有的割据势力，互相之间基本有些大大小小的摩擦，王世充和窦建德之间也不例外，在李世民东征洛阳之前，两位仁兄就因为争地盘而大打出手。

先是王世充偷袭了窦建德的门户地区——黎阳，而窦建德也不甘示弱，攻占了殷州，算是报复了王世充。此后双方虽然没有大规模的军事冲突，但也是大事没有，小事不断。

双方就这样一直闹得很不愉快，谁也不服谁。不过，这也可以理解，都是当世之枭雄，手里都握着好几十万人，谁怕谁啊？跪天跪地跪父母，想让我对你俯首称臣，那是搬着梯子上天——没门儿！闹到最后，双方干脆彻底断交，召回了各自的外交人员，而且互不通信。

但是，人这一辈子谁都有走背字的时候，现在王世充眼看洛阳即将保不住，从地理位置来看，窦建德是离自己最近的人，所以为了保住洛阳，不得不向窦建德求救。

毕竟，性命远比脸面重要。为了能够活下去，我王世充今天就舍了这张老脸！当然，王世充之所以向窦建德求救，最看重的还是窦建德的实力。

那么我们这位从高鸡泊走出来的农民领袖现在是个什么状况呢？

窦建德的现状可以用四个字来形容：政通人和。

在前面我们说过，窦建德从高鸡泊起兵以来，联合高士达打败了隋将郭绚，虽然败给了杨义臣，但因为做人做事非常仗义，所以发展十分迅速，在乐寿（今河北献县）建立政权，称长乐王。

但是，窦建德事业上涨的势头并没有就此终结，在他的不断努力下，所治理的地方达到了“路不拾遗，夜不闭户”的程度，人人富足，安居乐业。这一点，就连当时的唐朝也做不到。

随着事业的不断攀升，窦建德也逐渐有了一些想法，那就是正式称帝。

对于称帝这件事，江都事变之前所有的人都很小心翼翼，这一点我在前边曾经做过分析，但是当大家知道杨广被杀的消息后，又全都一窝蜂地抢着做皇帝，窦建德当然也不例外。

大业十四年(618 年)四月,也就是杨广被杀的一个月后,窦建德正式称帝,国号夏。

称帝后的窦建德,并没有满足于所得到的一切,兼并了魏刀儿的农民起义军,在魏县痛打落水狗宇文化及,又先后攻克了易州(今河北易县)、定州(今河北定州市)等地,而且在和唐将李神通的较量中,也是大获全胜。

虽然没能征服幽州的李艺,但是现在正全力攻打盘踞在山东曹州的孟海公,而且基本已经锁定胜局。

到目前为止,窦建德的事业可以说达到了如日中天的地步,除了幽州,基本上算是打遍天下无敌手。

当窦建德收到王世充的求救信时,他陷入了犹豫之中。

窦建德的算盘

“王世充！想不到你也有今天!”窦建德看到王世充的求救信后,第一反应是幸灾乐祸。当然他也明白王世充如果真的丢了洛阳,对自己是绝对没有任何好处的。

到现在为止,所有的割据势力都有一统天下的梦想,当然有实力能够做到这一点的并不多。以目前的情况来看,似乎只有李唐和窦夏两家有这个实力。

事实上,李渊决定攻打洛阳的时候,曾经邀请过窦建德一起参战,并且许诺事成后平分王世充的地盘,不过窦建德谢绝了邀请。他的理由很简单:洛阳不仅是王世充的地盘,同时也是自己的门户。李唐如果拿下洛阳,接下来要拿下的很可能就是自己。以王郑牵制李唐,是窦建德的策略。

不过,任何事情都有两面性。反过来讲,如果窦建德援救洛阳,和王世充联手打败唐军,等王世充缓过手来,说不定还会和自己翻脸。还是那句话:没有永远的朋友,也没有永远的敌人,只有永远的利益!

救？还是不救？这是个问题。窦建德陷入了两难的境地。

开会,商讨对策!

“不救！王世充这个老贼,终于也有今天,还有脸向我们求救!”

“就是嘛！侵占我们的地盘,现在眼看洛阳保不住了,来求我们了,拿我们当什么了啊?”

“他有今天,纯粹是报应,李唐应该把他往死里打!”

……

部将的话,让窦建德也觉得很解气,但同时窦建德似乎觉得手下这些人缺少一种眼光,其实窦建德是很想听听另一种声音的。

“不！我觉得，应该去救王世充！”说话的人是中书侍郎刘彬。

“哦？刘侍郎有何高见，说来听听！”

“陛下！王世充和我们素来不睦，这点确实不假！众人的话我也能理解，但是站在长远的角度来看，我觉得王世充是必须救的。”刘彬的话，令窦建德眼前一亮，他觉得刘彬的话对未来夏国的走向至关重要！

“刘侍郎请继续讲下去！”

“陛下！现在天下大乱，李唐拥有关西、陇右等地，王世充拥有洛阳，陛下拥有河北，这叫三足鼎立之势，如今李唐进攻洛阳，兵力逐渐地增加，看样子王世充支持不了多长时间，如果李唐一旦拿下洛阳，恐怕我夏国也不能久存啊！”刘彬的三足鼎立之说，让窦建德瞬间觉得自己现在的处境很像当年的孙权。

“那刘侍郎的意思是发兵去救王世充？”窦建德急忙问道。

“没错！臣以为就目前来讲，应该和王世充解除旧怨，发兵去救，夏攻其外，郑攻其内，臣敢担保李唐必败！那个时候……”

“怎样？”

“等唐军退去后，陛下可以静观其变，如果有机会就灭掉王世充，然后乘着李唐刚刚战败，民生凋敝，再灭掉李唐，到时天下可取！”

“三足鼎立……”窦建德嘴里喃喃地说着。

刘彬的话让窦建德陷入了深深的思考中，王世充是自己的敌人，而李唐同样是自己的敌人，这两家不论谁做大做强，都是窦建德所不愿意看到的；相比之下，窦建德更不希望李唐的势力上涨，从目前的情况来看，李唐平薛举、灭李轨、打败刘武周，又即将攻取洛阳，已经露出了统一天下的苗头。

用一句话来讲那就是，世充打败李唐，窦建德还有生存之地；若李唐灭了王世充，自己将死无葬身之地！正所谓：唇亡齿寒。窦建德决定，发兵救郑。

都说敌人的朋友是敌人，敌人的敌人那就是朋友。事实证明，有的时候情况并非如此。敌人的敌人一样是敌人！

王世充这次算你走运，可是去救你，并不因为我是什么善男信女，我是为了我自己。

但是，在窦建德的心中依然有一个顾虑，那就是孟海公的问题现在还没有彻底解决，窦建德当然不希望自己陷入两线作战。

“替我传话给王世充，告诉他我会找准时机去救他的，让他坚守住洛阳！”

“还有，礼部侍郎李大师你去李世民那里走一趟，游说他停止进攻洛阳，撤兵回长安，两家罢兵言好！”

窦建德当然明白李世民是绝不会撤兵的，事实上他是在为自己争取时间。窦建德实在没有想到，李大师这一去竟会被李世民扣留。看来李大师应该改名叫李大冤。

对于窦建德"罢兵"的建议，李世民并没有理睬。在他看来，窦建德纯粹是狗拿耗子——多管闲事。

管好你自己吧。王世充之后，下一个就是你！

李世民扣留李大师的目的，就是不想让他将自己的意图告诉窦建德。事实上，李世民这么做也是在为自己争取时间。也许窦建德现在正等着李大师的回信，李世民要趁着这个时间尽快拿下洛阳。

窦建德你慢慢地等吧，等你知道一切时，就是洛阳陷落的时候。

李世民的算盘拨得是噼啪响，可是他忽略了一个问题：王世充的抵抗能力。

还是失望

时间进入了武德四年(621 年)。

王世充的日子越发不好过，此刻他十分希望窦建德那魁梧高大的身躯立刻出现在他的面前。不过，这个愿望在短时间内，实现的希望似乎不大。

李世民在洛阳外围不断地增兵，洛阳想要飞出去一只苍蝇都很困难，而且粮食越来越少。回洛仓和洛口仓两大粮仓，如今已被唐军严密地控制，指望这两个地方为洛阳送粮食，那纯粹是痴人说梦。现在可以给洛阳供应粮食的只有一个地方——虎牢关。

平常挨饿也就算了，过年了总得吃顿饱饭吧！所以王世充决定，让太子王玄应领兵前往虎牢关押送粮食回洛阳，毕竟现在虎牢关还在自己的手里，相信这么做应该不会有太大的风险。但是正应了那句话：人不走运时，喝口凉水都塞牙。

就在王玄应出发前往虎牢关的同时，李世民得到了这个消息。这可真是踏破铁鞋无觅处，得来全不费工夫。就怕你做缩头乌龟，没想到你居然主动出来了。李世民当然不肯放过这个钓金龟的好机会，于是他决定在王玄应回洛阳的半路上，打一场漂亮的伏击战。

他把这个任务交给了部将李君羡。

李君羡本来是王世充的手下，因为看不惯王世充的为人，所以投奔了李世民，这场伏击战是李君羡投降唐朝后，独自领兵的第一战。结果证明，李君羡确实不负众望，在半路上截断了王玄应的归路，将其打得落花流水，王玄应最后成了光杆司令跑回了洛阳。

唐初有很多能征善战的猛将，李君羡算是其中的一个，后来唐王朝统一后，北方边塞少数民族突厥屡犯边境，李君羡受命出征，每战均旗开得胜，也算是名将之一。然而，李君羡的结局相当悲惨，这一点我们在后边还会说到。

王玄应的失败不仅仅是将大批粮食拱手送给了唐军，最重要的是自此之后，洛阳与虎牢关彻底失去联系，这也为后来李世民能够顺利进军虎牢关间接地铺平了道路。

这一次，王世充彻底无语了。

李君羡胜利的消息，很快传到了李世民那里。趁着王世充士气低落的时候，李世民决定对洛阳发动总攻。

二月十三日，李世民指挥唐军主力部队从北邙山南下，其意图是攻占青城宫，缩小对洛阳城的包围圈。

在李世民看来，此时的王世充是不堪一击的，洛阳城就像一所破房子一样，禁不住暴风雨的侵袭，而李世民就要给它以狂风暴雨般的袭击。显然他低估了对方的实力。

正所谓：困兽犹斗。何况王世充的手中还有数万兵力。很快，王世充迅速做出了反应，他决定趁李世民立足未稳，来个突然袭击。与其被动挨打，不如放手一搏！

这一仗王世充收到了意想不到的效果。

还击

唐军的优势在于骑兵部队的冲击力，而适合骑兵作战的环境当然是地形不复杂的平原。

而青城宫这个地方恰恰是一个地形相当复杂的地方，有山有水有河流，这些都还好说，最关键的是，在青阳宫和北邙山之间的谷水上有一条自上而下的长堤，也就是说唐军如果想打进洛阳城必须向上越过长堤才行。

就是这条长堤差点要了李世民的命。

一开始，李世民凭借“三板斧”精神，和部将丘行恭迅速地越过了长堤，就在这时，王世充突然发动了袭击，李世民奋力死战，他以为身后的骑兵很快就会跟上来。但是，随着王世充的士兵越聚越多，李世民忽然发现自己身后的骑兵部队一个也没有跟上来。

这是怎么回事？其实答案很简单。众多骑兵争前恐后地想要向上越过长堤，这就产生一个问题——拥挤。本来向上攀登就是一件费力的事情，何况有的马匹掌握不好平衡，还有往下打滑的现象。

冲上去，滑下来，再往上冲，接着往下滑。前边的往下滑，后边的就必须跟着往后退。就这样唐军的骑兵拥挤在一起被阻在长堤之下。虽然有极个别的骑兵冲了上去，也由于寡不敌众，战死疆场。

时间在一秒一秒地过去，李世民一边冲杀，脑子一边在思索，虽然他不知道后边究竟发生了什么情况，但他知道一定是出了问题。

不行！再这样下去，今天恐怕就出不去了！

李世民拨转马头准备往回杀出一条血路，突出重围！突然之间，一支冷箭射中了他的坐骑，李世民一头栽于马下。眼看形势万分危急，李世民顷刻间就要命丧于此！不过，这一次有一个人挺身站了出来，挽救了李世民。这个人就是丘行恭。

当看见李世民栽于马下时，他果断地向靠近李世民的士兵张弓疾射，使得围困李世民的士兵稍稍退后。丘行恭利用这个机会，将李世民坐骑所中的箭矢拔出，让李世民骑上自己的马，自己一手牵着李世民的马，一手持刀，一通猛砍，终于杀出一条血路，冲下长堤与大部队会合。

如果说上次的魏宣帝景陵一战堪称凶险，那么这一战丝毫不亚于那一战。

后来李世民当了皇帝后，还念念不忘这一战的情景，特意下诏在石碑上刻画丘行恭从坐骑上拔出箭矢的样子，立于昭陵，以示纪念。而这匹坐骑就是有名的昭陵六骏之一——“飒露紫”。

“冲下长堤！与唐军决一死战！”王世充一声怒吼，下达了进攻的命令。他认为机不可失，时不再来，要一鼓作气打败唐军，一扫很多天来胸中的一口怨气。所以，在李世民冲下长堤之后，王世充率领人马也迅速地冲下长堤。

由于王世充突然自高而下地冲过来，唐军没有防备，顷刻间被冲得人仰马翻。

“后退！后退！”李世民高声喊道。

在李世民的指挥下，唐军开始有组织地向后撤退，同时也给王世充留下了一片巨大的开阔地。当然，开阔地带是骑兵发挥优势的地方。

至此，我们终于明白了李世民高喊“后退”的用意，那就是，让出一片开阔地，发挥骑兵冲击力的优势！

看到唐军骑兵一股脑儿地向后退，王世充很是得意。追！全力地给我追！

王世充被表象深深地迷惑，就在他挥着战刀得意地追击唐军时，李世民开始组织反击了。

“掉转马头！冲上去！”这一次轮到李世民下达攻击命令了。

双方顷刻间搅在了一起。刀光剑影之间，开始了一场血战！

随着时间的推移，唐军的骑兵显露出优势，由于他们十八般兵器样样精通，而且装备精良，王世充的阵型逐渐地开始散乱，先后四次被打散，不过王世充实在很顽强，又先后四次将部队集中起来，抵御着唐军一波又一波的冲击。

这一战，持续三个时辰，这三个时辰是智慧的比拼、勇气的比拼，更是意志的较量。结果再一次证明，在意志的较量中，李世民是胜利者。

由于伤亡过大，王世充终于支持不住了，且战且退吧。王世充当然想不到，他也同样遇到了李世民所遇到的问题——长堤的问题。自上而下地冲击，确实很过瘾，但现在王世充面临着自下而上的攀登，后边还有李世民的追兵。

只顾眼前，不顾身后是要吃亏的。

结果，为了迅速地爬上长堤，王世充的骑兵不得不丢掉马匹，骑兵改步兵，仓皇地爬上长堤，跑回了洛阳城。唐军就此得到了大量的马匹，进而增强了骑兵的力量。

表面上看，这一战的结果是王世充主动撤退，似乎唐军获胜。但是，从实际情况来看，唐军其实付出了惨重的代价，如果说胜利，也仅仅是惨胜而已。伤亡人数基本持平，唐军仅仅是获得了大量的马匹。

从战略上讲，李世民虽然此后将洛阳城围了个水泄不通，但并没有实现快速攻陷洛阳的计划，相反通过这一战，王世充倒是平添了许多自信。

通过这一战，王世充悟出了一个道理：信心是很重要的！自卑是不可以的！唐军不是铁打的！拼命是有效的！

以王世充的现状，打个平手就是胜利。至少到目前为止，洛阳城依然固若金汤。

李世民是不服输的，虽然这一战他并没有败，但是在他看来，和王世充打成平手，就是失败。

人在不同的境遇下，想法不同，追求也不同。

围攻！继续围攻！不拿下洛阳，我李世民誓不为人！

第十六章
虎牢关之战

绝不后退

王世充似乎开窍了许多，面对李世民猛烈的围攻，指挥镇定自若，依稀找回了当年抵御李密围攻时的感觉。

洛阳城经过多年的攻防战洗礼，已经成为一个战斗堡垒，城中抵御攻城的武器可谓应有尽有。投石机、弩车、木擂、狼牙棒一应俱全，就看你喜欢哪种死法。

而且这些武器经过王世充手下人的刻苦钻研，基本上都升级到2.0版本，性能俱佳。例如投石机，可以将50斤重的石块抛出300米远。再例如弩车，王世充所用的弩车是用八张弓撑起来的，弩箭的粗细可以和车辐一比高低，而且箭头和斧头一样大小，射程达到750米！

也就是说，唐军在攻城的时候，距离洛阳城1000米时，就得着手做好防护准备，否则被打中的话，即使不死，也会打你个生活不能自理。

现在我们终于明白，当年李密为什么经过百余战也没有攻下洛阳了，在那个冷兵器的时代里，一个城池如果拥有这样“高科技”的武器，不论攻城的军队战斗力多强，相信也是哑巴吃黄连——有苦说不出。

这一次，唐军和当年的瓦岗军一样，同样也是吃了不少苦头。一连十多天，在李世民的指挥下，唐军猛烈地攻城。但是越猛烈，伤亡越惨重。

有很多次眼看唐军就要爬上城墙，结果被守城士兵放下的狼牙棒砸得脑浆迸裂，掉下城头，死尸倒地！

看到这种情况，唐军士兵开始有了一些厌战情绪，在他们看来，今天倒下去的是战友，明天倒下去的也许就是自己。关键的问题是，这种死法实在是太恐怖。

于是，在唐军内部，开始出现了反战的声音，很多将领纷纷要求撤军，他们的理由很简单：来日方长，部队不能打光！

当一场战争面临两种抉择时，考验的是主帅的决断能力。

是战？还是撤？坦白地讲，在李世民的字典里，是永远没有"撤退"这两个字的，当然有意识的撤退除外。在李世民的心中，永远都是向前，向前，再向前！

平定薛举时我做到了，剿灭刘武周时我也做到了，现在攻取洛阳我依然能够做到。

李世民忽然想到了李密，李密本来有希望打败王世充的，但正是攻取洛阳的优柔寡断，最终导致了李密的失败。李密的教训就在眼前，李世民当然不会忘记。

洛阳现在已经是一座孤城，从一开始到现在，李世民坚信。再坚持一下，就会到达胜利的彼岸。成功不是瞬间的爆发，它源于你遇到苦难时再坚持一下的信念，源于你在遇到挫折时再奋力拼搏一下的勇气。

"洛阳一日不破，大军一日不还！今后胆敢言班师者，斩！"李世民的话语掷地有声，他明白此时自己作为主帅，意识绝对不能被属下所左右。

有的时候，力排众议不是所有人都能够做到的，其间考验的是将帅的魄力。李世民是很有魄力的，众将也不敢再喊撤兵，但是管得住嘴，却未必管得住心。

你是主帅，这不假，但坚持攻打洛阳并不是最高指示。说白了，这么猛攻洛阳，伤亡这么惨重，你老爹真的愿意吗？于是，撤兵的声音虽然消失了，但另一种声音又开始响起——向长安汇报洛阳战况。

众人主张向长安汇报洛阳的战况，其实是想借李渊来压制李世民，相信李渊如果知道了唐军现在的状况，一定会下令班师。众人的这个想法，李世民心里清楚得很。

李世民觉得这对于自己来讲也许是个绝好的机会。众人借李渊来压制李世民，李世民为什么就不能借李渊来反压众人。问题的关键是，如何向李渊汇报？

汇报工作固然很重要，但为了达到自己理想的效果，如何汇报工作更重要。也就是说，本次汇报工作的人必须是主战派。于是，李世民决定让军事参谋封德彝赶回长安向李渊详细汇报洛阳的战况。之所以让封德彝去，除他能从战争的专业角度来汇报之外，更重要的是因为他是李世民的人。

事实证明，李世民派封德彝去是无比正确的。封德彝到达长安后，充分发挥了自己的专长，向李渊详细汇报了洛阳的战况，既然是主战派，当然也肯定积极说了很多继续攻打洛阳的好处。总之一句话，封德彝圆满完成了本次汇报工作的任务。李渊下令继续猛攻洛阳。

这件事，在洛阳之战中，虽然是个插曲，但对于我们现代人来讲，却是一个很好的启示，那就是不论做什么事——时机要把握，目标要明确，方法很重要，用人要过硬。只要你做到这四点，你的人生将会一片光明。

得到了最高指示的李世民，心中好像吃下了一颗定心丸。他发誓，不论多么艰难，一定要把洛阳拿下来。

李世民觉得攻取洛阳很艰难，事实上王世充此时的处境更加艰难。虽然在与李世民的较量中，王世充获取了一些自信心，但是很快洛阳城里的状况又令他信心大减。

当时的洛阳在唐军的四面包围下，已经到了惨绝人寰的地步。

最初，杨侗为了防止李密的进攻，将居住在洛阳城外的居民迁入城内，使洛阳的人口达到三万户，而现在因为缺粮，竟然还剩下不到三千户，也就是说如果你当时推开洛阳城里十家住户的大门，只有一家住户里边有人，正所谓：十户九空。

除此之外，当时洛阳城里最值钱的东西不是黄金珠宝，而是高粱米饭。据史料记载：在当时的洛阳 1 匹绢只能买 3 升粟，10 匹布才能买 1 升盐。如此昂贵的物价，老百姓有几个买得起？

老百姓的日子苦，当官的日子也好不了哪去。尚书以下的官员都要亲自参加生产劳动，这对于平常过惯了“衣来伸手、饭来张口”日子的官员们来说，无疑是困难的，所以官员中，也有不少饿死的。最典型的例子就是尚书郎卢君业，死在水井里，居然没人收尸。

可以说，当时的洛阳已经不再是富丽堂皇的繁华东都，说它是人间地狱一点不为过。

二月三十日，王世充在洛阳外围唯一的一个据点——虎牢关，被唐将王君廓攻陷。至此，李世民已经成功拔除了洛阳外围所有的据点，洛阳已经被李世民握在了手心里。

只要坚持猛攻，洛阳必破！李世民的嘴角逐渐露出了微笑，在他看来，自己当初的决定是正确的。然而战场的形势真是瞬息万变，就在李世民即将攻陷洛阳的时候，他得到了一个重要的情报，这个情报让李世民刹那间皱紧了眉头。

窦建德率领十万大军，正赶来援救王世充。

救星来也

其实，此前窦建德一直在等待。

一方面，是等待李大师回来反馈的消息，如果李世民撤兵那再好不过；另一方面，是等待彻底打败孟海公后，腾出手来专心解决东都洛阳的问题，到时如果李世民不撤兵，那就挥师西进，援救洛阳。

三月十日，经过艰苦的努力，窦建德终于平定了孟海公势力。

此时，窦建德已经得到了李大师被李世民扣留的消息，他隐隐地感觉到情况似乎不妙，这意味着李世民已经拒绝他撤兵的建议，而且他越来越感觉李世民是绝对不满足于仅仅平定洛阳的。李大师的一去不返，让窦建德明白，其实这是李世民的一种无声的宣战。

王世充之后，必定是自己。所以窦建德决定不再等待。

三月十六日，窦建德征发已经投降的孟海公部众八万人，配以本部兵马三万人，组成十一万大军，亲自援救洛阳。

窦建德征发孟海公部众去援救洛阳，是有很深的用意的。

一方面，孟海公刚刚投降，内心深处是否真的归顺，窦建德心里没有底，让孟海公的人跟着自己上战场，其实是想借此机会削弱孟海公的势力，因为打仗总是要死人的；另一方面，带着自己的本部三万人，是为了以防万一，如果孟海公在战场上来个临阵倒戈，至少身边还有人马可以调配。

由此看来，窦建德真是大大的狡猾。一句话，牺牲别人，保全自己，此乃政治斗争的根本法则。窦建德这么做是出于以上两方面考虑，此时他当然想不到，正是自己的这个决定，客观上为后来的刘黑闼起兵反唐提供了便利条件。

窦建德挥师西进的速度是相当快的，先后攻克了唐军把守的酸枣、管州、荥阳、阳翟等地，一通横扫后，与王世充的弟弟王世辩兵合一处，号称三十万大军，杀奔虎牢关。

窦建德堪称飞速，因为此前虎牢关已经被唐军攻破，所以窦建德只能屯兵于虎牢关的东原（今河南荥阳广武山上），与唐将王君廓形成对峙。

窦建德驻军后首先做了两件事，第一件事是在板渚（今河南汜水镇黄河一侧）修筑工事，准备在虎牢关打一场持久战。

第二件事就是派人急忙绕道前往洛阳，给王世充打气。

毕竟自己现在已经被王世充拉下了水，开弓没有回头箭，如果这个时候王世充万一顶不住投降了，那可真是麻子敲门——坑人到家了。

在窦建德看来，自己出马那是一个顶俩，王世充解决不了的问题，自己将很快就会解决，现在大军压境，李世民以一敌二，该考虑撤军了吧！

窦建德前来增援的消息，让李世民觉得王世充和窦建德两个人是屎壳郎拜把子——臭到一起了。

既然来了，一只羊也是赶，两只羊也是放，那就搂草打兔子——捎带脚，把你窦建德也一起灭掉，也省得我再发兵去河北打你。在李世民的脑海中，永远没有“退缩”两个字，即使是刀山火海，即使是狂风暴雨，依旧是勇往直前！

窦建德虽然拔刀相助王世充，但是由于被虎牢关所阻，无法进入洛阳，也就是说两家并没有真正地合兵一处。

李世民敏锐地察觉出这对于自己是个绝好的机会。如果方法得当，可以同时打败王世充和窦建德两大势力。

李世民当然不会轻易放过这个机会，于是他决定，趁窦建德立足未稳，分兵前往虎牢关，具体部署如下：

一、猛攻洛阳的作战任务，暂时由李元吉指挥，屈突通协同指挥。除了吃饭、睡觉，其余的时间要不停地猛攻。

二、李世民自己带领李世、程知节、秦琼、尉迟敬德等大将，率领三千五百名轻骑兵东援虎牢关。

绝对不能让窦建德进入洛阳，一定要拒敌于虎牢关之外！

著名的虎牢关大战就此正式开打。

请君入瓮

三月二十五日，李世民抵达虎牢关，与王君廓部成功会合。

此前，李世民一直担心在自己赶来之前，窦建德会猛攻虎牢关，他怕王君廓支持不住。所以，他快马加鞭地赶到虎牢关，转天，李世民和众将带领五百名骑兵，前往虎牢关东二十公里处的夏军大营外围进行侦察活动。

幸好看到的是一片风平浪静。窦建德依然在修筑工事，对于李世民的到来，他毫无察觉。

窦建德错过了最好的进攻时机。错过了这个机会，他将再也没有翻身的机会，因为李世民是不会给他机会翻身的。

李世民清楚，窦建德的数十万人马如果猛攻虎牢关，以自己手中的这点兵力，那简直是鸡蛋碰石头，虽说虎牢关易守难攻，但是也架不住不停地拍砖。而且窦建德的身后是人家自己的地盘，可以源源不断地为前线输送粮食，窦建德想攻多久都可以。但是，李世民却做不到想守多久都可以，毕竟是劳师远征，除了虎牢关里的屯粮，后方基本没有粮草供应，一旦战事陷入僵局，后果将不堪设想。

粮草和人数的劣势是李世民面临的最现实的问题。这个问题该如何解决呢？目前情况下只有一个办法：速战速决。

要想速战速决就要主动出击，主动出击的目的是打败敌人，而打败敌人的绝佳时机是在敌人士气低落之时。

现在首要任务就是打击敌人的士气。所以李世民决定趁窦建德立足未稳，打一场漂亮的伏击战。具体方案如下：

一、李世勣、程知节、秦琼率领三路人马共五百人，埋伏在沿途；

二、三路人马看到有夏军来到后，程知节迎头痛击，秦琼拦腰斩断，李世勣断其后路；

三、敌人败退后，不可深入追击，迅速回军。

那谁去引诱敌人出战呢？答案是——李世民。

这是一项高风险的运动，搞不好有可能有去无回，所以当李世民刚说出这个决定，就遭到了众人的反对。

"秦王你是主帅，这么危险的事情，你不能去，我去！"尉迟敬德第一个站出来反对。

"是啊！上次宣帝景陵一战和青城宫之战，秦王你算是侥幸脱险，这次万一有什么闪失，皇上那里怎么交代啊？还是我和敬德一起去吧。"李世勣跟着说道。

"不！这次是我们第一次和窦建德交手，相信窦建德一定会谨小慎微，如果一般人去，不一定能够引他们出来，所以这一次，必须由我亲自出马！"李世民坚定地说道。

"那我和秦王一起去，以防万一！"尉迟敬德急忙说道。

"也好！有敬德在我身旁，对方即使有百万之众，又能奈我何？"

这一次李世民又将担当起"钓金龟"的任务，以他的地位，这项工作本不应由他来做，但是多年的军旅生涯，让李世民觉得自己就是一个普通的士兵。

穿上这身盔甲，站在这里，我与所有人都是一样的。每个人都要随时面临死亡的危险，每个人都要去主动面对这种死亡的危险。所有的人都不例外，我李世民更不例外！

在充分吸取了以前的经验教训后，李世民这次的任务完成得相当出色。当然，在"钓金龟"的过程中，玩的也是心跳。

为了达到让夏军轻敌的目的，李世民和尉迟敬德只带着四个骑兵前往夏军阵营进行挑衅。

在距离夏军阵营三里时，夏军的巡逻兵发现了李世民。不过，只有六个人，巡逻兵没有在意，只是对着李世民喊话：

"嗨！干什么的？"

"我乃大唐秦王也！"

“什么？李世民？”

就在巡逻兵一愣神的工夫，一支冷箭已经射穿了他的喉咙！射出这一箭的正是李世民。这下，夏军的士兵如梦初醒。

面对李世民这条大鱼，夏军岂能就此放过。追！全力地给我追！

很快，夏军一窝蜂地朝着李世民和尉迟敬德杀来。李世民并不慌张，既然敢报上姓名，就是为了让你追过来，有本事的就跟着我一块走。

史书记载：“按辔徐行，追骑将至，则引弓射之，辄毙一人，追者惧而止，止而复来，如是再三，每来必有毙者，世民前后射杀数十人，敬德杀十许人，追者不敢复逼。”

其实通俗点说，这就是“肉包子引狗”战法。咱不慌不忙地往回走，如果追上来，就张弓先放倒一个，害怕了吧。怎么不追了？那我接着慢悠悠地走。

怎么？又追上来了啊！那就再放倒一个，又害怕了？有本事接着追啊！真追来了啊？接着射。

李世民就是靠着这种引诱的方法，逐渐地将夏军引入了伏击圈，归根结底一句话，李世民的名头太响亮，夏军的追击很业余。在这里，其实暴露出夏军的一个严重缺点，那就是打仗不专业。

窦建德的军队，是由纯农民组成的，平常缺少正规的军事训练，如果拿着锄头、铁棍等武器在一大片开阔地上和敌人血拼，或许还能占到便宜，因为这根本不需要战法，也没有什么技术含量。

但是，如果涉及布阵、攻城、打埋伏、追击战等，相比之下窦建德的部队就会吃一些亏，不过这也没有办法，窦建德本身就是农民出身，对于战争中含有技术成分的工作，可以说是门外汉，手下又没有专业的精英人才，所以遇到类似的问题时，吃亏就在所难免了。

这一次窦建德确实吃了大亏，这个亏让他吃得居然没有翻身的机会。

一大群人只盯着李世民这条大鱼，一根筋地往前追，他们应该开动脑筋认真思考一下，为什么李世民只带四个人来？

李世民就靠着这种“肉包子引狗”的手段，一步步地将夏军引入了伏击圈。

当夏军士兵即将追到李世民的跟前时，一阵杀声响起，埋伏在道路两旁的伏兵，迅速杀出，将夏军一通猛打。由于事先精心设计，这次伏击战，基本上将伏击圈内的夏军全部歼灭，斩首三百余骑，唐军大获全胜。

首战旗开得胜，让唐军很是兴奋，他们认为，窦建德不过如此，于是有很多人纷纷要求李世民率大军主动出击，尽早打败窦建德。

但是，李世民的头脑很清楚，他知道这次伏击战，虽然打胜了，但并不能说明任何问题，最多也就是打击了一下对方的士气，相反，窦建德通过这次的败仗，今后会更加小心谨慎，如果此时出动大军，无异于以卵击石。

其实，在李世民的心中，本不想与窦建德为敌，毕竟以一敌二，不是一件简单的事情，赌钱赌输了可以还钱，但战争一旦赌输了，那没的可是性命，李世民即使再能打，心里肯定也是没底。

所以，挟着这次伏击战的余威，李世民给窦建德修书一封，目的是劝他退兵。正所谓：打个耳光，再来个蜜枣。

窦建德接到李世民的信后，第一反应是大吃一惊，他实在没有想到，李世民会以这么快的速度，赶到虎牢关。首度交锋，就被人家打了个伏击，窦建德郁闷到了极点，这封书信在他看来，与其说是劝他退兵，不如说是挑衅！

毕竟两个人所处的角度不一样，事实上，李世民的这封信，客观上倒是激起了窦建德的斗志。

李世民！拿我当猴耍啊！当初，我让你退兵，你是个什么反应？现在要我退？

决策

窦建德此次大张旗鼓地前来，当然不想就这么灰溜溜地退回去，即使要退，也应该打个胜仗，赚足面子再退回去。但是事与愿违，四月三十日，即上次伏击战败之后，窦建德再一次失利。

这一次，李世民派遣王君廓，出其不意地端了夏军的运粮队，俘获了夏军将领张青特。

这次失利的打击对于夏军来讲，比上一次伏击战失利的打击还要大，伏击战最多死几个人，对于没参加的人来讲，属于“事不关己，高高挂起”，可让人家端了运粮队，这可是不得了的事情，没有粮食吃，难道大家一起饿死在虎牢关不成？

鬼才知道，李世民究竟以后还会端掉几个运粮队。于是，在夏军内部，开始出现了“撤兵”的声音。不过，夏军喊的“撤兵”和当初唐军喊“撤兵”的意义是不一样的。

唐军当初是因为死伤太重，而这一次夏军是因为很多人心里都有自己的小算盘。

在前边我们曾经分析过农民起义的局限性，这种局限性目前在夏军中表现得最为明显。还是那句话，归根结底是因为夏军的成分都是农民。

刚刚打败孟海公，俘获了大量的土地和金银财宝，在夏军看来，俘获的这些东西远比发展势力重要，史书记载：“建德数不利，人情危骇，将帅已下破孟海公，皆有所获，思归洺州。”

在我看来，“人情危骇”纯粹是扯淡，心里惦记着如何挥霍金银财宝才是真的。

当然，窦建德是绝对不想回去的，现在金银财宝对于他来讲简直如粪土一般，他要的是一统天下，要的是万人敬仰。可惜的是，上司与下属终究是一对矛盾体，对于下属的要求，窦建德需要有所考虑，但是这场仗也必须打下去。

问题的焦点出来了：如何尽快结束这场战斗，让大家回去享受一下。

开会！集思广益。集体的力量是无穷的。事实上，集体的力量有时也是没用的。

第一个站出来发言的是参谋凌敬。

"皇上！微臣认为这场仗必须打下去，当然也要尽快结束它，我觉得最好的办法是率大军避开虎牢关，攻取怀州、汉阳等地，然后翻越太行山，攻打李渊的老家山西，然后再拿下壶口、蒲津等地，直接威逼长安。到时李渊肯定撤回围攻洛阳的唐军进行自救，那洛阳不就解围了吗？此乃围魏救赵之策也！"

凌敬这么说，相信他一定没到过太行山。水源如何解决？粮食如何供应？

没有调查就没有发言权。凌敬的建议，理论上 100 分，实践起来绝对不及格。所以，凌敬刚一说完，就遭到了诸多人的反对。

"翻越太行山？你知道太行山多高吗？你知道翻越过去要用多长时间吗？"

"是啊！你能保证一定能打下怀州、汉阳吗？"

"你以为到了山西，人家唐军就没有抵抗了吗？"

"请问凌大人，如果唐军知道我们要翻越太行山，在山下设下伏兵，我们该往何处去？"

……

一系列的问话，让凌敬哑口无言。

书生最擅长的还是做学问，打仗这种玩命的事，还是尽量不要参与的好。

众人的问话虽然很有道理，但是如果你真的认为他们是在替整个夏军考虑，那可是大错特错。他们考虑的还是自身利益。

真要是按照凌敬的建议去做，这些将领当然会是首当其冲的实践者，巍巍太行山什么时候才能翻过去？你出主意，我们干活，拿我们当白痴啊？

在听完凌敬的建议后，窦建德倒很是兴奋了一阵，可众人的反对瞬间又将他的热情浇灭。

窦建德开始犹豫了。是翻越太行山还是坚持攻打虎牢关，这是个问题。左右权衡，他忽然想到了一个很关键的问题，如果在翻越太行山的过程中，洛阳被攻陷了怎么办？

是啊！如果王世充完蛋了，那翻越太行山又有什么意义呢？坚持攻打虎牢关，说不定还能擒获李世民。

对！就这么定！

"传我命令！大军尽快休整，近日攻打虎牢关！"

业余的军队

窦建德在寻找李世民的破绽，伺机发动总攻。李世民也在注视夏军的动向，寻找有利战机。双方陷入了僵局。

这是谁也不希望出现的局面。谁都希望对方率先出现破绽，当然，谁也都努力经营着自己的阵地，至少不被对手抓住漏洞。可惜，这个世界上，实在没有完美的事。

唐军首先出现了破绽。李世民所带来的都是骑兵，而骑兵主要的供给就是马匹的草料，由于陷入僵局，马匹的草料开始出现短缺。

人要吃饭！马要吃草！

唐军的优势在于骑兵，而马匹一旦断了草料，那就只能是骑兵改步兵，同时也就意味着唐军失去了自身的优势。不过，马匹所需要的草料可以就地取材，也就是说找一块草地，让马吃个饱。

当时在虎牢关的黄河以北，有大片的草地，于是李世民决定在黄河以北将马放出去，进行一次大规模的牧马。当然这也是没有办法的办法。

唐军牧马的消息，很快被窦建德所掌握，他决定利用唐军牧马的机会，给唐军以致命的打击。

窦建德的确抓住了唐军的死穴，表面看起来，窦建德似乎为李世民张开了一个大口袋，而李世民正在一步步地往里钻。事实上，正好相反。

就在窦建德刚刚拍板制订了本次作战计划，没过多长时间，一封绝密情报就摆在了李世民的面前。其内容是，唐军牧马时，夏军即偷袭。

记得"二战"时，美军之所以能够成功击落山本五十六的座机靠的就是出色的情报工作，可见不论什么时代的战争，决定其最终结果的，除实力、运气等诸多因素之外，情报工作绝对是不容忽视的。

李世民的情报工作，做得相当到位，所以这一次唐军又掌握了主动权。窦建德的主动出击，恰是一个很好的可利用的机会。那就将计就计。

五月二十七日，李世民率领骑兵北出虎牢关，渡过黄河，在广武山下开始牧马，这一切自然没有瞒过窦建德的眼睛。当晚，李世民返回了虎牢关，临走前，他留下了一千匹战马在广武山下。

请注意：就是这一千匹战马彻底迷惑了窦建德。

很长时间以来，窦建德一直忌惮李世民的骑兵，现在他看到唐军的所有马匹都在广武山下，就以为虎牢关中必定没有骑兵，这实在是个发动总攻的好机会。

窦建德的情报工作再一次出现了失误。

第二天，窦建德决定，对虎牢关发动总攻。

这是一次大规模的军事行动，虽然没有史料证明窦建德出动了全部军队，但至少人数是庞大的。据史料记载：北距大河（黄河），西薄汜水，南属鹊山，亘二十里，鼓行而进！

实在是壮观！

在壮观的背后，其实表现了窦建德决战的信心。窦建德的信心是百倍的，可当他布好阵后，他忽然发现，唐军阵营一片寂静。

为什么？唐军的阵营为什么一点反应都没有？窦建德开始纳闷。难道有埋伏？“传我将令，暂停前进，静观其变！”在没有摸清虚实之前，为了稳妥起见，窦建德下达了停止前进的命令，沿汜水河岸驻扎。

在我看来，这固然是个稳妥的决策，同时也是个贻误战机的决策。事实上，窦建德顾忌唐军有埋伏，唐军也同样心虚。

将近十万人敲锣打鼓地向自己阵地走来，这么庞大的阵容，换了谁都会有些胆怯，唐军阵营没有动静，是因为唐军将领们都看傻了眼。但是，有一个人自始至终都保持着清醒的头脑，这个人就是李世民。

当夏军在汜水河边驻扎后，李世民带着几个随从登上高丘，开始观察夏军的虚实。作为一个久经沙场，具有丰富作战经验的优秀将领，李世民在观察的过程中，敏锐地发现夏军存在着相当多的弊病。

第一就是人心浮躁。本来大战在即，无论是将领还是士兵，都应该全神贯注，随时应对战场上发生的一切，而李世民看到的却是另一番景象，走神的、逗笑的、左顾右盼的，应有尽有，好像打败唐军犹如探囊取物一般，可见夏军的整体素质实在不怎么样。

第二便是阵型松散。窦建德沿汜水一字布阵排开，在汜水的前边就是虎牢关，两军阵营只有一水之隔，唐军完全可以渡过汜水冲击夏军的阵营，而夏军阵营首尾长达二十里，看起来十分唬人，其实真要是打起来，首尾根本无法相顾。

结果证明，正是这个松散的阵型，最终导致了窦建德的惨败。

夏军的情况，让李世民暗暗好笑。他当即决定，暂时按兵不动。他坚信，以窦建德的性格是绝对不敢攻过来的，以夏军的人员素质，时间一长，军心必然涣散。

李世民的判断完全正确。

唐军的阵营依然静悄悄，所有的人都在等待，等待夏军出现那个致命的破绽——军心涣散。

等待总是漫长的，等待也是一种考验，更是一种意志的比拼。等待的过程中，是看不到最终的结果的，但当你经过长时间的等待，最终盼来了自己想要的结果，你会发现，等待其实是很有意义的。

只要结果美满，一切等待都是值得的。李世民的等待也很漫长，最终他等到了自己想要的结果。夏军的破绽出现了。

窦建德从早上开始布阵，历时三个时辰，由于当时天气炎热，中午时分，夏军开始出现骚动。有的开始席地而坐，有的争抢饮水，甚至有的人开始寻找阴凉处避暑。

农民军的整体素质真是无法和正规军相比。

奇袭

从早晨到现在，李世民始终全神贯注地注视着夏军，没有说一句话，甚至没有喝一口水，现在他终于看到夏军开始散乱。

"宇文士及听令！"

"在！"

"率领三百轻骑兵，先做一下试探性攻击！"

"是！"

"注意！如果敌阵不动，马上撤回来，如果敌阵散乱，你等引兵向东进发！"

"遵命！"

"丘行恭听令！"

"在！"

"马上将广武山下的那一千匹马领回来！让骑兵做好战斗准备！"

"遵命！"

李世民把一切安排妥当，他知道决战的时刻来临了。

宇文士及的试探性攻击就此开始。就在他带领骑兵冲到对方不到一里的地方时，夏军开始骚动。我再重复一遍，是"骚动"！而不是准备迎战。

……

夏军注定要为自己的轻敌付出惨重的代价。

宇文士及看到夏军的阵型开始移动，马上按照李世民的部署，迅速带领骑兵向东转移。本来，夏军追击宇文士及这点人，用一营人马绰绰有余，可他们的追击战术实在太糟糕，居然跟上去了将近一万人。

既然是已经布好的阵型，那么所有的人都有自己固定的位置。问题出来了，这一万人的空缺，由谁来填补？由于夏军的业余，事先并没有制定应急预案，所以这个空缺没人去填补。

好了，宇文士及的任务顺利完成了。接下来的任务将由李世民来完成。

就在夏军阵营出现空缺的一刹那,李世民带领骑兵迅速地杀了过来。目标是窦建德中军大营。

李世民当然明白,以自己的实力,要想打败窦建德的十万大军,只能用一种方法——闪电突袭。而要想使敌人彻底瓦解,就必须使他的指挥系统彻底瘫痪。正所谓:射人先射马,擒贼先擒王。

至此,我们终于明白了,李世民在此之前的一切安排都是连环式的。宇文士及不过是佯攻,召回广武山下的一千匹战马,是为了发动实质性的攻击。

自古能军无人能出李世民之右者!

数千唐军排山倒海般向窦建德大营发起猛烈的冲击。

李世民心里最清楚,此刻,时间是最宝贵的,一旦窦建德醒过闷来,组织人马将唐军包围,后果将不堪设想。事实上,李世民多虑了,准确地说,是高估了窦建德的指挥能力。

此时的窦建德正在做一件将帅们都擅长而且喜欢做的事——开会。开会的内容是,怎样攻打虎牢关,怎样活捉李世民。真是莫大的讽刺,窦建德一定想不到结果恰恰相反。

也许是过于自信,也许是压根想不到李世民会铤而走险直奔自己的中军大营,窦建德没有在营外细致地布防,当李世民冲进来时,窦建德刹那间脑子一片空白。窦建德的表现,让我们再一次见识了夏军的"业余"作战水平。一万士兵脱离自己的阵地去追击敌人,作为主帅居然不知道。

记得黄宏在小品《打气》里说过一句台词:我不下岗谁下岗?这句话套用在窦建德身上应该是——我不惨败谁惨败?

"骑兵在哪?冲上去!冲上去!"慌乱之中窦建德急忙下令。但是,一个很搞笑的原因,却阻止了骑兵的道路。

开会的人实在太多,本来这些大臣很多人都是混日子的,当唐军冲过来时,所有的大臣由于害怕,下意识地向窦建德身后跑,就是这个原因,导致窦建德的骑兵部队无法前进。

基本上,这也算防线是从内部崩溃的吧。史书记载:进退之间,唐军已至!

没办法,跑吧。

逃跑是个技术活

事实上,逃跑这项工作也是需要技术含量的。可惜,窦建德由于平常缺少逃生训练,所以本次逃生行动,以失败告终。正所谓:树倒猢狲散,鬼死棺材烂。

当窦建德跑到一个叫牛口渚的地方时,他忽然发现了一个问题:自己成了光杆司令。窦建德勒住马头,不禁感慨万千,自己坐在那个宝座上时,底下那么多的人前呼后拥,口中不断唱着自己最爱听的赞歌。那个时候,他真的以为自己是这个世界上最伟大的人,他信任每一个人对他说的话,信任每一个人对他做的事,他认为所有的人都是那么善良,都是那么可爱。

今天,他终于明白了,先前的一切吹捧、赞扬、毕恭毕敬等不过是伪装而已,人们不是在吹捧、赞扬窦建德,不是在对窦建德毕恭毕敬,大家之所以这么做,只是因为想得到一样东西——权力。

不想这么多了,还是活命要紧。此时的窦建德并没有失去信心,他坚信回到河北,自己依然能够东山再起!

历史再一次告诉我们:理想与现实是两回事。理想很美好,现实很残酷。

就在窦建德停止思索,准备继续向前时,唐将白世让、刘武威迅速地追了上来。

"这有个夏兵!"

"别让他跑了!"

话音未落,白世让举起长槊便刺,他当然不知道,眼前的这个人就是夏王窦建德。

"别杀我! 我是夏王窦建德! 把我带到你们秦王那里,你们会得到重赏啊!"

很长时间以来,人们对窦建德的这番话很是诟病,认为堂堂当世枭雄,居然在关键时刻表现得这么贪生怕死,实在不像个爷们。说实话,我也这么认为,但是我想说一句,我能够理解他。

归根结底一句话,窦建德不是神,他是一个实实在在的人。无论是平民百姓还是帝王将相,只要是人,就有求生的本能,窦建德也不例外。所以我们不必苛求他必须表现得多么英勇不屈、大义凛然。

当然,对于那些将生死置之度外、舍生取义的人,我还是十分钦佩的。要做到这一点,真的很难。

当白世让和刘武威将窦建德押到李世民跟前时,李世民笑了。满脸笑意的李世民,将窦建德的脸抬了起来,然后问了一个问题:"我来讨伐王世充,跟你有什么关系? 你居然敢出兵阻止我,你究竟是怎么想的,能跟我说说吗?"李世民的声音很轻很温和,因为他知道对待一个阶下囚完全没有必要动怒。

"如果我不出兵,秦王早晚也会去河北抓我,所以我干脆主动送上门来!"

"哈哈哈哈! 回答得实在是妙啊! 来人,将窦建德押进囚牢,严加看守!"

窦建德的回答实在很幽默。在我看来,他的回答却是很朴实,一句话说出了最根本的内容。

自嘲是一门艺术,无奈的自嘲其实是一种悲哀。

谁也没有想到,著名的虎牢关大战会以这样无厘头的方式结束。但是,洛阳的战局依旧胶着。

投降

王世充本想利用李世民不在洛阳的这段时间，打破唐军的包围圈，虽然也获得几次小的胜利，但在李元吉、屈突通等人的努力下，还是没有改变洛阳的战局。洛阳依旧是被围得水泄不通，唯一与前段时间有所不同的是，王世充手下反水的人倒是越来越多。

五月七日，偃师、巩县守军投降唐军。洛阳旧城守将王德仁弃城逃跑，副将赵季城降唐。

五月八日，李世民率领骑兵赶回洛阳城下，当然带回来的还有被俘的窦建德。

回来之后，李世民做的第一件事就是将被俘的窦建德，以及他的手下王琬、长孙安世、郭士衡等人，拉到洛阳城下示威！

看看吧！这就是对抗我大唐的下场。王世充！用不了多长时间，你将会和这些人跪在一起！

当王世充在洛阳城头，看到城下窦建德那可怜的样子时，几乎昏厥过去。他万万没有想到，自己请来的大救星，居然会先于自己做了俘虏。更出乎他意料之外的是，他们的见面方式会如此滑稽。

实在是有些黑色幽默。

王世充顿时感觉自己一无所有，自己的末日即将来临。但是，垂死也要挣扎，奋斗了这么多年才混到皇帝这个位置上，不论是谁，都不会甘心从这个宝座上轻易地退下来，所以王世充抱着赌博的心态，试图从唐军的包围中打破一个缺口，南下襄阳，东山再起。

就在他和众将商议突围的方案时，李世民又做了第二件事——让长孙安世进城现身说法。一般情况下，要想让人从反面事件中吸取深刻的教训，最好的办法就是让当事人现身说法，这种方法能沿用千百年一直到今天，足见它的效果。

长孙安世对王世充具体说了什么，今天我们已经不得而知，但是可以想象得到，他说的一定是李世民如何如何厉害，窦建德如何如何不是对手之类的话。李世民的这一招，对王世充的心理打击是致命的。一切防线的最终突破点是心理防线。

投降吧。对于王世充来讲，投降已经不是一种耻辱，而是一种解脱。当然，精明的王世充在投降之前，没有忘记和李世民交换条件，不过他的条件很简单——保全性命。李世民答应了。

正是因为这一点，王世充和窦建德最后的结局迥然不同，这一点后边我们还会说到。

五月九日，王世充身着白衣，带领洛阳城内文武百官共两千余人，打开洛阳城门正式投降。这种场景，在中国历史这出大剧中，似乎出现过N多次，王世充是他们其中的一个，但绝不是最后一个。

洛阳城终于迎来了新的主人——李世民。像当年刘邦进入咸阳一样，李世民进入洛阳城后，废除了五家相保制度，查封郑国国库，将金银玉帛全部赏赐给劳苦功高的将士们。

但是，当李世民想收集整理隋朝的书籍、诏书和制文时，却一无所获，只因为一个原因——王世充已将它们统统烧毁。

海涅曾经说过：哪里烧书，哪里接着就会把人也扔进火堆。按照这种逻辑推理，我们终于明白了王世充的手下为什么会有那么多人反水，洛阳城中的百姓为什么会有那么多人争相逃出洛阳城外。

无论怎样，其结果就是——王世充的覆灭是必然的。

人性的光辉

对于这个已经覆灭的集团，李世民并没有手软，在进入洛阳城后的第二天，他下令将王世充手下的主要谋臣共十余人，推到洛水河边，全部斩首。杀人立威从来都是震慑人心的最好手段。

在被斩的这十余人中，绝大部分没有留下什么记载，但是有一个人却是大名鼎鼎，这个人就是单雄信。作为瓦岗军的老资格成员，单雄信最后落到这个结局，可以说完全是因为站错队的缘故。这一点，大家只要看看秦琼、程知节、李世勣等人的命运，就会完全明白。

人生是一张单程车票，可以回头重来的机会寥寥无几，在我们匆匆又匆匆的步履中，一些不起眼、不经意的选择其实就决定了你的命运。

在选择的十字路口，究竟是向左走，还是向右走？命运其实掌握在自己的手中。

单雄信即将被斩，唐军阵营中最难受的莫过于李世勣，当年在瓦岗军中，两个人发誓同生共死，如今却即将分属于两个世界。无论如何，也不能眼睁睁地看着拜把子兄弟被斩于洛水河边。

李世勣是很够意思的，他向李世民反复求情，甚至不惜用自己的官爵来赎回单雄信的性命。但是，这遭到了李世民的断然拒绝。

李世民当然不会忘记宣帝景陵和青城宫之战，自己差点就死在单雄信的手中。李世勣知道李世民的脾气。

他知道这一次单雄信必死无疑。绝望之下，李世勣决定去狱中向这个最要好的兄弟做最后的道别。

“我知道如今你已经是大唐王朝的高级将领，岂会拼死救我这个阶下囚！”单雄信的话很刺耳，在他看来，李世勣已经忘记了当年的誓言。

“不！我不能去冒这个险，秦王的脾气我是知道的，决定的事情绝不悔改，如果我也死了，谁来照顾大哥的妻小呢？”说完这句话，李世勣剜下腿上的一块肉，递到了单雄信的跟前。“让这块肉跟随大哥一起入土吧，不负我们当年的誓言！”

刹那间，单雄信感动地流下了泪水，他实在没有想到，在这个城头变换大王旗的乱世，居然还有李世勣这样如此重情重义的人。李世勣没有食言，单雄信死后，李世勣收养了他的儿子，将其抚养成人，而且每年都会到单雄信的墓前去祭拜。

在历史的长河中，虽然我们常常会看到血腥、屠戮、阴谋等，但是这么多年以来，我一直还是对这些故纸堆保持着极大的热情。因为，我始终坚信在那些血腥、屠戮、阴谋的背后，人性的光辉与伟大将永远存在。

第十七章
野心的暴露

野心

洛阳之战，是李唐王朝统一天下的决定性战役。李世民以其天才般的军事才能，一举平定王世充和窦建德两大势力，为唐朝的一统天下做出了卓越的贡献。在这个过程中，虽然李世民的付出是最多的，但是这种付出，也使他获得了丰厚的回报。

长期的战争，使李世民积累了一套完备的战略战术思想，随着战争的进行，这种战略战术思想不断成熟，不断完善。而且在战争中，李世民不断地扩充人才储备，其中最大的收获就是收降了尉迟敬德。

不过，在我看来，长期的战争，给予李世民最大的回报并不是上边所说的这些，他的最大的回报是——政治资本的积累。现在，我们盘点一下李世民自太原起兵以来，到目前为止所积累下的政治资本：

一、晋阳起兵；

二、攻打长安；

三、平定西秦；

四、打败刘武周；

五、擒获窦建德；

六、平定洛阳。

这一连串看下来，我们就会明白，除西凉的李轨和后来江南的萧铣、江淮的辅公祏不是李世民平定的之外，唐朝大半的天下都是李世民打下来的，可以说在唐朝内部，李世民是通过战争积累政治资本最多的人。拥有如此雄厚的政治资本，使李世民成为当时最耀眼的政治明星。

所有的人的目光都聚集在了洛阳，所有的人的目光都聚集在了李世民身上。因为，在所有人看来，大唐王朝只有依靠李世民才能平定天下，在这一点上，有很多人甚至忽略了那个坐在皇帝宝座上的李渊。

此时的李世民的确是春风得意。

没错，在刘文静被杀后，李世民隐约感觉到了朝廷对他的防范，所以他采取了通过多立战功来谋求更大生存空间的策略。现在，他做到了，而且做得是相当地出色。在他看来，除皇帝李渊外，自己才是这个帝国最有价值的人。

随着名声的逐渐响亮，随着自身势力的不断扩充，在李世民的脑海中，渐渐地，开始出现了一些想法。李世民的心情是激动的，是澎湃的，当然此时用两个字来表达李世民的心境，我想一点也不夸张，那就是——野心。

人其实是非常有趣的动物，在饥寒交迫、穷困潦倒时，吃上一顿饱饭就是最大的理想。当吃上饱饭时，又开始想着穿好看的衣服，拥有美好的爱情和婚姻，当这一切都拥有时，又开始追求精神生活的满足……

总之一句话，人的欲望是永远无法满足的。人在不同的处境，有不同的追求，李世民也是人，所以这一点李世民也不例外。

我不敢说，此时李世民的追求究竟是什么，他的追求是不是直接导致了七年后“玄武门之变”发生，不过可以肯定地讲，拥有了雄厚的政治资本，有野心是毋庸置疑的。

当然，李世民是绝对不会在额头上写下“我有野心”四个大字的，而在平定洛阳之后，李世民所做的一系列事情，我们还是能隐约感受到他这种野心的表露。

那么，李世民究竟都做了什么呢？

暗访

第一件事：拜访王远知。

王远知何许人也？

答：一个很有名的道士。

特长：算命。

据史书记载，平定洛阳之后，李世民在记室房玄龄（还没有正式登场，先客串一下）的陪同下，微服去拜访王远知。来到道观后，两个人还没有走到王远知的跟前时，这位会算命的道长，说出了一句让李世民和房玄龄大吃一惊的话：“来人中有圣人！”

听到王远知这么说，房玄龄不得已挑明了李世民的身份，紧接着王远知又说了一句话，这句话让李世民和房玄龄不禁倒吸一口凉气——“即将做太平天子的人，一定要好自珍重”！

如果这段记载真的属实的话，我们不禁要问，李世民去拜访王远知的动机究竟是什么？难道仅仅是喝喝茶，聊聊天，谈一些佛事？答案当然是否定的。

李世民明知道王远知是当时天下最有名的道士（兼算命先生），在我看来，他去拜访王远知的根本目的，就是想借王远知这张通天嘴，为自己谋划一个美好的前途。

毕竟，在一千多年前科学不发达的唐朝，人们都很相信什么天机、谶语之类的东西。王远知就好像今天的通灵师，他说的话，就代表上天的旨意。

李世民听完王远知的话后，非常满意。后来李世民当了皇帝，还多次表扬嘉奖王远知，以感谢他的预言。

在当时来讲，李世民是没有资格当皇帝的，因为太子是李建成。那么在唐朝逐渐稳定后，李世民是无法预料自己的前途的，这一点，不仅李世民担心，他手下的心腹，也同样担心。

俗话说，一朝天子一朝臣。如果李世民当不成皇帝，那他手下的心腹基本上就可以提前退休回家了，因为在皇权制度下跟对了人是最重要的。即使不为了自己，为了手下人，李世民也必须谋划自己的未来。

我不能说，李世民当时已经确立了夺取最高统治权的目标，但是拜访王远知这件事，至少向我们透露了一个信息：李世民是不甘心就此下去的。

炫耀

第二件事：炫耀武功。

武德四年（621 年）七月九日，李世民从洛阳胜利回到长安。在进入长安的时候，李世民表现得十分高调。

李世民身披黄金甲在前，李元吉、尉迟敬德、秦琼、程知节等二十五员大将骑着战马紧随其后，再后边是一万名玄甲兵威风凛凛，最后是三万名骑兵浩荡前进，再加上军乐震天，百姓夹道欢呼。堪称壮观。

按照常理来讲，长安城有皇帝李渊在，李世民即使立有大功，也不应该如此张扬，这极易使朝廷有一种功高震主的感觉，李世民并不是白痴，但是他为什么依旧这样做呢？答案只有一个：李世民故意为之。

公开地说，这是扬我大唐帝国国威，展示大唐帝国雄风。从李世民个人角度来说，是故意给朝廷施加压力，那就是——大唐帝国任何人的武功都不能和我李世民相比，包括太子李建成，甚至包括皇帝李渊。

在李世民的内心，也许会有一个不为人知的想法：通过炫耀武功，促使李渊换太子。

李世民的这种做法，确实让李建成的太子集团和当时的朝廷感受到了极大的压力。在他们看来，李世民是个危险分子，在未来的日子里，他极有可能打破李渊已经设置好的格局。

如果说前两件事，李世民和朝廷还属于暗战的话，那么接下来的第三件事，相信谁都可以看出来，李世民的野心并不小。

创建文学馆

第三件事：创建文学馆。

大家听到“文学馆”这个称谓，相信一定以为是个学术研讨机构，实际上并非如此。

李世民在创建文学馆的过程中，确实招收了不少有名的文人学士，但是他招收这些人绝不仅仅是进行学术研讨活动。

李世民是在利用当时这些有名的文人学士，去影响社会舆论，因为在许多人看来，文学馆就是当时的最高学府，这些文人学士的学术倾向和政治倾向，毫无疑问，影响着当时的朝廷和民众。可以说，李世民创建文学馆的目的是控制舆论。

当时的文学馆人才的确不少，相比之下，李世民比较器重的一共有十八个人，俗称“十八学士”。他们是房玄龄、杜如晦、于志宁、苏世长、姚思廉、薛收、褚亮、陆德明、孔颖达、李玄道、李守素、虞世南、蔡允恭、颜相时、许敬宗、薛元敬、盖文达、苏勗。

这些人有的我们曾经介绍过，例如于志宁和姚思廉，限于篇幅，在这里，我就不详细介绍每个人了。但是有两人我必须着重介绍一下，因为这两个人在李世民的心中，堪称“十八学士”之首。

这两个人就是房玄龄和杜如晦。

房玄龄，名乔，字玄龄，齐州临淄（今济南章丘相公庄）人。

其实，房玄龄很早就进入了唐朝的阵营，时间大约是在李渊进入关中的时候，那个时候他在渭北投靠在李世民的帐下，一直担任文秘工作，由于职位的原因，一直不怎么显山露水，但房玄龄绝对是一个不可以被忽视的人，因为他有着一项独特的技能——谋，此人善于谋划，思虑十分严密，凡事总要考虑再三才做出决断。

杜如晦，字克明，京兆杜陵人。

武德元年（618 年），被李世民引为属官，跟随李世民东征西讨，相当于参谋的角色，虽然职位不高，但每一次开会商讨军国大事，杜如晦都要参加，可见李世民对他的信任，他也有着自己的一项独特的技能——断，史称：军国多事，剖断如流，深为时辈所服。

房玄龄的“谋”，杜如晦的“断”，合在一起，历史上有一个很好听的称谓：房谋杜断。

在后来的“玄武门之变”中，两个人全程参与了策划，其中五个人功居第一，房玄龄和杜如晦就占了两个名额。

文学馆的建立，是一个标志性事件，标志着李世民在吸收人才的过程中，由吸收武将逐渐向吸收文臣倾斜，从而达到了文武平衡的状态。而文臣武将通吃，同时也说明了李世民笼络人心的手段实在高超。

文学馆表面看起来是文人学士研究诗词歌赋的地方，但它的创建者——李世民，却是个不折不扣的政治家。如果说文学馆的文人们天天进行学术研究，而闭口不谈政治，那绝对是不可能的。这就很像后来明朝的东林书院，最后发展成明朝第一大党——东林党。

随着时间的推移，文学馆的学士们逐步向政治幕僚方向靠拢，而文学馆也逐步向政治机构靠拢，他们的主要任务就是为李世民出谋划策。这就形成了后来的秦王集团。

整天一大堆人聚在一起畅谈国事，畅谈政治，当然他们所谈的一切自然都会倾向于李世民。时间一长，这一切自然瞒不过朝廷的耳目。于是，朝廷开始针对李世民进行有效的防范。

冷落

具体的形式就是冷落。这一点，我们从两方面可以看出来。

第一，不赏。

自从李世民东征西讨以来，每次打了胜仗，班师回到长安，朝廷都会马上对他进行封赏，其中包括官职的晋升。

武德元年(618 年)五月，唐朝建立后，六月被封为秦王，官拜尚书令、右武侯大将军、雍州牧。

武德元年(618 年)十一月平定西秦，十二月官拜太尉、陕东道行台尚书令，左武侯大将军、凉州总管。

武德三年(620 年)四月平定刘武周，同月加拜益州道行台尚书令。

我们发现，每一次李世民立功后，朝廷从决定晋升李世民什么官职到委任状发到李世民手中，没有超过一个月的，可以说效率是很高的。

但出人意料的是，这次平定洛阳，李世民七月回到长安，朝廷直到十月才晋升李世民为天策上将、陕东道大行台，同时宣布位在重臣之上。

朝廷还是原来的朝廷，皇帝还是原来的皇帝，为什么这一次办事效率如此低下呢？

有一种说法认为，由于本次李世民立的功劳实在太大，朝廷认为现有的官职都无法和他的功劳相匹配，所以商讨出个特有的官职“天策上将”授予李世民，而商讨这个官职，是需要时间的，所以一直拖到了十月份。

表面看起来，这个理由似乎无懈可击，但事情远没有这么简单。在我看来，这是朝廷有意为之。

你不是炫耀武功吗？你不是笼络人才，扩充势力吗？李世民，你的老爹还在，你的大哥太子李建成还在！你是不是应该反思一下了呢？

冷落到底

第二，不用。

李世民十月份得到官职的晋升，那个时候是个什么状况呢？刘黑闼横行河北。在此之前，平定江南的萧铣和出兵镇压刘黑闼，朝廷都没有派李世民出马。

平定萧铣，用的是李靖；镇压刘黑闼，用的淮安王李神通和大将李世勣，外加幽州的李艺。

按照常理来讲，镇压刘黑闼，李世民应该是不二的人选，可是在唐军惨败前，朝廷就是不用，显然，这其实是在向李世民透露着一个信息：没有你，地球照转不误。

但真的世事难料，谁能想到李世勣和李艺合兵大战刘黑闼，结果却是惨败。迫不得已，朝廷只能再次启用李世民，去镇压刘黑闼这个强劲的对手。

不赏加上不用，朝廷对春风得意的李世民进行了冷处理，除提醒李世民不可过于张扬之外，我觉得这里还有一层更深刻的原因。

而这个原因牵涉到一个人。这个人就是李建成。

李建成身为太子，自从进入长安后，一直在李渊的身边，协助处理朝政。若论军功，他当然不能和李世民相比。但是作为太子，未来是要接皇帝的班的，而当了皇帝后，面临着一个最关键的问题——如何服众？除你是皇子中的老大，大臣都认可你之外，还有一条必须具备，那就是做太子时要有一定的功劳。

李建成确实有功劳，攻打长安时，和李世民分领二军，一起打进长安，而且协助李渊处理朝政也是做得很不错，这一切自然不能抹杀。

但李建成现在面临着一个很现实的问题：李世民功劳实在太大，大到将自己的功劳完全遮盖住了。身为太子，居然被另一个皇子盖过了风头，相信换了谁，心里都会不爽。

那么结论出来了:朝廷冷落李世民,其实是在有意识地提高太子的地位,毕竟太子是未来的皇帝,朝廷是不可能让李世民压过李建成的,不然,李建成以后当了皇帝,该如何面对这个功勋卓著的二弟呢?

好了,李世民,你的野心现在不用再掩盖了,地球人都知道了。要想实现你的理想,目前情况下,你必须忍。还是按照你的既定方针,一步一步地前进吧。通过立功,扩大自己在朝廷的生存空间。

现在,你立功的时候又到了:刘黑闼的问题,还得需要你去解决。

第十八章
河北！ 河北！

斩你没商量

武德四年(621 年)十月二十九日,在这一天,李渊得到了两条重要的消息。

一个好消息,一个坏消息。

好消息是,从二月开始,历时九个月的平定江南萧铣之战,在李靖的正确指挥下,终于取得了决定性胜利,十月二十一日,萧铣举城投降,现在已经被押送到长安。

坏消息是,刘黑闼继窦建德后,在河北举旗造反。

李渊得到这个消息时,正好是李世勣和李艺惨败的时候,相对于李靖平定江南的那个好消息,李渊更在意的当然是刘黑闼。

这的确是一个很让李渊头痛的问题,谁能想到连李世勣这样的大将都不是刘黑闼的对手呢？看来刘黑闼是一个比窦建德更厉害的角色,现在这个角色已经横空出世,他将给李唐王朝制造极大的麻烦。李渊的心情坏到了极点。

“别理我！烦着呢！”相信这六个字是此时李渊心情最真实的写照。可怜的萧铣就是在这个时候,被押到了长安。皇帝现在很郁闷,你的结果很凄惨。

凄惨到什么程度:斩！

没办法！萧兄弟,你的命运就是如此,谁也不能怪！斩了萧铣只能图一时的畅快,刘黑闼的问题还是需要面对。

其实,李渊自己郁闷,谁也不能怪,要怪就只能怪他自己。这一切,还得从窦建德说起。

李世民七月五日将王世充和窦建德两个超级俘虏带回了洛阳,七月九日,举行了盛大的献俘仪式。但是此后,王世充和窦建德两个人的命运却迥然不同。

王世充因为李世民曾经答应过不杀,所以保住了性命,被判流放蜀地。而窦建德却遭到了诛杀。

在我看来,两个人的命运实在应该调换一下,虽然王世充后来在前往蜀地的路上,被仇家所杀,但至少在唐朝的宣判书上没有标明死刑。

窦建德并不是一个完美的人,但我可以负责任地告诉你,窦建德绝对是一个好人。前边我们说过,河北地区在他的治理下,那里的百姓过上了好日子。除此之外,窦建德当了皇帝后依然保持着质朴的农民本色。

具体表现就是——不吃肉,吃粗糙的米饭。每次打了胜仗,都把缴获的金银财宝赏给部下,自己分毫不留,所以窦建德在河北地区享有很高的声誉。

窦建德被杀两百年后的唐文宗时期,魏州书佐殷侔专门写了一篇《窦建德碑》,不但肯定了窦建德的创业功绩,而且将他和李世民相提并论。这是一个相当高的评价,要知道当时还是李唐王朝统治时期。

成功的英雄固然是英雄,失败的英雄也同样是英雄。只要他的心中装有天下的百姓,那么他将万世流芳,光耀千古。

莫以成败论英雄。

事实证明,李渊诛杀窦建德并不高明。

窦建德虽然在虎牢关被擒,但是他在河北的根基并没有垮掉,这就为后来的刘黑闼造反奠定了基础。不过,当大家知道窦建德被杀后,曾经想到过放弃,毕竟都是朴实的农民兄弟,只要唐朝不追究他们,他们还是很希望过老婆孩子热炕头生活的。

但是,此时李渊却做了一件蠢事,这件事做得实在有失水准。

无路可退

要想河北地区保持稳定,最好的办法就是对窦建德的部下不予追究,毕竟已经杀了人家的首领,没有必要再赶尽杀绝。

但是,此时的李渊也许正在受更年期的困扰,居然下令在河北地区大肆搜捕窦建德的旧将,抓住之后对他们严刑拷打,而且鼓励互相揭发,宁可错杀一千,不能放过一个,有很多人明明不是窦建德的旧将,但是受不了严刑峻法,被迫屈打成招,一时间闹得人心惶惶。

当时的治书侍御史孙伏迦就上疏反对李渊,认为这么做会让天下人寒心,百姓们会觉得李唐王朝没有安全感,而百姓一旦失去安全感,那么就有可能天下大乱。

李渊的态度是，接受建议，但坚决不改。

这位孙御史的预言确实很准确。

为了彻底搞垮窦建德在河北的根基，李渊让窦建德曾经的几个骨干分子范愿、董康买、曹湛、高雅贤等人去长安，当然前提是加官晋爵。白痴都能看得出来，李渊是黄鼠狼给鸡拜年——没安好心。一边搜捕我们的人，一边封官许愿，鬼才相信。

薛仁杲的结局是什么？李轨的结局是什么？单雄信最后怎么样了呢？萧铣的下场也就在眼前！对不起，我们只有抄起家伙，跟你拼了。于是众人推举刘黑闼为首领，公开起兵造反。

刘黑闼和窦建德是同乡，最初是李密的手下，后被王世充俘虏，担任骑兵部队的一个小头领，因为实在接受不了王世充毒杀杨侗这件事，认为王世充狠毒，所以跑到了窦建德那里，作战勇敢，被窦建德重用，封为汉东郡公，在平定孟海公时，立下赫赫战功。

窦建德被杀后，刘黑闼和很多人一样，选择回到了家乡，过起了耕田的隐逸生活。但是，在刘黑闼的心中，复仇的火焰并没有泯灭，在他的潜意识中，李唐王朝始终是他的敌人。

刘黑闼耐心地等待着，他知道自己终究有一天会走上复仇之路，当然他没有想到，这一天很快地来到了。

众人之所以推举刘黑闼为首领，除他有勇有谋、作战经验丰富之外，最重要的是，在这些人中，刘黑闼曾经的官职是最高的，是窦建德极其信任的人，而且和窦建德是同乡。老首领的同乡加心腹，这样的人出山，肯定是一呼百应。

果然，刘黑闼起兵后，迅速得到了很多窦建德旧部的响应，三天的时间内就发展到两千人，进而攻破漳南县城。

武德四年(621 年)七月十九日，刘黑闼在漳南筑坛，祭拜窦建德后，与众人歃血为盟，正式起兵反唐。

来势汹汹

刘黑闼造反，并不是孤军奋战，在他看来，自己刚刚起兵，迫切需要一个盟友以壮声威，选来选去，最终他找到了兖州的徐圆朗。

徐圆朗本是盘踞在山东一带的小军阀，在当时来讲，和李渊、王世充、窦建德的实力无法相比，甚至连幽州的李艺也不如。窦建德在平定孟海公时，徐圆朗由于畏惧窦建德的军威，投降了窦建德，当窦建德失败后，不得已又投降了唐朝。

真是应了那句话：在夹缝中求生存。

虽然抱上了唐朝这棵大树，但是徐圆朗心里总是忐忑不安，生怕自己有一天也会像李轨、萧铣那样，被李渊一刀“咔嚓”了，所以当刘黑闼找到他时，徐圆朗思虑再三，决定在刘氏集团内，加入自己的股份。

虽然造反这项事业具有很高的风险，但是成功后，回报的利润也是让人心动的。所以自古以来，有很多人不断尝试。

对于刘黑闼来讲，徐圆朗虽然不是一个强有力的盟友，但总比自己单干要强很多。事实上，当李密、刘武周、王世充、窦建德等人全部垮台后，全国基本上已经没有实力强劲的割据势力了，能够把徐圆朗拉下水，刘黑闼已经很知足了。

朱砂没有，红土为贵吧。

李渊当然没有想到，自己一个轻率的决定，居然造成了刘黑闼和徐圆朗联合造反的恶果。而且这一反，居然一发不可收拾，短短几个月的时间，河北的形势急转直下，唐军节节败退，刘黑闼基本上收复了窦建德在时的全部领土。

哪里有压迫，哪里就有反抗！所以，李渊的郁闷纯粹是自找的。但是，李渊并不知道，郁闷对于他来讲，仅仅是个开始，紧随而来的是震惊。

继九月大胜李世和李艺之后，十一月十九日，刘黑闼率军攻陷定州，定州总管李玄通战败被俘，后自杀殉国；

十二月五日，攻陷冀州，擒杀刺史史麴棱；

十二月八日，再次大败李世勣，攻陷洺州（今河北永年），杀唐军五千人；

十二月十五日至二十日，连克相州、黎州、卫州；

十二月二十二日至二十八日，相继攻陷邢州、赵州、魏州、莘州。

一时间，各地沦陷告急的文书，像雪花般飞来。最令李渊棘手的是，刘黑闼在攻城拔寨的同时，没有忘记联合突厥。

突厥在李渊的心中是一个挥之不去的阴影，很长时间以来，在李渊横扫中原的时候，和突厥的摩擦始终没有停止，可以说突厥是李唐身后的一把利刃，现在刘黑闼手持着这把利刃，顶在了李唐的腰眼儿上，形势似乎更加不容乐观。

不过，身为大唐帝国的皇帝，郁闷是可以的，震惊也是正常的，妥协绝对是不允许的。

面对河北岌岌可危的形势，李渊决定，打出手中的最后一张王牌。那就是李世民。内部的问题内部解决，而当遇到外敌时，李唐王朝的所有人必须一致对外。

武德五年（622 年）正月，秦王李世民带着力挽狂澜的决心，进军河北。

戏耍刘黑闼

为了配合李世民的正面作战，确保本次进剿的一举成功，李渊在命令李世民出兵河北的同时，还下令让幽州的李艺重整旗鼓继续南进，从而和李世民形成对刘黑闼的南北夹击之势。

正月十日，李世民率军进入河北地界。

就在同一时间，刘黑闼在洺州自称汉东王，改元天造，将范愿、董康买等很多窦建德的老部下全部官复原职，依照窦建德先前的行政措施，正式成立政府，宣布独立。很明显，这是针对李世民进剿河北做出的反应，这等于表明了一种决心，那就是——杀了窦建德，还有后来人！

身处刘黑闼的地盘，此刻李世民明白以刘黑闼目前的气势，自己每走一步都要小心谨慎，无论如何也不能像先前的李玄通、李世那样，被打得一败涂地。因为唐军再也打不起败仗了。

鉴于现状，李世民决定采取稳扎稳打的策略，和刘黑闼打持久战，消耗战。毕竟，以唐朝目前的国力，完全有能力做到这一点，在李世民的身后，他的老爹可以源源不断地给他运送军粮。所以，李世民将大军驻扎在距离洺州二十几里远的洺水城岸边，与刘黑闼形成对峙。

李世民在正面虽然不动声色，却让刘黑闼身后的李艺进逼洺州。李世民的策略很明显，利用李艺不断消耗刘黑闼的兵力，然后寻找有利战机，一举剿灭他。

正月二十四日，李艺率领大军进至彭城（今河北晋州市）。现在的刘黑闼已经陷入了李世民和李艺的南北合围之中，先顾哪一头，这个问题让刘黑闼很犹豫。当然最好的办法就是让徐圆朗牵制李艺，自己专心致志地对付李世民，可是现在的形势不允许他这样做。

因为在此前，老谋深算的李渊，已经让淮安王李神通和行军总管任环率军进至山东，以防止徐圆朗挥师东进。所以，现在的局面，刘黑闼只能一个人应付。

那么究竟先顾哪一头呢？

在刘黑闼看来，对付李艺这边还是比较有心理优势的，毕竟李艺是曾经的手下败将，而李世民那边自己并没有多大把握，活捉窦建德的事情，刚刚过去不久，刘黑闼还心有余悸。所以，思前想后，刘黑闼决定让范愿坚守洺州，自己率领大军主动出击全力阻击李艺。刘黑闼的策略也很明显，集中优势兵力，先拣弱的打，然后专心致志地对付李世民。

双方心里的算盘都拨得噼啪响，究竟鹿死谁手，那就要看谁的实力强，谁的作战水平高了。就军事实力来看，双方旗鼓相当。要是比作战水平，刘黑闼比起别人来，也许不在其下，但要是和李世民比起来，根本不在一个档次。

正月二十七日，刘黑闼给范愿留下一万名士兵，让他代替自己坚守洺州，随后便率领大军向彭城进发。

很快，李世民得到了这个消息。敏感的战争嗅觉，让李世民觉得这个时机可以很好地利用一下。当然，不是进行决战，而是戏耍刘黑闼。

就在刘黑闼刚刚离开洺州城行至沙河县时，李世民开始施展他的戏要本领。

具体做法是，让部将程名振在一个月黑风高的夜晚，带着一队人马，并且携带六十面大鼓，悄悄地进至距离洺州城二里的地方，然后将六十面大鼓一字摆开。

擂鼓！都给我使出吃奶的劲儿来，使劲地擂！

刹那间，鼓声震天，洺州城内一片惊慌。

鼓声刚刚响起时，范愿被震得差点从椅子上摔下来。他的第一反应是——李世民可能要攻城。不错，李世民就是要给范愿以这样的错觉，因为在范愿看来，李世民如果攻城，凭着自己那点本事，想要和李世民掰手腕，差得太远。

此时的范愿确实有些为难。出城迎战怕中埋伏，坚守城池又怕守不住。真是进退两难啊。

最终，范愿还是选择了较为稳妥的办法，一面让守军做好战斗准备，一面派人急忙向刘黑闼报告。看来，刘黑闼这个首领不在，其他人还真是没有主心骨。

至此，李世民戏耍刘黑闼大功告成。

当刘黑闼得到李世民要攻打洺州的消息后，迅速领兵回撤，不过他并不想就此错过打败李艺的机会，所以在撤兵的同时，让他的弟弟刘十善和行台张君立率领一万人继续向彭城进军。

刘黑闼是个能人，但他的弟弟却是个蠢人，至于那个行台张君立，在我看来，就是一个在刘黑闼手下混日子的人。让这两个人去打仗，那简直是擀面杖吹火——一窍不通。

刘十善和张君立本着"为你增添男人信心"的精神，让李艺充分找回了当初的自信，完全从被刘黑闼打败的阴影中走了出来。在和李艺的较量中，一万人的部队，他们足足损失了八千人。

回到洺州的刘黑闼很是郁闷，因为在此之前，李世民已经收起了大鼓，打道回府。

纯粹是虚惊一场。此时，刘黑闼终于明白，自己被李世民涮了。这归根结底有两个原因：

一、刘黑闼的确是能人，可惜他手下的能人实在太少，所以遇到紧急情况时，只能单练他自己；

二、作为主帅，刘黑闼作战经验明显不如李世民，具体表现就是在判断力上，很有缺陷。

试想李世民要真的想攻城，还用敲上半天的大鼓？

在我看来，刘黑闼要么坚守洺州，要么猛攻李艺，如此来回地跑像放风筝一样，无形当中消耗了自己的实力，而这正是李世民所希望看到的。

不过，通过这么一折腾，刘黑闼的脑筋终于开窍了，他决定坚守洺州。

但是事与愿违，此时洺州外围最重要的据点——洺水城，发生了一件事，这件事，让刘黑闼再次改变了自己的计划。

洛水城之战

洛水城是洺州的战略要地，在洺州以东的洺水和漳水交界处。驻守这里的是刘黑闼的部将李去惑。

在刘黑闼的阵营中，李去惑也算是元老级的人物了，窦建德在高鸡泊起兵以后，一直跟随窦建德东征西讨，若论资历，要排在刘黑闼的前边。很长时间以来，李去惑对刘黑闼很是不满。

原因是刘黑闼成立政权后，没有将这位元老级的人物安排在政权部门内，而是让他去守洺水城，李世民进军河北后，洺水城成了前线，作为老资格的李去惑心里十分不舒服。

给元老人物这样安排工作，显然是很不明智的。元老人物的事情一定要办好。唐僧因为没有把通天河老乌龟交办的事情当回事，最后翻了船，这就是轻视元老人物的代价。刘黑闼轻视了元老人物李去惑，得到的回报就是——造反。

最终，李去惑投降了李世民。

对于李世民来讲，这可是天上掉馅饼的事情，因为洺水城的战略地位实在太过重要，唐军得到了洺水城，不仅控制了漳水河的东岸，而且切断了刘黑闼与山东徐圆朗的联系。

所以，当李世民接到李去惑投降的消息后，他立即派部将王君廓前去接收。因为时间是宝贵的，如果刘黑闼得到消息率军前来夺城，那唐军将会失去有利的形势。

李世民的判断完全正确！

就在王君廓刚刚进入洺水城的时候，刘黑闼得到了消息。李世民认为洺水城重要，刘黑闼当然也不例外，甚至对于刘黑闼来讲，洺水城更加重要，因为丢掉了洺水城，等于彻底将洺州暴露在唐军的面前，唐军可以随时对洺州发动进攻。所以，刘黑闼在得到消息之后，决定改变坚守洺州的想法，主动出击夺回洺水城。

二月二十一日，刘黑闼率军赶往洺水城，当先头部队走到列人县时，遇到了一队人马，这队人马的首领是秦琼。李世民的想法很明确：绝不让你靠近洺水城，御敌于城池之外！

两军相遇，二话不说，开打！

由于刘黑闼坐镇中军，所以先头部队和秦琼的战斗，他没有及时地赶过去，因为他根本没有在意，当然他不知道挡道的是秦琼。当他知道消息，赶到前边时，先头部队已经被秦琼打得惨败。

秦琼虽然小胜一场，但是并没有阻止刘黑闼夺回洺水城的决心。当刘黑闼赶到前军时，他马上重整旗鼓，杀秦琼一个回马枪，搞得秦琼很是狼狈，不得已撤了回去。

在刘黑闼的带领下,其主力部队迅速突破了唐军的封锁线,终于来到了洺水城下。

洺水城!一个在地图上小得甚至用放大镜也找不到的地方,在那一刻成了举世瞩目的焦点。

双方都明白,谁拥有了洺水城,谁就将拥有绝对的战争主动权。此刻,它在李世民的手中,刘黑闼真的能把它夺回来吗?

实事求是地讲,以前由于李去惑的消极怠工,城防工作做得很差劲,现在为唐军守城带来了诸多困难,最突出的一点,就是城墙很多地方出现了坍塌。幸好洺水城虽然城防差劲,但是地势险要,四周环水,而且每一面水宽十几米,深十几米,攻城的人不论从哪一面进攻,都是很困难的事情。

双方的困难都不小,现在就看谁能够克服困难,主动迎难而上。

刘黑闼首先想出了攻城的办法——修甬道。所谓的甬道,就是在水上架浮桥,以便人马通过,虽然这么做冒着极大的风险,因为在修建甬道的过程中,很容易遭到唐军的突袭,但这也是没有办法的办法,因为洺水城对于他来讲实在太过重要。

不过,这一次,刘黑闼的运气非常好,唐军只顾着修复坍塌的城墙,没有理会他修甬道的事。当然,唐军也错过了以最小的牺牲打败刘黑闼的时机。

二月二十五日,在简单搭建了两座浮桥后,刘黑闼便开始向洺水城发起猛烈的攻击。

由于洺水城的城墙实在是豆腐渣工程,以致王君廓不得不拿人往上垫,即所谓的"人墙",而王君廓手下只有一千五百人,加上李去惑先前的那点人,最多不过五千人,冲上去一个倒下一个,所以几个回合下来,损失极为惨重。

这一切,驻扎在洺水岸边的李世民自然看在眼里,对于王君廓这个老部下,他是十分了解的,如果打顺了,可以打出花样来,如果打得不顺,有可能会一败涂地。现在,刘黑闼围攻得这么猛,李世民很担心王君廓会坚持不住。

李世民的担心很有道理。王君廓看到自己搭建的"人墙",在刘黑闼的猛攻下,逐渐缩水时,心里开始发毛了。如果这样硬撑下去,自己迟早会成为光杆司令,所以一边抵抗,一边向李世民求救。

"谁去代替王君廓守城?"李世民问道。

"我去!"说话的人是部将罗士信。

如果论作战水平,罗士信和王君廓相比那是王奶奶碰见玉奶奶——差一点。但是,罗士信这个人有个最大的特点——韧性十足!

目前情况下,作战水平的高低不是最重要的,关键的问题是死死地咬住刘黑闼不放,即使拼不过人家,也要拼命地消耗对方。罗士信能够做到这一点。

所以当罗士信主动请战时,李世民丝毫没有犹豫。

就这样，罗士信带领二百精兵，向洛水城冲去。

怎么进去呢？刘黑闼把洛水城围得水泄不通，连只苍蝇都飞不进去，更何况是二百个人。总不能让罗士信带着这二百人进攻刘黑闼吧！

有办法吗？有！

就在罗士信刚一出发的时候，李世民在洛水岸边的土丘上，向王君廓发出了旗语，内容是全力突围。

是的，只有在王君廓突围和刘黑闼混战的时候，罗士信才能有机会进入洛水城。这个计划很成功。

悲壮

进城是容易的，守城是困难的。

从踏进洛水城的第一刻起，罗士信就深深感受到了这一点，刘黑闼的挤压式打法，让罗士信感受到了极大的压力。如果是王君廓，相信洛水城早就更换主人了。

但此时罗士信表现出的韧性，让这座城池变得无比坚固，面对着多于自己十几倍敌军的围攻，他拼死抵抗，足足坚持了七天。同时，这七天中的每时每刻，罗士信都把它当作生命的最后一刻来度过。

当然七天的血战也让罗士信伤亡殆尽，此刻支撑罗士信的不是精良的装备，不是地势的险要，更不是充足的兵力。而是信念，视死如归的信念！

看到罗士信的情况似乎不妙，李世民决定出兵增援。

有句话说得好，坚持就是胜利。残酷的现实告诉我们，要想胜利必须坚持，但坚持了却未必胜利。

第八天，大雪。

我很喜欢雪天。雪花飘落，大地一片洁白，那一刻给人以无限的遐想，萧瑟之中带给人以无限的希望，所以我的名字叫冬雪心境。

但是此刻，大雪并没有给罗士信带来希望，相反却成了他丧命的前兆。

由于急着代替王君廓守城，罗士信事先没有时间做充分的后勤保障工作，七天的连续作战，洛水城中的唐军疲劳至极，此刻天降大雪，由于缺少御寒衣物，唐军冻死者不计其数。

洛水岸边的李世民虽然意识到罗士信需要增援，但是大雪封路，无法前进。据史料记载，当时地上积雪的厚度，马匹踩上去，腿要陷进去一半。

要想打胜仗需要天时、地利与人和。罗士信占了地利和人和，可惜不占天时。

最终罗士信又坚持了八天，由于各方面全都供应不上，最后洛水城陷落，罗士信被俘。

罗士信被俘后，还是受到了刘黑闼的礼遇。刘黑闼看重他的，就是那股艮劲儿。为了表达自己招降的诚意，刘黑闼亲自接见了罗士信，对他进行耐心的劝说，甚至对他许诺，只要投降，马上加官晋爵。

但是，这一切却遭到了罗士信的严词拒绝。因为在他的心中，始终记得小时候爸爸告诉他的一句话："富贵不能淫，贫贱不能移，威武不能屈，此之谓大丈夫！"这么多年来，这句话罗士信一直铭记在心。同时随着年龄的增长，这句话也逐渐成了他的人生信条。现在他终于可以以一种方式，去实现自己的人生信条，只是在实现的一刹那，也是他生命的终结之时。

最终，罗士信惨遭杀害，死时年仅二十三岁。罗士信的生命虽然终结了，但是关于他的故事还远远没有结束。

他的故事，后来被小说家发扬光大。以他为原型，小说家在《说唐》和《隋唐演义》两部文学作品中，成功地塑造了一个深入人心的形象，千百年来，这个人物一直为人们津津乐道。这个人物的名字叫罗成。

水淹七军

罗士信的壮烈牺牲让李世民伤感到了极点，他万万没有想到为了争夺一个小小的洺水城，居然损失了他一员大将。李世民顿时血灌瞳仁。

不拿下洺水城，为罗士信报仇，我誓不为人！

此刻，李世民在等待，等待着积雪融化，等待着天气放晴，只要天时有利，他将率领大唐的铁骑，踏平洺水城。也许李世民的诚意感动了上天，就在罗士信被杀的三天后，天气终于放晴。

"所有的人弓上弦，刀出鞘！今日誓破洺水城！"在出兵之前，李世民做着自己统兵以来最激昂的战前动员。

"誓破洺水城！"刹那间，大唐帝国勇士们的呼啸，响彻云霄。

所有的人都明白，这一战不仅是为大唐帝国而战，更是为已经牺牲的罗士信而战。带着满腔的悲愤，带着必胜的信念，英勇无畏的大唐勇士向洺水城发起了潮水般的进攻。

此刻，刘黑闼虽然坐拥洺水城，但是罗士信多日的顽强抵抗让刘黑闼的部队已成强弩之末，面对唐军的冲击，一触即溃。于是，洺水城在经历了短短四天的易主后，再次回到了唐军的手中。

夺回洺水城后，李世民并没有给刘黑闼以任何喘息的机会，急令李艺率军进逼刘黑闼，两军分别驻扎在洺水的南北两岸，将刘黑闼严密地封锁在洺水城方圆十几里的区域内，让刘黑闼脱身不得。

通过分析前边的诸多战例，相信大家已经发现李世民作战的一个特点，那就是先当孙子，再当爷爷。当然，当孙子是暂时的，当爷爷是永恒的。

归纳其方法：龟缩不出——寻找战机——断其粮道——继续寻找战机——一举歼灭。

以上就是李世民在战争中能够永远当爷爷的秘籍。

面对刘黑闼，该秘籍同样适用。只是，这一次在该秘籍上面补充了一点——在洛水上筑坝蓄水。

靠山吃山，靠水吃水。打仗也是同样的道理。

大家千万不要认为李世民这样做，是和当年的李冰一样，为我国的水利事业做出卓越贡献。李世民筑坝蓄水，是为了给刘黑闼以致命的一击。李世民坚信，这一击刘黑闼将必败无疑。

在对峙近六十天后，刘黑闼终于有些支持不住了。

三月二十六日，刘黑闼决定南渡洛水，主动进击李世民。可是，没等他付诸行动，李世民反而主动来袭。

双方随即在洛水岸边展开一场大战，唐军凭借强大的骑兵优势，一开始掌握了主动权，将刘黑闼的步兵冲击得乱了阵脚。但是，刘黑闼依然做殊死搏斗，上砍人头，下砍马蹄，唐军的损失也是相当惨重。

这一战，从中午一直打到黄昏，双方旗鼓相当，基本不分胜负。如果就这样一直打下去，相信打上三天三夜也打不完。

黄昏时分，李世民终于亮出了撒手锏：决堤放水。

基本这算是个同归于尽的方法。史书记载：黑闼众大溃，斩首万余骑，溺死数千人。但是，在这个记载的背后，唐军被水溺死的士兵，绝对不在刘黑闼部众之下。

这一战，最终李世民以惨胜而告终，刘黑闼北逃突厥。

李世民胜利了，虽然这个胜利也让自己付出了惨重的代价，但是毕竟收复了河北，李世民再一次为大唐帝国立下了汗马功劳。

他笑了，笑声中夹杂着高傲的情绪。当然，李世民肯定没有想到，最终解决刘黑闼问题的并不是他。

第十九章
二次围剿

被忽视的人

刘黑闼北逃突厥，最受牵连的当数徐圆朗。

这位糊里糊涂被拉下水的仁兄，在知道刘黑闼逃跑后，当即差点晕了过去。

兄弟，你实在是不够意思啊。逃跑不要紧，提前报个信啊。

徐圆朗现在的处境相当尴尬。

接着投降吗？要知道“狼来了”只能喊一次！将对抗唐朝进行到底吗？说实话，徐圆朗实在没有这个实力。但是，徐圆朗明白一个道理：造反这条路，走上了就不能再回头。所以，权衡再三，徐圆朗决定将造反事业进行到底。

这是个果断的决定，也是个自寻死路的决定。

四月八日，李世民在短暂地离开河北前线，回长安汇报战果后，率军在黎阳集结，直趋济阴，目标直指徐圆朗。

在李世民看来，失去刘黑闼的支持，徐圆朗纯粹是螳臂当车。现在趁着徐圆朗惊魂未定，李世民准备开动唐朝这辆隆隆的战车，碾死这只不识时务的“螳螂”。

在唐军的大举进攻下，徐圆朗节节败退，李世民连克十余城，彻底让徐圆朗成了惊弓之鸟。

在这一战中，李世民还有个意外的收获，由于唐军声势浩大，不仅让徐圆朗仅有招架之功，并且威震淮、泗地区，有一个人表示归降唐朝。

这个人就是杜伏威。

到现在为止，由于角色太多，所以我们先让这位仁兄和大家打个招呼，关于他的事情，我在后边会详细说明。

李世民一鼓作气，最后打得徐圆朗只剩下一座城——兖州。

秋后的蚂蚱——没几天蹦头了。用这句话来形容徐圆朗的现状，一点不过分。就在李世民准备最后解决徐圆朗时，朝廷的一道诏书，递到了李世民的手上。

"秦王劳师远征，不辞辛苦，今全境悉数平定，归京听候封赏！"

很明显，朝廷一直没有放松对李世民的警惕，现在全国基本已经稳定下来，所以李世民，你也该回家了吧。

李世民不得已将围攻徐圆朗的任务，交给了淮安王李神通和大将李世勣，自己带领本部兵马返回了长安。

对于李世民来讲，这也是件好事，早日回到长安，至少可以了解朝廷的动态，最重要的是了解太子李建成的动向。所以，对于诏书中的命令，李世民丝毫没有犹豫。但是，所有的人似乎都忽略了一个人的存在。这个人就是刘黑闼。

刘黑闼虽然失败了，但是并没有彻底完蛋。而且，生性好勇斗狠的刘黑闼是不会甘心就此消沉下去的。在北逃突厥的两个月后，刘黑闼充分发挥他外交的才能，引来突厥的骑兵南下，继续和唐朝作对。

我胡汉三回来了！

一般来说，还乡团都是要做些坏事的，刘黑闼做的不能说是坏事，但是对于唐朝来讲，却是一件很头痛的事——边境骚扰。

武德五年（622 年）四月二十一日，刘黑闼开始了第一波攻击，首战大获全胜。唐将并州总管李大恩战败被杀。

成事不足，败事有余

其实，李大恩的死归根结底是内部原因。

就在李世民和刘黑闼打得如火如荼的时候，驻守并州的李大恩忽然探听到一个重要的消息——突厥发生饥荒。而当时马邑正被突厥占领，代替突厥人驻守马邑的是一个叫苑君璋的人。

苑君璋本来是刘武周的手下，刘武周死后，被突厥封为大行台，在突厥人的支持下，进犯代州（今山西代县），被唐军击退。

武德三年（620 年），苑君璋卷土重来，攻陷了马邑，并以马邑为根据地准备建立割据政权。可是苑君璋的手下都是中原人，这些人大都思念家乡，对突厥人基本没什么好感，所以经常劝他脱离突厥，投降唐朝。但是，很长时间以来，苑君璋依靠突厥人才有了自己的一席之地。吃了人家的嘴短，拿了人家的手软，拿了人家的钱财就要替人家消灾。

吃了人家突厥的，就得替人家当炮灰。所以不论手下人如何磨嘴皮子，苑君璋就是雷打不动。一来二去，手下有很多人离他而去，渐渐地，苑君璋势力大大减弱。

这一次，李大恩探听到突厥发生饥荒，他觉得这是个夺回马邑的机会。但是，李大恩面临着一个很现实的问题——兵少。所以，他当即将这个消息上报给了李渊，希望朝廷能够派兵增援自己，趁着突厥发生饥荒，全力夺回本属于唐朝的地盘——马邑。

很快，这个计划得到了李渊的批准，而且为了支援李大恩，李渊特意派典内少监独孤晟率军协同进击马邑。

到现在为止，所有的计划都在按部就班地进行，如果就此进行下去，夺回马邑当在情理之中。坏事就坏在这个独孤晟的身上。

本来双方约好在马邑会师的时间，李大恩虽然按照约定的时间准时到达了马邑的外围，但是独孤晟却拖泥带水，没有按时到达。李大恩知道凭着自己手中这点人，要想攻下马邑纯粹是扯淡，无奈之下只能暂时撤退到新城，等待独孤晟的到来！

但是，世间的事有时真的很凑巧，李大恩撤退到新城时，正好是刘黑闼引导突厥兵南下的时候，面对李大恩这块到嘴的肥肉，刘黑闼岂能白白错过？于是，刘黑闼率领数万突厥骑兵将李大恩围了个水泄不通，在坚持了三天后，李大恩终于支持不住了，原因是军中断粮。

在突围的过程中，由于寡不敌众，全军覆灭。当然李大恩自己也一起覆灭了。

消息传到李渊那里，李渊震怒了，下令将独孤晟发配边关充军。

事实告诉我们：上班无故迟到，耽误的不仅仅是工作，有时耽误的还是自身的前程。

刘黑闼带领着自己的还乡团首战告捷，一扫先前被李世民打败的阴影，紧接着开始了第二波攻击。第二波攻击相比第一波攻击，在形式上进行了升级，具体的方式是双管齐下。

六月，刘黑闼率军进攻定州。

八月，突厥颉利可汗亲率十五万大军进犯雁门关，同时进攻原州和并州。颉利可汗亲自前来，问题不容小视。

突厥也来凑热闹

颉利可汗是始毕可汗的弟弟。

武德二年(619 年)始毕可汗死后，其弟处罗可汗继位，从始毕可汗到处罗可汗，突厥和唐朝的关系，总体上来讲还是不错的，虽然其间也存在纷争，但是双方没有发生大规模的军事冲突，基本相安无事。

处罗可汗在位一年多后，也就是武德三年（620年），其弟颉利可汗继位，这位仁兄上台后，改变了从前两个哥哥对唐朝的政策，主张武力对抗唐朝，实现突厥的大一统之梦，首先的做法就是扶持梁师都、苑君璋、刘黑闼等中原割据势力，与唐朝搞对抗。

在颉利可汗所支持中原割据势力中，刘黑闼无疑是实力最为强劲的。刘黑闼被李世民打败逃到突厥后，颉利可汗并没有丧失信心，他将刘黑闼的失败归结为运气不好。在他看来，这个英勇善战的朴实农夫，今后还有很大的利用价值，所以在短暂的调整后，颉利可汗让刘黑闼卷土重来，继续对抗唐朝。

不管怎样，刘黑闼的运气至少比刘武周要好，现在最关键的就是看他能否把握住如此良好的机遇了。

面对刘黑闼和颉利可汗的双管齐下，身在长安的李渊实在感到棘手。

现在唐朝基本已经统一中原，是个泱泱大国，如果总是对突厥人一让再让，面子上实在不好看，要知道现在的李渊已经不再是起兵之初，向始毕可汗装孙子的那个李渊了。

但是，以目前唐朝的国力而言，要想彻底地解决突厥问题，还不是时候，这一点老谋深算的李渊当然明白，所以这一次，面对颉利可汗的大举侵犯，李渊决定采取软硬兼施的办法。

具体做法如下：

一、命太子李建成出幽州，在原州迎战突厥骑兵；

二、命秦王李世民出秦州，正面迎击颉利可汗；

三、命云州总管李子和掩护李世民，左武威大将军段德操出夏州，切断颉利可汗的退路；

四、派郑元寿出使突厥大营，说服颉利可汗。

郑元寿本来是隋朝的文成郡守，李渊建立唐朝后，举城投降唐朝，为人机敏，见人说人话，见鬼说鬼话，典型的滑头一个，但是你千万不要认为他人品有什么问题。事实上，郑元寿要滑头纯属做人的技术问题，与人品无关。除此之外，这个人有个特长：能忽悠。

八月三十日，郑元寿来到突厥大营，在此之前，李建成、李世民都已经和突厥人交过手了，战况基本上是——突厥惨败。也就是说郑元寿来到这里时，颉利可汗正在气头上。

如果换了一般人，在这种情况下，见到颉利可汗肯定是点头哈腰装孙子，毕竟是在人家地盘，而且又在气头上，万一哪句话说错了，也许就此拉出去被一刀“咔嚓”了。但郑元寿不是一般人，进入突厥大营后，没等颉利可汗反应过来，就开始指着颉利可汗一通质问。

"可汗觉得率兵前来有道理吗？始毕可汗与处罗可汗在位时，我们两家曾经签订了友好条约，如今可汗公然背弃两位先可汗制定的路线，可汗觉得对得起两位先可汗的在天之灵吗？刘黑闼不过是一个村夫，可汗你支持他与大唐作对，觉得有几成胜算？"

郑元寿的"三板斧质问"策略，让颉利可汗顿时哑口无言，没办法，人家说的句句在理，顿时觉得理亏，所以一时间，颉利可汗也找不到合适的话来应对郑元寿。

三板斧过后，接下来该是哄你玩了！

看到颉利可汗面带愧色，于是郑元寿又说出了一句话，这句话才是本次游说工作的关键点："中原与突厥的风俗不同，可汗觉得如果占领了唐朝的全部土地，真的能够在那居住吗？"

有道理，确实很有道理。突厥人的风俗习惯和唐朝人差得简直是十万八千里，让天天狩猎的突厥人来中原种地，的确不现实。

紧接着郑元寿又开始忽悠："即使真的占了唐朝的土地，还得刘黑闼来治理，到时可汗从哪里来还得回哪里去，时间长了可汗就能保证刘黑闼那么听话吗？"这句话可以说是直捅颉利可汗的心窝，谁也不甘心为别人做嫁衣。

所以郑元寿刚一说完，颉利可汗开始皱紧了眉头。他忽然意识到帮了刘黑闼半天，自己未必能够捞到任何好处，而且把刘黑闼这只老虎养肥了，没准以后真的像郑元寿说的那样，掉过头来反咬自己一口。

人一旦得了势，野心随之增长是必然的。这个道理颉利可汗还是明白的。

至此，颉利可汗已经开始动摇了，不过他实在不甘心就这样抽身而去，为刘黑闼忙活了一通，到头来自己什么没得到不说，而且劳民伤财，实在不值得。赔钱的买卖从来没有人去干，颉利可汗也不例外。

"我可以退兵，但是唐朝有什么表示？"

"只要可汗退兵，和刘黑闼一刀两断，我家皇上会给可汗大量的金银财宝，本来我们两家就是兄弟嘛！"

"好！传我将令，大军明日班师！"

搞定！彻底搞定！

拿钱能够摆平的事，也就不算个事。当然，这一切要归功于郑元寿的三寸不烂之舌，如此看来，郑元寿堪称唐朝的"国嘴"。

虽然能忽悠的人的确很多，但是在不利的处境下，还能保持高水准忽悠风范的人，实在不多，而郑元寿算是其中的一个。什么叫价值？这就是价值。

突厥撤兵的消息，刘黑闼很快知道了。突厥蛮子实在靠不住，说走就走，连个招呼都不打，这让刘黑闼实在很郁闷。不过，郁闷是不能解决任何问题的，现实是必须面对的。

走吧！我自己照样能够对抗唐朝。刘黑闼的决心不容置疑，当然在最初的时候，他也确实做到了这一点。

九月十二日，刘黑闼攻陷瀛洲；

十月二十二日，打败唐将淮阳王李道玄率领的三万唐军，李道玄战死；

十月二十七日，攻陷洺州，再一次建立政权；

十一月三日，进逼沧州，沧州刺史程大买弃城逃走，刘黑闼不费一兵一卒顺利占领沧州。

至此，刘黑闼基本上收复了先前丢掉的所有地盘。

现在开始轮到李渊郁闷了。

自从颉利可汗退兵后，虽然李渊并没有把刘黑闼太放在眼里，但是随着刘黑闼的地盘越做越大，唐军的节节败退，李渊开始意识到要想彻底解决刘黑闼似乎并不那么容易。

继续派李世民去镇压吗？

虽然李世民的确是不二的人选，但是在李渊看来，这个宝贝儿子的功劳已经大得出奇了，再把他派出去，估计未来的朝廷就放不下他了。那除了李世民还能派谁呢？准确地说，还有谁是刘黑闼的对手呢？

就在李渊不知所措时，一个人果断地站了出来，主动请战。这个人就是太子李建成。

太子出马

很长时间以来，作为太子的李建成，承受着一种极大的压力，这种压力就来自于李世民那里。

自从唐朝建立后，李世民的出镜率要明显高过李建成，一方面是由于李世民的才能实在太过突出，而最重要的另一方面是因为李建成的身份。

作为太子，作为未来皇帝的继承人，李建成的任务主要是协助皇帝李渊处理内部的政务，而唐朝刚刚建立，需要平定各方的割据势力，李建成因为身份，没有领兵出战，所以给了李世民以展示自身才能的舞台。

在人们的印象中，唐朝似乎只有李世民能征善战。但不要忘记，当初攻打长安时，李建成和李世民是分别统领二军共同打进长安城的，就军事才能而言，李建成和李世民是不相上下的。

李建成之所以不那么突出，就是因为身份的束缚。太子的地位，让他拥有了继承皇位的资格，同时太子的身份，也成为李建成发挥军事才能的障碍。

而在唐初那个特定的历史条件下，显然“军功”将成为人们首先关注的一点。在这一点上，李建成暂时输给了李世民。

作为未来皇帝的继承人，李建成当然不允许任何人在任何方面超过自己，不然的话,以后真的登基了,恐怕很难驾驭臣下。可是现在有一个人已经超过了自己,而这个人恰好是自己的弟弟李世民,而李世民的身份对于李建成来讲,又是十分微妙的。

因为皇帝只要没蹬腿,谁能保证太子不换人?换句话说,如果皇帝换太子,李世民无疑是第一人选。所以在经过了多方面的深思熟虑之后,李建成决定利用刘黑闼第二次反叛的机会,主动请战,建立军功。

但这次主动请战,朝廷能不能答应,李建成心里实在没底。

毕竟,刘黑闼的问题,不是一时半会儿所能解决的,何况战场的形势瞬息万变,万一在这个过程中,李建成有什么闪失,那绝不仅仅是损失一员大将的问题,而是损失未来皇帝的问题,人家都能把你未来的皇帝拉下马,你这个国家的脸面往哪放?

但是,李建成实在没有想到,他的主动请战很快得到了朝廷的批准。李建成和朝廷真是一拍即合。

在前边我说过,李世民平定洛阳后,其野心的表露,导致了朝廷对他的严加防范,其具体做法就是冷落,这也是为了抬高李建成的地位。相信如果没有刘黑闼的造反,没有李世勣和李艺的惨败,也许李世民会就此被朝廷晾在一边,如果真是这样,李建成的地位随着时间的推移,慢慢地就会凸显出来。

所以在那个时间段内,李建成对自己的地位保有充分的信心,他相信通过努力,自己依然是朝廷内除皇帝之外的一哥。

但是,随着刘黑闼在河北越闹越凶,朝廷不得不派李世民出征河北,朝廷这么做可以说是很矛盾,一方面希望李世民打败刘黑闼;另一方面又害怕李世民再立军功,进而更加影响太子李建成的地位。

现在朝廷认为最好的方式是,刘黑闼的问题由李建成来解决。但是,朝廷内所有的人都明白,让太子出征的话,绝对不能从自己的嘴里说出来,万一太子有什么三长两短,自己可是吃不了兜着走。还是那句话:李建成的太子身份时刻束缚着他。

太子!这一次就看你的悟性了。准确地说,就看你的表态了。只要你发话,我们绝对支持!

李建成虽然不如李世民的军功多,但绝对不能说就是个平庸的人。他不仅不是平庸的人,而且还是个十分精明的人。只有充分洞悉朝廷内的局势,才能果断地做出主动请战的决定。

武德五年(622 年)十一月七日,李渊正式诏命李建成出兵河北,讨伐刘黑闼。朝廷这次给李建成的官职是陕东道大行台及山东道行军元帅。对于李建成来讲,这个官职基本算是个虚职,自己都是太子了,哪还看得上行台、元帅之类的头衔?但是,在这个官职的后边,朝廷又加上了一句话,这句话相当厉害。

这句话就是,河南、河北诸州并受建成处分,得以便宜从事。翻译成白话就是，河南、河北所有的官员这次都得听太子的指挥，太子可以根据实际情况处理一切事务，其中包括官员的任免，并且可以不向朝廷请示。

要知道，河南的大部分地区可是李世民的根据地，朝廷这么做等于是为李建成提供分化瓦解李世民势力的机会。

李建成去打刘黑闼，朝廷都不忘排挤李世民，朝廷在整人方面可以说是无孔不入。事实上，在后来平定刘黑闼的过程中，李建成虽然没有瓦解李世民的势力，但却因为朝廷“河南、河北并受建成处分”的任命，结交了不少地方势力。

其中最有名的，当数幽州的李艺，李建成从李艺那里招募了八百勇士，号称“长林兵”，自此东宫太子的军事集团正式形成，而我们前面提过的薛万彻、薛万均兄弟，将成为李建成的得力助手。

以上的收获，让李建成忽然明白为什么李世民总是喜欢常年带兵往外跑，原来带兵打仗不仅可以立下军功，还可以扩充自己的势力，得到地方势力的支持，这真是一举数得的事情。

现在的李建成似乎有些嫉妒李世民，不过这也是没有办法的事，谁让你有个“太子”的头衔束缚着你呢？看来，有时官大未必是个好事，至少不那么自由。

这次好了，李建成，你可以放下任何顾虑，摆脱任何束缚，专心致志地解决刘黑闼的问题，向所有人证明，大唐不仅仅依靠李世民。

魏征的策略

十二月二十日，李建成率军到达昌乐（今河南南乐县），昌乐的前边就是魏州。

此前，刘黑闼一直猛攻魏州，可是魏州的守将田留安实在太猛，刘黑闼一连猛攻了七天，魏州在田留安的精心守卫下，依然如磐石一般，没有损伤分毫。

李建成到达昌乐的时候，正是刘黑闼为怎么打下魏州而犯愁的时候，听到李建成率大军前来，刘黑闼禁不住笑了出来。

这次唐军主帅升格了啊。上次是秦王李世民，这次是太子李建成，看来我刘黑闼还是蛮有价值的嘛。东宫太子！徒有虚名！这里不是你长安皇宫，可以任由你太子吆五喝六，久居深宫内院，居然敢领兵出战，你以为战场如同儿戏啊？真不知道李渊这个老家伙是怎么想的。刘黑闼的脸上露出了轻蔑的表情。

人总要为自己的轻狂付出一定的代价。刘黑闼当然想不到，在对付他的问题上，李建成比李世民解决得更加高明。

兵法云：不战而屈人之兵，善之善者也。李建成做到了这一点，因为他听从了手下一个高人的建议。这个人就是魏征。

自从降唐后，魏征被李渊安排在李建成的手下，通过自身的努力，逐渐成为东宫太子集团的首席谋士，深得李建成的信任。这一次，为了从根本上解决刘黑闼，魏征向李建成提出了“攻心之战”的建议。

魏征认为，刘黑闼之所以反复叛乱，是因为他在河北、山东地区有着广泛的群众基础，这些群众之所以拥护刘黑闼，就是因为唐朝对窦建德的旧部赶尽杀绝，而且是宁可错杀一千，不可放过一个。

要知道河北、山东等地曾经在窦建德的治理下，老百姓过的那可是小康生活，人人对窦建德感恩戴德，本来唐朝的群众基础在关中，河北、山东等地的老百姓对唐朝没有太多的感情，现在唐朝又破坏了人家安逸舒适的生活，不造反那才叫奇怪。

所以魏征建议，要想彻底地解决刘黑闼，首先必须培养唐朝与河北、山东等地人民的良好感情。而要想做到这一点，就必须放回那些已经被逮捕的窦建德旧将，并且保证除刘黑闼外，其余的人既往不咎。

不愧是读书人啊。看来读书人真是不能惹。

魏征的这一手的确很厉害，名曰：釜底抽薪。

官逼民反，民不得不反；现在官不逼你了，谁还傻到提着脑袋去干造反事业？

当然，魏征的策略即使再高明，也得有个高明的首领去采纳。李建成采纳了。

很快，魏征的策略收到了良好的效果。

刘黑闼的部众忽然听到唐朝来了个一百八十度大转弯，放回了全部的俘虏，纷纷竖起了大拇指，表示坚决拥护唐朝的决定。我们造反本来是怕唐朝追究，现在不追究了，那就放下武器没商量。

还是我曾经说的那句话：老百姓其实是很容易满足的，只要当官的稍微考虑一下他们的利益，其实没有人愿意造反。

一时间，很多原本效忠刘黑闼的士兵纷纷开始向唐军投降，更有甚者杀了自己的上司，提着脑袋向唐朝投降。转眼间几万人的队伍，还剩下不到几千人。

人心散了，队伍也就不好带了。这下，刘黑闼坐不住了。

对于李建成这个太子，刘黑闼实在没放在眼里，但是现在他忽然觉得李建成是个比李世民更加可怕的对手。李世民击败自己，可以说胜得很幸运，而李建成现在连照面还没打过，居然搞垮了自己的队伍。刘黑闼的心一下子沉了下去。

不行！绝对不能坐以待毙，一定要用最快的时间撤离这个是非之地。不然的话，过不了几天，自己就成了光杆司令。

走为上策

十二月三十日，刘黑闼在永济渠上开始搭建浮桥，准备向北撤离。李建成在第一时间得到了这个消息，亲自带领一万人赶来追击。

为了防止唐军破坏搭桥工程，刘黑闼命令部将王小胡背水列阵阻击唐军，自己则继续指挥人员抓紧施工。

就在浮桥刚刚搭建起来的时候，刘黑闼做了一件让人十分不齿的事情：自己带着几百个亲信，抢先渡过永济渠。

作为首领居然不关心下属的死活，率先开溜，其结果只有一个：树倒猢狲散。看见刘黑闼全然不顾自己的生死，部将王小胡伤透了心，于是率领部众投降了李建成。

没有够意思的老板，就没有够意思的员工。这句话到什么时候都是真理。

李建成当然不会放过这个痛打落水狗的机会，下令全军渡过浮桥追击刘黑闼。李建成的决心不容置疑，唐军的士气更是高涨，问题偏偏出在了这座浮桥身上。

由于时间仓促，刘黑闼搭建这座浮桥比较草率，而且还没有完工，就带着人跑了过去，所以这座浮桥基本是豆腐渣工程。

几个人走上去，没感觉。

几十个人走上去，稳当。

几百个人走上去，稍微有点晃。

几千个人走上去，对不起，塌陷！

看着坍塌的浮桥，李建成无可奈何地笑了笑。谋事在人，成事在天！

没关系，李建成，不必望桥兴叹。因为很快将会有一个人将刘黑闼送到你的面前。

武德六年(623 年)正月初三，刘黑闼到达饶州。此时他的手里只有一百人左右。

多日来连续的逃跑生活，令刘黑闼疲惫不堪，此刻他很想进入饶州城，吃上一顿饱饭，美美地睡上一觉，养足精神，继续北逃。刘黑闼的这个想法不无道理，因为驻守饶州的是他的老部下——诸葛德威。但是，最终刘黑闼却决定马不停蹄，继续向北。促使他做出这个决定的是，他对诸葛德威心里没底。

诸葛德威在很早的时候就跟着窦建德一起造反，窦建德占据河北后，被任命为饶州刺史，若论官职大小，他在刘黑闼之下。但是，刘黑闼一直在窦建德的身边(算是京官)，而诸葛德威却是地方官，所以虽然身为同一集团，但是并没有太多的交情。而且窦建德失败后，饶州这个地方成了三不管，刘黑闼先后两次起兵，诸葛德威连屁都没放一个，谁知道他心里究竟打着怎样的算盘。

最关键的是，现在刘黑闼成了一只落水狗，你能保证诸葛德威不痛打落水狗吗？所以为了保险起见，刘黑闼忍饥挨饿，继续向北走。但是，让刘黑闼意想不到的是，就在他走出饶州地界没多远时，诸葛德威领着一大帮人追了上来。

“汉东王(刘黑闼起兵时自称汉东王)！快回来啊！”诸葛德威高声喊道。

走到刘黑闼跟前时，诸葛德威紧紧地握住刘黑闼的手，激动得差点流下眼泪。

“汉东王！到兄弟地盘了，为什么不进城啊？”诸葛德威略带责备地说道。

刘黑闼实在很纳闷，这个在自己如日中天时都没什么表示的人，现在为什么对自己如此热情。

“哦！原来是诸葛刺史啊！眼下唐兵势胜，我不进城是怕给您带来不便啊！”

“哎！汉东王说的哪里话，你我本都为夏王效力，现在汉东王有难，小弟怎么能坐视不管？小弟现在就请您跟我回饶州城，咱们再举大旗，兴复夏王的伟业！”

诸葛德威虽然说得信誓旦旦，但刘黑闼的心里始终敲着小鼓。

兴复夏王的伟业？你早干什么去了？刘黑闼心里这么想，嘴上当然不能这么说。

“哦！呵呵！这个……我看还是不必和诸葛刺史回去了吧……”

没等刘黑闼把话说完，诸葛德威接着说道：“难道汉东王不相信我？还是嫌我饶州城小，容不下汉东王这样的英雄？”

“哦！不不不！我是怕……”

“那就请汉东王跟我进城！”

没办法，面子给到这个份上，如果再推辞，那就实在说不过去了。就这样，刘黑闼跟着诸葛德威进入了饶州城，当然刘黑闼还是长了个心眼，为了防止诸葛德威有诈，只答应在外城的菜市场里休息。

事实上，进了饶州城任凭你刘黑闼长八个心眼，也是白搭。人家的地盘，人家做主！

悲剧就此酿成。

复仇之神的结局

也许是刘黑闼实在太疲劳了，也许是诸葛德威在送来的食物里下了蒙汗药，总之一句话，刘黑闼和他的一百多号兄弟在菜市场里沉沉地睡去。

当他们醒来的时候，身上多了一道绳索。

“狗辈负我！诸葛德威你不得好死！”刘黑闼高声骂道。

对于诸葛德威这种人，做狗并不重要，利益才是最重要的。最终，诸葛德威将刘黑闼和那一百多号兄弟，献给了李建成，并且宣布投降唐朝。

刘黑闼这条大鱼，李建成简直是得来全不费工夫，这一点他比李世民的运气实在好很多。“河南、河北诸州并受建成处分”的任命，让李建成最终决定将刘黑闼就地正法。

武德六年（623 年）正月十八日，刘黑闼、刘十善兄弟二人被斩于洺州城外。

复仇之神的传说，就此落下大幕。

刘黑闼临死前说了一句很有意思的话：我原本可以在家里好好当农民的，都是被高雅贤这些人给害的，才落到今天的下场。

我反复琢磨他这句话的内涵，觉得他的这句话纯粹是废话。命运掌握在自己手里，没有谁强迫你去干什么，现在失败了将一切责任归到别人头上，确实有些不仗义。但是，这些年当我经历了很多挫折后，回过头来再琢磨刘黑闼的这句话时，我虽然还是不认同他说的话，但是我能理解他。人在某种环境下，有时真的不能左右自己。

我们对未来都抱有美好的期望，可当这种期望随着时间的推移，一点点地化为泡影时，我们会觉得曾经那些美好的期望实在有些幼稚。但是千万不要忘记，正是那些曾经美好的期望，给了你前进的动力。这种动力，将形成你人生旅途中新的期望。那就按照你自己的方式，去度过你的一生吧。

随着刘黑闼的覆灭，李唐王朝基本完成了全国的统一大业，顺便说一句，那个和刘黑闼一起闹事的徐圆朗，这位仁兄在李世和李神通的合力打击下，最终到了山穷水尽的地步，他的结局史书上只有一句话："徐圆朗穷蹙，与数骑弃城走，为野人所杀，其地悉平。"

对于徐圆朗我只想说一句话：在隋末唐初的历史舞台上，他实在不算个角儿！不过，在夹缝中求生存，也实在是不容易。

随着李建成的凯旋，长安城中一片欢腾。当然最高兴的还是李渊。

从大业十三年(617 年)起兵一直到今天为止，李渊运用一系列的手段，通过无数次的战争，终于搞垮了诸多实力强劲的对手。这些年，他眼看着薛举、李轨、李密、王世充、窦建德、萧铣等对手，一个个地倒下去。每倒下一个人，就意味着李渊的统一大业向前迈出坚实的一步。

现在这些对手已经属于另外一个世界，对于李渊来讲，心中充满着无限的感慨。有的对手曾经是战友，有的对手本来就是对手。现在好了，我可以放下先前的紧张、忙碌、劳累，现在我要做的就是让这个帝国在我的手中，开足马力，全力前进。

就在李渊踌躇满志地准备大显身手时，江淮地区的辅公祏向他抛出了一颗重磅炸弹。

武德六年(623 年)八月九日，辅公祏正式起兵反唐。

第二十章
东征江淮

杜伏威来了

表面看起来，辅公祏的反叛好像是一个突发事件，不存在什么因果关系，其实在这背后掩盖着辅公祏一个不可告人的秘密。这件事还得从一年多前说起。

武德五年(622 年)七月，杜伏威来到了长安。

在这之前，杜伏威刚刚和老对手李子通血战了一场，面对着超出自己十倍兵力的李子通，杜伏威充分发扬了“能的怕愣的，愣的怕横的，横的怕不要命的”精神，打败了李子通，迫使李子通投降，当然杜伏威也是损失惨重，可以说在这场较量中没有真正的胜利者。

杜伏威之所以决定来到长安，除李世民镇压刘黑闼时所向披靡，使他感受到了压力之外，最重要的原因还是自己的实力目前无法和唐朝相抗衡。

大战之后，当然需要休养生息，何况还是一场血战。为了表达自己的诚意，杜伏威决定只身前往长安。其实杜伏威去长安，投降是假，缓兵才是真。

杜伏威在临走之前做了一番人事安排，命令副将辅公祏代自己行使主帅的权力，命令养子王雄诞掌管军队。这是一个很矛盾的人事安排，辅公祏行使主帅的权力，却又将军队交给另一个人掌管，而且掌管军队的人还是自己的养子。

到底谁是主帅啊？唯一的结论就是，杜伏威对辅公祏心怀戒心。

很长时间以来，辅公祏作为杜伏威的副手，转战南北，获得了很高的声望，在军中大家都尊称他为“伯父”，可见地位之高。

军功让辅公祏获得了崇高的威望，同时也使他受到了杜伏威的猜忌，功高震主这句话在任何地方都适用，于是这两个拜把子兄弟，一起出生入死的战友，渐渐地开始有了隔阂。

这一次，杜伏威的人事安排明显有意限制辅公祏的权力，其用意就是让养子王雄诞看住辅公祏，防止自己走后，辅公祏趁机作乱。

杜伏威的安排可谓费尽心机，在他看来，这个安排简直堪称完美，于是他放心地走出江淮平原，向长安奔去。但是，杜伏威万万想不到，正是他的这个人事安排，为辅公祏叛唐埋下了导火索。

对于杜伏威的到来，李渊还是很欢迎的。毕竟和王世充、窦建德等人比起来，至少杜伏威还是很识时务的。

当然，老谋深算的李渊时刻保持着清醒的头脑，他明白这年头都是“无利不起早”，杜伏威只身来到长安，绝不是因为对唐朝充满了深厚的感情，何况江淮地区还有杜伏威的好几万军队。

无论如何，杜伏威在隋末的造反队伍中，也是个“角儿”。对于这个人的到来，李渊不管内心有什么想法，表面上也还是要装出“热烈欢迎”的样子。

只要来了，就是客人。

只是杜伏威这个客人实在有些特殊，李渊当初是打进长安的，李密当初来长安是败军之将，而人家杜伏威既不是败军之将，也不是找你打架的，对于这样一位特殊的客人，实在是不好招待。

不好招待，也得招待，而且还得招待得比先前其他人要好。实在是难为李渊了。

安置问题很重要

最终经过一番深思熟虑之后，李渊决定对杜伏威实行“蜜枣＋黄连”的招待方法。

“蜜枣”招待法：加封杜伏威为太子太保，行台尚书令，宣布其位在齐王李元吉之上，仅次于太子李建成和秦王李世民。

这个官职，应该说给足了杜伏威的面子，对比当初李密那个掌管宫廷伙食的官职，李渊可以说是很大方的，而且其位置还在李元吉之上。纵观整个中国历史，臣子地位超过皇子的实在是不多。

这个安排，让杜伏威觉得像吃了蜜枣一样，无比甜蜜。

“黄连”招待法：置杜伏威于皇宫西内院侧室，着五百禁军严加守卫，防止发生意外事件。出行之时，禁军将领上报朝廷，朝廷选派得力将领随行。

守卫一个人用得着五百人吗？事实上，这就是传说中的软禁。

没办法，谁让你的地位如此之高呢？万一哪天你不小心被人黑了，你江淮地区那几万兄弟，还不得抄家伙跟我拼命？所以为了创建和谐局面，伏威兄弟你就将就一些吧！

这个安排，让杜伏威暗暗叫苦，就像吃了黄连一样，感觉实在不是个滋味。

李渊的"蜜枣+黄连"招待法，让杜伏威只能牙掉了往肚子里咽。但是，杜伏威依然觉得这是很值得的事情，江淮地区可以利用这个时机休养生息，而自己身在长安可以完全切身地了解长安，这一切一切都是为了最后的那个行动。

李渊最终用了一招四两拨千斤，成功限制了杜伏威，而且这个方式还不会惹恼杜伏威手下那几万兄弟。首领在长安做大官，手下人脸上也有光啊。

如此看来，李渊的安排真是天衣无缝。但再完美的计划也有漏洞，正所谓智者千虑，必有一失。如果说杜伏威来长安之前的那个人事安排，为辅公祏叛唐埋下了导火索，那么李渊的这个安排，就是亲手点燃了这个导火索！

辅公祏的秘密

很快，辅公祏便得知了杜伏威在长安的情况。

辅公祏敏锐地判断出，杜伏威回到江淮的可能性，已经是微乎其微了。他觉得自己的机会来了。事实上，辅公祏对杜伏威的那个人事安排很是不满。

辅公祏是不甘久居人下的，在他看来，江淮地区杜伏威排行老大，自己排行老二，老大在长安被软禁，那老二就应该成为老大。现在可好，虽说自己代杜伏威行使主帅的权力，但是军队却在那个乳臭未干的王雄诞手里，要知道手里没兵，自己的这个"代理主帅"就是个摆设。一定要想办法从王雄诞手里夺回兵权。

基于这种指导思想，辅公祏开始慢慢地寻找机会。在这个过程中，他一直在等待，等待着王雄诞出现疏忽，随着时间的推移，他也明白杜伏威长时间不回来，势必会引起众人的猜疑。

终于，机会出现了！

武德六年(623年)八月的一天，王雄诞在没有和辅公祏商量的情况下，独自带兵到边界巡视。

臭小子！这次终于让我抓住把柄了！

看来王雄诞实在是太年轻，军队虽说在自己手里，但名义上辅公祏还是"代理主帅"，不经上司同意，擅自带兵外出，说轻了是你不尊重上司，说重了那就是你有意搞分裂。

自己一个人带兵去边界,难道你想脱离组织?这真是个可大可小的问题,但对于辅公祏来讲,当然是往大处整,最好是把王雄诞往死里整。

于是一个置王雄诞于死地的阴谋就此形成。

三天后,辅公祏忽然召集众将说有要事相告,当然王雄诞作为军队的最高长官,那是一定要到场的。

"诸位!昨日我收到了吴王(杜伏威自称吴王)的来信!"辅公祏话一说出口,立刻在众人之间引起了强烈的反响。

"主帅!这么长时间吴王没有音信,这次在信中说了什么啊?"

"是啊!主帅!吴王在长安怎么样啊?"

看到众人急切地询问,辅公祏不慌不忙地说道:"大家先不要急,吴王在长安倒还不错,这次他来信是不放心咱中间的一个人啊!"辅公祏说完扫了一眼坐在旁边的王雄诞。

显然,王雄诞还没有意识到问题的严重性,此刻他也和众人一样,关心杜伏威在长安的情况。

"担心一个人?吴王担心谁啊?"王雄诞不解地问道。

"明知故问!就是你啊!"辅公祏佯怒道。

"我?"王雄诞瞬间像是丈二和尚摸不着头脑。

"对!就是你!吴王在信中说了,你擅自带兵去边界,吴王不知道你想要干什么?为了保证今后类似的事件不再发生,吴王命令暂时解除你的兵权,以观后效!"

"什么?我身为吴王的养子,忠贞不贰,军队是他临走前亲口让我统领的,边界如不巡视,如有外敌来犯,如何?"

"大胆!你不经主帅命令,擅自带兵外出,还敢顶嘴,若不看你跟随吴王多年,今日当斩之!"辅公祏毫不示弱地说道。

王雄诞彻底愤怒了,可他并没有失去理智。他明白,眼下在朝堂之上,即便浑身是嘴也辩不清,为了顾全大局,暂时先退避三舍。

"好吧!既然吴王不相信我!我就交出军权!在下告辞了!"说完这句话,王雄诞转身离去。

王雄诞的确很嫩。他注定要为自己的稚嫩付出惨重的代价。

假仁假义

面对王雄诞转身离去的背影,辅公祏的脸上闪过一丝轻蔑的表情。

王雄诞!你不过是个娃娃,要学的东西还很多,可你已经没有机会再学习了！轻蔑的表情并没有在辅公祏的脸上停留很长时间,很快辅公祏就换了一副为难的表情。

“诸位！现在王雄诞走了,军队没人管了！唉！看来吴王现在也回不来了啊！”辅公祏一边说着一边独自叹气！很明显,这句话是故意在拱火。

“主帅！此话怎讲?”众人问道。

“唉！实话告诉大家吧！吴王在长安虽说吃喝不愁,但是已经失去了自由,基本上算是被李渊软禁了起来,这次偷偷地让人送信回来,除怀疑王雄诞有二心,让我罢了他兵权之外,另外就是希望选派一个得力的人统领军队,早日救自己回来啊！”

“我早就说过李渊、李世民等人不是什么善类,吴王绝对不能去长安,现在可好……唉！”

“我看咱们还是赶快想个办法,要不然时间长了,说不定吴王会遭李渊的毒手！”

“是啊！眼下军队必须有人统领,我看就由主帅来统领吧！”

要的就是你们这句话,绕来绕去,还得绕到我这！

“我？不行！不行！吴王在信中没说让我掌管军队啊！”辅公祏假装回绝。

得了便宜还卖乖,的确是老油条。

“这无妨,现在是非常时期,吴王回来后,我们会和吴王说明原因的,就说是我们大家共同推举您的！”

“这个……恐怕不好吧！我看这事还得从长计议啊！”

辅公祏你要沉住气,不到最后时刻绝对不能露出任何破绽！

“哎呀！还从长计议什么啊？再从长计议吴王就没命了！主帅！你发话吧！咱们反了！打进长安,救回吴王！”众人急切地说。

搞定！忽悠到此结束。

“好！为了救出吴王,今天咱们反了！”

辅公祏终于达到了他的目的,在他看来,只有让江淮再次重燃战火,自己最终才能成为那个拥有最高权力的人。

什么老百姓水深火热,什么生灵涂炭,这一切都事不关己,拥有权力才是重要的,这就是辅公祏的人生哲学。这种人生哲学让他暂时成了江淮地区的老大,但最终也把他推向了深渊。

“不知道王雄诞会不会和咱们一起干啊?”已经成为老大的辅公祏并没有忘记解决王雄诞的问题。

“不去管他！等吴王回来后,由吴王处置他！”

“不！去问问他是否和我们一起干,如果他同意便罢,不同意的话……”

辅公祏做了一个手向下切的动作。在他看来,快刀斩乱麻,免得夜长梦多。

老大就要有老大的威严。

当王雄诞听说辅公祏要带着一帮人造反时，他忽然明白了原来这一切是辅公祏精心设计的圈套。王雄诞终于后悔了，不论如何，兵权也不应该轻易地交出去。看来意气用事真是害死人啊。

但是，王雄诞还是很有骨气的，他拒绝了辅公祏，因为他知道仅凭江淮巴掌大的地方，根本无法与唐朝相抗衡。

辅公祏啊！你真是太毒了！

你为了自己的私利，挑起江淮地区的战火，不仅使百姓们再次遭受苦难，而且吴王今生再也不会回来了。因为李渊一定认为，江淮地区造反一定是吴王遥控的结果。只可惜，我明白得太晚了。

最终王雄诞遭到了辅公祏的诛杀。

王雄诞本来有力挽狂澜的机会，可是他最终失败在两个字上——轻率。

年轻人啊！这是一个很复杂的世界，像顽石一样的你们，需要不停地打磨，直至将棱角磨平。

武德六年(623年)八月九日，辅公祏在丹阳正式打出反唐的旗号，同时联合南昌地方军阀张善安，一起对唐朝宣战。

大唐帝国的战车将继续开动。这一战，将是大唐帝国统一天下的最后一战。

明星组合

面对江淮地区突变的形势，李渊这一次派出了"三李组合"进行征讨。所谓"三李组合"，就是三个"李"姓的将军统领全军，他们分别是李孝恭、李靖、李世勣。

在"三李组合"中，李孝恭由于身为皇亲国戚(李渊的侄子)，而且又能征善战，所以当仁不让地成为行军元帅，总管一切事务。

李靖由于在南征萧铣的战争中，积累了丰富的水战经验，而这一次东征江淮，水战会再一次成为主要的作战方式，所以李渊让李孝恭带上了李靖。

水战如果进行得顺利，接下来就是陆战，因为要想彻底解决辅公祏，当然不能让兄弟们都停留在水上，只有攻进了丹阳城，才算大功告成。那么对于陆战，李世勣可以说是个很好的人选。李世勣的陆战经验在唐朝内，绝对名列前茅。

有的人也许会问，为什么不用李世民？

至于李世民嘛，鉴于这位仁兄先前由于骄傲得尾巴翘上了天，朝廷对他猜忌颇深，所以这一次暂时先靠边站一站。如果"三李组合"实在解决不了这个问题，再让李世民出场也不晚。

九月二日，李孝恭率领十万大军离开长安，向江淮挺进。

由于唐军声势浩大，各路大军齐头并进，气势如虹，给辅公祏造成了极大的心理压力，所以就在李孝恭刚刚离开长安三天，辅公祏便在长江沿岸布置好了防线。

为了不让唐军进入境内，辅公祏派部将冯慧亮、陈世当率领三万水军驻守在博望山，又派部将陈正通、徐绍宗率领两万步兵驻守在青林山，然后又在梁山用铁索拦腰截断江中航道，并在江边修建了绵延几里的临时驻军城，与博望山和青林山成掎角之势。

辅公祏的策略很明显，就是首先利用这个“铁三角”将唐军阻击在长江以东，然后等待时机，率军渡江西征。

我们常说，两个有情人总能擦出激情的火花。其实战争也不例外，这一次的两军东西大碰撞，势必也会火星四溅，可出人意料的是，当唐军到达长江岸边正准备渡江时，老天爷拦住了唐军的去路。天降大雨，长江发大水。

想想长江发大水时候的样子，水流湍急，浪石飞溅！

但是，我要告诉你，在一千多年前的唐朝，长江发大水的样子要远远超过现在N多倍，因为那个时候并没有什么治理长江的理念，而且也不具备现在的科技手段，所以长江发大水时，不论是渡江的、打鱼的，还是游山玩水的，四个字——全都暂停。

唐军的气势能镇住辅公祏，但无论如何也镇不住老天爷。正所谓天要下雨，娘要嫁人，你管得了？

所以郁闷的李孝恭只能驻扎在长江岸边，耐着性子等待时机。但令他没有想到的是，将近一个月，长江仍然是波浪滔天，水势丝毫没有下降的趋势，对于唐军来讲，这实在不是个好消息，因为远征的最大忌讳就是拖延时间。

就在李孝恭一筹莫展的时候，一个人向他提出了“削辅手足”的作战方案。这个人就是李靖。

削辅手足

在李靖看来，现在长江发大水并不妨碍唐军的下一步军事行动，只是对象需要变一变，由辅公祏变成张善安。

张善安作为辅公祏的盟友，可以说算是辅公祏的手足，其实力绝对不如辅公祏，李靖认为与其在岸边坐等长江大水消退，不如先拣弱的打，拿张善安开刀，此为“削辅手足”。

李靖的这个建议，应该说是个很不错的方案，因为当时张善安身在洪州，也就是说在唐军的正南方，如果不拔掉这颗钉子，在唐军未来渡江的时候，很有可能会遭到辅公祏和张善安的东南两路夹击。

而且辅公祏偏安江淮一隅，唐军若想彻底平定那里，最好的方法莫过于进行“半圆式”的战略包围，画一个半圆将辅公祏紧紧地夹在江淮地带不能动弹，然后步步紧逼，缩小其活动范围。

而要想画个完整的半圆就必须首先解决张善安，不然的话，唐军的这个半圆最多只能画45度。那就先从张善安开始吧。这个任务，李孝恭把它交给了部将安抚大使李大亮。

“削辅手足”行动正式开始！

十二月二日，李大亮到达洪州，与张善安隔水列阵对峙。由于初来乍到，唐军对这里的一切都很陌生，所以李大亮并不急于和对方死拼，而是首先搞起了政治劝降工作。

劝降能成功那再好不过，如果不成功，这项工作也没有白做，其间，唐军可以充分地进行战前准备。不过，令李大亮没有想到的是，本次劝降工作完成得异常顺利。

原因只有一个，张善安是个禁不住忽悠的人。作为南昌的地方军阀，张善安本没有一争天下的野心，在他的心中只有五个字——过安生日子，所以在中原各路诸侯你来我往不断征伐时，张善安老老实实地待在自己的地盘，不惹事，不声张。因为他知道自己的实力太过弱小。

这本来是一件非常好的事，但问题是世界上不是你不生事就可以免去很多麻烦的。而张善安恰恰又是个禁不住三句话忽悠的人，所以当辅公祏反复忽悠他“加盟”自己的“连锁店”时，这位仁兄还是禁不住诱惑，义无反顾地加入了对抗唐朝的阵营。

面对辅公祏的忽悠，他选择了对抗唐朝，面对李大亮的忽悠，他再一次选择了“加盟”唐朝“连锁店”。张善安具有猛虎一样的决断力，同时也有猪一样的脑筋。

他不明白，自己的决定在不经意间给很多人造成了一种印象——反复无常。而更要命的是，李大亮就是这个人群中的一员，所以他判断张善安的投降其中一定有诈。如此看来，张善安简直比窦娥还冤。

事情可以做不好，可是一定不要给人家留下不好的印象。一旦你在人家脑海中留下不好的印象时，无论你多么努力地做事，基本也是徒劳。

张善安带着微笑走进了李大亮的营帐，同时他也走向了覆灭。李大亮微笑迎接张善安，在微笑的同时，他已经为张善安精心设计了一个圈套。两人相谈甚欢。

“李将军放心！我回去后就带着所有人过来！”

“好好！张将军真乃识时务者啊！”

"哪里！哪里！那我就先告辞了啊！"

"我看张将军还是不要走了，来人！将叛贼拿下！"

……

李大亮设计的圈套的确很绝，名曰：翻脸不认人。但是，仅仅抓住张善安是远远不够的，因为在洪州还有他的数万军队。所以，李大亮继续派出使者到洪州城内开始忽悠张善安的手下。

面对使者的到来，很多人怒目而视，因为在他们看来，他们的张将军算是被软禁起来了，实际上也的确是如此。但是，在这个世界上有很多事情，一旦通过人嘴描述，就会产生水分。

"把张将军放回来，不然的话我们现在就发兵和李大亮拼了！"众人群情激昂地说道。

"哎呀！看来诸位是不知道实情啊！"使者面露难色地说道。

"实情？什么实情？"

"弟兄们！不是我家李将军要留你们张将军啊，而是你们张将军一心想归顺大唐啊，是他自己不愿回来的啊！他还说若是回来和你们说降唐的事，恐怕你们不会同意，反而可能会受钳制！所以他非要留在我们那里，你们不能怪我们李将军啊！"

看来即使是扯淡，也要扯出水平，李大亮派出的使者做到了这一点。

众人听到使者这样说，心中开始产生不忿。

"张将军这样做，实在太不够意思！"

"是啊！这么多年，我们始终跟着他，他说往东我们绝不往西！原来这么多年他一直不信任我们！"

"钳制？什么叫钳制？我们要是真想钳制他，还用等到现在？"

"即使投降唐朝，也不是什么坏事，跟我们讲又有什么关系？"

"老子不干了！回家种地去！"

"对！不干了！干吗非得把脑袋绑在裤腰带上活着？"

……

到底是一群没有文化的粗人，在他们的头脑中丝毫没有分析使者说这番话的用意。这是一群单纯的人，单纯的人有时很可爱，而有时也会很耽误事。

李大亮就是凭借良好的忽悠功底，顷刻间将张善安的部队全部瓦解。看来，有一张好嘴，的确胜过百万雄兵。此言不虚！

张善安的结局用四个字来形容一点也不为过，那就是——大喜大悲。准确地说是，先喜后悲。

李大亮将他押送长安，听候李渊的处理。要说这个张善安也确实长了一副好嘴，通过一番狡辩说自己和辅公祏本没有什么关系，之所以对抗唐朝，是因为受了手下人的蛊惑。

我始终不明白，为什么当上司的，一旦身处不利的境地，就会把过错推给下属？到底谁是上司，谁是下属呢？也许张善安实在不算个“角儿”，李渊根本没有拿正眼看他。鉴于该人虽然动机很坏，但也没有给唐军造成任何损失，所以李渊还是原谅了他。

但历史再一次告诉我们，长着一副好嘴，不如行得端正。

后来辅公祏失败后，唐军缴获了大量书信，其中就有张善安和辅公祏的通信。在这些信中，张善安将李渊骂得狗血喷头，甚至一直骂到李渊的七世祖李暠，这令李渊异常愤怒。

即使是今天，两人对骂，如果一方骂到对方的父母，也会引起公愤，何况是在重视孝道的古代。所以，李渊最终下令将张善安斩首示众。

从大喜到大悲，皆因一张嘴。

张善安的教训告诉了我们两个老得不能再老的道理：

一、嘴下留德；

二、要想人不知，除非己莫为。

失意英雄

就在张善安被押到长安的同时，长安城里的一个人因为辅公祏的叛乱，最终被李渊所毒杀。这个人就是杜伏威。

自从到了长安后，杜伏威的心情坏到了极点。从起兵以来，杜伏威所到之处可以说是所向披靡，但是唐朝统一天下的大势已经不可逆转，杜伏威明白这个道理。

杜伏威并不甘心，他实在不愿看到自己创下的一片基业，被唐朝一点点地兼并，所以在打败李子通后，杜伏威下了一个赌注，用自己去长安的实际行动感动李渊，从而换取江淮地区短暂的安宁。因为他知道，若想和唐朝做奋力一搏，在和李子通血战后，自己绝无胜算。

杜伏威该想到的都想到了，甚至在他临走时的那个人事安排，也是费尽脑汁。但是，随着辅公祏的反叛，杜伏威的希望最终化成了泡影，同时随着大唐的铁骑进军江淮，杜伏威清楚地知道，今生恐怕再也无法回到江淮了。

杜伏威只疏忽了一点——辅公祏的权力欲。

今生最大的愿望已经破灭，杜伏威失魂落魄，整天在自己的寝宫里，对着窗户向东南方张望。

东南方……是啊，一直往东南走，就可以走到江淮。但杜伏威却始终无法迈开脚步。

不！我要活下去，我要永远地活下去，只要活着就有希望回到江淮。

也就是从这一刻，杜伏威开始迷恋上了长生不老之术。

他开始服用道士为他炼制的所谓的长生不老金丹。

其实这些所谓的长生不老金丹，里边含有大量的汞、铅等元素，长期服用会使人慢性中毒，严重者会导致死亡，到了唐朝后期很多皇帝都是因为服用这种“金丹”而最终丧命。关于金丹的具体内容，后边我们会详细写到，在这里先简单介绍一下。

很快，李渊知道了这个消息。

武德七年（624年）二月十六日，这一天，长安城瓢泼大雨。杜伏威的寝宫内整天烟雾缭绕，由于长时间信奉长生不老之术，使得他的寝宫逐渐向道观方向发展。

此刻杜伏威正跪在地上，接受李渊赐给的礼物——金丹。

“闻杜太保（杜伏威官职）为国事操劳，朕不胜欣慰，今赐云母丹一粒，望太保福长绵延！钦此！”

“臣谢皇上隆恩！”

当杜伏威从地上起来的一刹那，眼泪夺眶而出。因为他知道以李渊的为人，绝对不会无缘无故地赐给自己礼物，他已经意识到这颗金丹对于自己来讲，很可能是致命的毒药。

“杜太保！这是为何？难道皇上的赏赐你不喜欢吗？”传旨太监厉声问道。

“不！我这是感激皇上啊！皇上日理万机，还能想到我，臣真是感激涕零啊！”

“那杜太保，你就别犹豫了，赶快享用吧！”太监的笑声中夹杂着一丝诡异，顿时整个空旷的大殿笼罩了一种恐怖的气氛。

杜伏威缓缓地接过那粒金丹，他的脑海中闪过无数的画面。他想到了自己戎马一生；想到了打败李子通时的豪气冲天；更想到了也许吃下这颗金丹就会一命呜呼！

但是，君让臣死，臣不得不死。于是杜伏威将那颗金丹含到了嘴里……

“杜太保！味道怎么样啊？”太监问道。

“嗯！皇上真是圣明啊！这么贵重的东西还留给我！”杜伏威顷刻间将金丹咽了下去。

“好了！杜太保！愿你好生保养自己，千万不要让皇上失望啊！”

太监离去了，杜伏威倒下了。

三天后，杜伏威不治身亡。虽然，没有史料能够充分证明，李渊赐给杜伏威的金丹就是毒药，但杜伏威确实是吃了李渊赐给的金丹后死去的，也许这是李渊的蓄意谋杀,也许这本来就是一起意外事件。但是,联想起辅公祏的叛乱,我依然相信前者,显然李渊将辅公祏的叛乱归罪到了杜伏威的身上。

就这样,继李密、李轨、刘武周、王世充、窦建德、萧铣、刘黑闼等诸多隋末唐初的割据反王一一倒下后,杜伏威最终也没有逃脱倒下去的命运。

对于杜伏威我只想说,在一个错误的时间,做出了一个错误的决定,而这个决定却是置他于死地的决定,而这些依然不能掩盖杜伏威曾经的光芒。我们只要记住这个曾经叱咤风云的英雄,记住他曾经给隋朝腐朽统治以沉重的打击就够了。

还是那句话,我们不以成败论英雄。

进攻峡石还是丹阳?

张善安被擒,可以说唐军在西南边的半圆已经画完。

少了张善安这个"手足",虽然令辅公祏闪过一丝不祥的念头,但并没有削减他造反的热情。因为他知道一旦上了"造反"这条大船,就只能扬帆远航,而没有返航的余地。而对于唐军来讲,现在可以放开手脚,尽情地把那个半圆画得更加完美。

武德七年(624 年)三月,李世勣、李靖率领水军到达舒州。

舒州在淮河的旁边,唐军此次进军舒州是为了夺取淮河南端的寿阳,因为一旦夺取寿阳,唐军可以说就画完了东北边半圆的部分。应该说,夺取寿阳的战役进展得非常顺利,李世勣带领一万名步兵以迅雷不及掩耳之势,渡过了淮河,寿阳守将闻风丧胆,率众投降。

然后李世勣一鼓作气地进逼峡石,峡石属于冯慧亮驻守的区域,在这里唐军遇到了麻烦。冯慧亮让这里的守将坚守不出。任凭李世勣怎么挑衅,峡石的守将甘心做缩头乌龟。冯慧亮的做法极其聪明,因为他知道唐军不能在峡石这个地区待得时间太长,因为在峡石的前方就是丹阳,而丹阳才是唐军的最终目标。

冯慧亮的算盘拨得实在精明,自己坚守不出,唐军只有两种选择,要么撤退,要么向丹阳进攻。

唐军是绝不可能撤退的,峡石攻不破,那就直接攻丹阳,一旦攻陷丹阳,峡石便不攻自破。唐军的策略很明显。

是的！你只要进攻丹阳,我就会抄你的后路。冯慧亮的策略更明显。

幸好,在峡石李孝恭召开了一次军事会议,正是这次会议挽救了唐军。

作为全军总指挥,李孝恭的心情颇为不爽,因为辅公祏虽然兵强马壮,但是和王世充、窦建德等人比起来,那简直就是小巫见大巫,李世民当初一打二只用了不到半年的时间,而现在自己从长安出来整整半年的时间,战局依然没有太大的改变。

李孝恭当然不希望在李渊的头脑里留下个“孝恭无能”的印象。他决定在五月份之前,必须解决辅公祏的叛乱问题。不然的话,将无法向李渊交代。所以在石峡,李孝恭特地召开了这次军事会议。

在这次会议上,意见基本很统一——攻打丹阳。只有一个人持反对意见,这个人就是李靖。

“我反对!”李靖站起来说道,“丹阳固然是我们最终的目标,现在我们也的确离这个目标很近,但是我们有多少把握能够短时间攻下丹阳,诸位说说看。”

全场鸦雀无声。李靖的问话不无道理,因为丹阳外号石头城,也就是传说中的易守难攻。

“如果没有把握,一旦攻打丹阳城陷入持久战,冯慧亮抄我们的后路怎么办?”

所有的人都没有想到这个问题,只有李靖想到了。

“我认为应该先出其不意攻打冯慧亮,只要解决了冯慧亮,辅公祏必败!”李靖斩钉截铁地说。

实践会再一次证明,真理往往是掌握在少数人手里的。

问题的关键是怎样才能做到出其不意。所以接下来,继李大亮成功忽悠张善安后,李靖大忽悠再次开忽。

两大忽悠术

李靖的忽悠策略分为两个部分。

第一部分:麻痹忽悠法。

在一个月黑风高的晚上,李靖派出了一小部分唐军,这部分唐军主要由老弱病残人士组成。他们的任务是偷袭冯慧亮的大营。当然,李靖并不是让这些人去送死,这些人只要达到引蛇出洞的目的就可以了。不过要想达到这个目的,有个必需的前提——只许败不许胜。所以最好的方法就是,敲一竹杠转身就跑。最终结果:这些老幼病残出色地完成了这次引蛇出洞的任务。

当冯慧亮看到只有少部分唐军来偷袭后,不禁暗暗地好笑。真拿我当缩头乌龟了啊? 追! 一个也不能让他们回去!

冯慧亮的信心是百倍的,在他看来这是一次很好打击唐军士气的机会,所以他快马加鞭率领手下人,全力地追击。他当然不会想到,最终的结果正和他的想法完全相反。

当他追出三里的时候,忽然看见这些唐军不再向同一个方向逃跑,而是向四面八方纷纷地逃走。嗯？这是唱的哪出戏啊？该往哪边追呢？

不！冯慧亮，你哪也不用去了，这里就是你的葬身之地！就在冯慧亮犹豫的一瞬间，他忽然听得一声炮响，然后便看到数万装备精良的唐军向自己冲杀过来。

不好！中计了！快撤！当冯慧亮喊出“快撤”两个字的一刹那，一支冷箭射穿了他的喉咙。

第二部分：猛人忽悠法。

在这个部分中，李靖需要借助一个人的力量，这个人就是阚棱。

提起阚棱，也许大家有些陌生，可是提起他的干爹，那可是大大的有名——杜伏威。史料记载：阚棱貌魁雄，善用两刃刀，其长丈，名曰“陌刀”，一挥杀数人，前无坚对。

你可以闭上眼睛想象一下，一个一米八几的大汉，拿着一把三米长的大砍刀（两刃的），左右地挥舞，来一个砍一个，来两个砍一双的样子。绝对心惊肉跳！

而李靖之所以在这个时候搬出阚棱这么个猛人，除他勇猛之外，还因为阚棱曾经是江淮士兵的上司。因为阚棱和王雄诞在江淮被称为“大小二将军”，具有很高的人气。

可以想象，当冯慧亮毙命后，手下人都像个没头的苍蝇，这时候搬出阚棱这个老上司来稳定军心，可以起到很好的效果。

李靖的这一手很漂亮，当很多江淮兵看到阚棱出现时，全都下跪磕头，表示愿意归降唐军，李靖就这样不费吹灰之力，顺利接收了冯慧亮将近三万人的兵马。

看来扎实的忽悠功底有时真能胜过百万雄兵。

在接下来的日子里，唐军以摧枯拉朽之势，接连攻取了博望山、青林山等据点，一路打到了丹阳城下。

辅公祏慌神了。他万万没有想到自己精心设计的那条“马其诺”防线，顷刻间就土崩瓦解了。

没关系，丹阳城不是号称石头城吗？辅公祏你千万不要灰心，在这里你还有和唐军叫板的实力！

但是，辅公祏却做出了一个惊人的决定——逃跑。目的地为会稽（今绍兴）。因为在会稽还有他的老部下兵部尚书左游仙坐镇那里，辅公祏是想和左游仙合兵一处，然后做最后的殊死挣扎。

想法是很好的，可他和刘黑闼一样，面临着一个残酷的现实。

他的败亡从他离开丹阳城那天就已经注定。

丧家之犬

离开丹阳的辅公祏像一只丧家狗一样，被唐军穷追不舍，一路跑到了句容。到了句容他才发现，从丹阳带出来的几万人马，现在只剩下了不到五百人。

没办法，兄弟们跟着你混，无非是想混个好前程，可是现在你自己都是泥菩萨过江——自身难保，所以也就不要苛求弟兄们开小差。虽然手下人可以开小差溜号走人，但是作为首领，辅公祏却无法做到这一点，即使他溜到天涯海角，唐军也绝不会放过他。

那就继续跑吧！只要到了会稽就会看见新的希望。辅公祏就这样担惊受怕地过着每一天，一边跑一边组织抵抗，一路来到了武康。

武康将成为他人生的终点！

到了武康之后，辅公祏的体力消耗终于达到了极限。即使是机器，在运转了一段的时间后，也需要维修保养，何况是血肉之躯的人。所以辅公祏决定，无论如何也要休息一下再继续跑路。

当然，在武康城内明目张胆地打地铺、起锅灶肯定不行，因为唐军不是白痴，如果你不想被唐军逮个正着，那最好的办法就是找个偏僻的角落。所以，辅公祏决定让人马进山休息。

这是个不错的办法，绵延大山方圆百里，即使唐军进山围剿，辅公祏完全可以在山里打个游击战，如果不想打的话，也可以利用山势复杂的地理环境甩开唐军，继续跑路。

究竟人算不如天算。在山里，辅公祏的确避开了唐军的追击，却迎来了一群更加生猛的人——野人。当时所谓的野人，就是一些土著部落的人。

辅公祏最终的结局完全应了四个字——阴沟翻船。

这群野人依靠吹麻箭，将辅公祏等人麻翻在地，然后把他们五花大绑地送到了李孝恭那里。最终辅公祏被斩首示众。

看来即使是野人，也都懂得识时务这个道理。而辅公祏作为一个久经沙场的战将，却不懂得这个道理。其实这个世界上有时很容易看懂的东西，往往却被我们所忽视。

没有被隋军的气焰所吓倒，没有让唐军的铁蹄所踏平，依靠自己的权术，成为江淮地区的带头大哥，而最终却栽倒在一群野人手里。命也？运也？

对于辅公祏我只想说八个字：螳臂当车，不自量力！

李渊终于可以长舒一口气，天下基本再没有可以对抗大唐的势力存在。只有朔方的那个梁师都还没有解决。

不过，梁师都背后有突厥人的支持，为了尽量避免和突厥人的冲突，李渊暂时对梁师都采取了不闻不问的态度。这位仁兄的运气相当好，当中原所有的割据势力被李渊一一灭掉后，他依靠突厥人的撑腰，一直撑到了贞观二年(628 年)才被李世民所剿灭，相对王世充、窦建德、刘黑闼来讲，梁师都在所有割据势力中，其国运算是最长的一个。关于这位仁兄的命运，后边我们会具体讲到，在这里暂不赘述。

外战结束，百废待兴。李渊终于可以稳下心来，准备一心一意地搞建设。但是，在李渊的心中，始终有一层阴云挥散不去。他隐隐觉得现在的朝廷似乎正有一股激流，而这股激流现在正处于一种蛰伏状态，不知在什么时候就会爆发。

李渊陷入了深深的思考之中，他想通过自己的努力，化解这股激流，只是他不知道该从哪里入手。

无数的历史经验告诉我们，外战结束之际，也就是内斗开始之时。

难道我大唐也不能逃过这个宿命吗？是的。李渊你所疑虑的这股激流，就存在于即将到来的内斗中。

武德七年(624 年)六月，内斗正式开始。

第二十一章
内斗

矛盾的开始

我所说的内斗，相信大家都不会陌生，这就是太子李建成和秦王李世民之间的斗争，而这场斗争最终的结果就是武德九年(626 年)的“玄武门之变”，那么究竟是什么原因最终导致了这场惨剧的发生呢？

是李世民的野心膨胀还是李建成的心胸狭隘？或是李渊的纵容？

事实上，唐代一共发生过三次“玄武门之变”，而武德年间的这次“玄武门之变”因为参与人数众多、历史影响深远所以排在了第一位。

而且一直到今天为止，其中很多不为人知的细节，还有待人们去进一步地探究。总之唐初的“玄武门之变”客观上决定了唐朝未来的走向，甚至可以说，后来的“贞观之治”就是踩着“玄武门之变”的鲜血而光耀千古的。

很多人一提起“玄武门之变”，就会产生这样一种印象：以李世民为首的正义人士，经过了长时间的殊死搏斗，终于消灭了以李建成为首的恶势力集团，从此过上了太平日子。

如果你的印象还是停留在上面这句话时，那么我要告诉你，你被李世民忽悠了。

事实上，李世民后来当上皇帝后，为了掩盖杀兄逼父的事实，销毁了大量的证据，而且伪造了很多史料来美化自己，不过随着时间的推移，随着历史的发展，我们完全可以通过很多史料记载的细节，发挥逻辑推理的力量，去探寻其背后不为人知的故事。

那么从现在开始，我将和大家一起，拨开历史的迷雾，逐渐找到那场事变的前因后果。

“玄武门之变”最终能够发生，一定是李建成和李世民的矛盾实在无法调和的结果，那么我们不禁要问李建成和李世民的矛盾最早究竟是从什么时候开始的呢？在翻阅了大量的史料后，我还是相信《资治通鉴》上的记载。

在《资治通鉴》武德二年(619年)九月的记载中，有这样两段话：

“建成嫉秦王功高，颇相猜忌。”

“复上书谏太子饮酒无节，及信谗慝，疏骨肉，太子不怿，而所为如故。纲郁郁不得志，是岁，固称老病辞职。”

这里关于“疏骨肉”的记载是李建成和李世民之间矛盾产生的最早记载，而巧合的是两个人产生矛盾的同时正好是刘文静被杀的前后。在前面叙述“刘文静案件”的时候，我已经分析了李世民和他父亲李渊的矛盾。

如此看来，李建成和李世民的矛盾其实是建立在李渊和李世民的矛盾之上的。也就是说，李建成和李世民的矛盾是李渊和李世民矛盾的变异。听起来好像很乱，没关系，下面我为大家梳理一下。

事实上，在刘文静被杀后，尤其是在李世民平定洛阳后，李世民的野心已经暴露无遗，这一点在前面我们也说过，而我们无法知道的是，他的野心究竟有多大？在我看来，在李世民的心中绝不仅仅只是想和李建成争夺太子的地位，其实他的野心是直指皇位。

当皇帝是李世民的目标，问题是这个目标是长期目标还是短期目标？短期目标就是杀掉李渊夺取皇位。长期目标就是夺过太子的地位，拥有皇位的继承权。李世民并不是白痴，综合各种因素来看，后者还是比较可行的，当然也是比较稳妥的。

因为在我们这个古老的国度，虽然有着“立嫡立长”的传统，但是究竟谁能继承皇位，其结果还是皇帝说了算。纵观整个中国历史，很多时候都突破了“立嫡立长”的传统，那为什么李渊就不能做到？

当然，要想让李渊改变立太子的念头是不容易的。除李世民要积极表现外，还要寄希望于李建成犯下严重的错误，从而让李渊下定决心废掉他。

不可否认，李世民的表现很积极，在唐朝的全国统一战争中，表现得相当出色，这里边固然有他通过立功来立足朝廷的想法，但我想更多的是他想表现给李渊看，从而证明自己有能力胜任太子的重任。

但令李世民万万没有想到的是，他的积极表现反而让他走向了一个死角。也就是说立功越多，朝廷越不买账。归根结底只有一个原因，李建成的表现也不差。而李建成是李渊的接班人，这一点全国公认，李建成既然没有犯严重的错误，那为什么要废掉他？不废掉李建成，就等于承认他的太子地位，那么除李渊外，在朝廷里不能有任何一个人超过他。李世民也不例外。

所以，李世民立功越多，朝廷越排挤他，归根结底李建成是他无法逾越的一道屏障。

难道真的无法打动父皇吗？难道李建成永远不会犯错吗？不！我相信他会露出致命的破绽。李世民沉默了，在沉默中他耐心地寻找机会。

一直到了武德七年(624年)六月三日，机会终于出现了。这就是被称为“玄武门之变”前奏的杨文幹造反事件。

杨文幹造反

武德七年(624年)六月三日。

这一天，李渊的心情显得格外不错，带领秦王李世民和齐王李元吉到仁智宫(长安城正北方向)去避暑，让太子李建成留守长安，全面主持政务。

其实，李渊这么做也是为了给李建成一个独立主持朝政的机会，毕竟自己的年岁已经大了，不可能总是精力充沛地处理一切事务，天下最终还是年轻人的，李建成这只长大的小鸟现在应该承担起独立监国的责任。

如此看来，李渊对李建成还是十分信任的。(请大家牢记我这句话。)

可是就在李渊刚刚到达仁智宫的时候，有两个人也到了仁智宫，这两个人的名字一个叫尔朱焕，一个叫乔公山。本是两个毫不起眼的人，可他们的身份却很特殊——东宫太子的人！

既然是太子的人，就应该好好协助太子在长安处理政务，为什么这个时候要上仁智宫来？他们的理由很简单——状告太子谋反。

“启禀皇上！臣等状告太子谋反！”尔朱焕首先说道。

“可有证据？”李渊反问。

“我们是从豳州来的，太子让我们给庆州都督杨文幹运送盔甲，准备让杨文幹在庆州率先起兵，然后太子在长安起兵，里应外合，最后夺取长安城！”

“胡说！太子历来仁厚忠孝，怎么会造反？来人！把这两个家伙拉出去斩了！”

“皇上我们说的的确是事实啊！……”

就在武士准备把两个人拖出大殿的时候，忽然有人禀报说宁州人杜凤举前来状告太子谋反。

关于杜凤举的来历，史书上并没有详细的记载。在我看来，敢到仁智宫面见李渊的人，肯定不是什么平民百姓，即使不是当地的官员，也必定是当地的富豪或者是某个领域的知名人士。

杜凤举和尔、乔两人在此前属于八竿子打不着的关系，现在却全都状告太子谋反，这不禁让李渊开始怀疑起李建成。但是李渊毕竟不是二愣子，在短暂的沉默之后，他决定召太子李建成上仁智宫对质。

李渊这么做可谓狡猾到了极点，不论李建成是否真的造反，只要上了仁智宫，一切就会在李渊的掌控之中，如果李建成不来，那就证明造反属实，那么再派兵镇压就属于合理范畴。

到现在为止，虽然我们还不知道李建成是什么态度，但是仅仅通过上边所举的官方史料记载，很长时间以来，我对这场造反案件的真实性始终产生怀疑，在对案件做进一步阐述之前，我首先提出几个问题。

第一个问题：太子谋反的动机是什么？

无非是夺取皇位！但自己已经是皇位的继承人，而且至少到当时为止李建成的太子地位很是稳固，老爹又已经是黄土埋到了脖子根，李建成为什么要冒险去干造反事业，除非他有超级赛亚人或者奥特曼的帮忙。

第二个问题：造反需要向外运送盔甲吗？

李建成如果真的造反，最理想的方式就是自己率先起兵攻占仁智宫控制李渊，而完全没有必要先给庆州的杨文幹运送盔甲，让他率先起兵，即使想让杨文幹率先起兵只要去封书信就可以了，何必要兴师动众地运送盔甲来暴露目标。要知道李建成虽然不如李世民的功劳多，但并不愚蠢。

第三个问题：太子的人为什么要状告太子？

如果李建成运送盔甲给杨文幹，派出去负责督运的人必定是自己的心腹铁杆，可是尔、朱二人却毫不犹豫地状告太子，如此看来尔、朱二人也许暗中早被人收买或者胁迫。

第四个问题：太子谋反，杜凤举是怎么知道的？

杜凤举的来历很模糊，但有一点可以明确，那就是他绝不是朝廷里的人，如果是的话，史料上应该记载他的官职，那么太子如果真的谋反，必定是暗中密谋，应该是只有心腹铁杆才会知道，杜凤举不是朝廷的人，又在遥远的宁州，他是怎么知道的？

综合上边的问题，我们应该看到这起造反案件有着太多的疑点，在我看来李建成很有可能是被栽赃陷害了。当然现在下定论还为时过早。

那么接下来，李建成的态度就至关重要了。如果不去仁智宫，那么他将必死无疑。可是在六月十二日，李建成来到了仁智宫。

太子请罪

李建成并不是来攻占仁智宫的，而是来请罪的。我们来看一看李建成的表现。

刚刚到了仁智宫，李建成马上去见李渊。据史料记载，李建成见到李渊后，“奋身自掷，几至于绝”，也就是说为了证明自己没有谋反，李建成极力表白自己，甚至差点背过气去。在没有弄清真相之前，李渊不得已将李建成暂时软禁了起来。

在我看来，李渊软禁李建成是因为一个事实——杨文幹曾经是李建成的宿卫。

即使李渊不相信李建成谋反，但毕竟杨文幹是李建成的人；你的人造反，你难道不知道，我想换了任何一个人都会打上一个大大的问号。

但是，另一个问题就出来了：李建成如果真的造反，他为什么还敢到仁智宫表白自己，如果自己的表白李渊不买账呢？那岂不是白白送死！

其实，当时李渊没有杀掉李建成已经算是很客气了。因为大部分皇帝听到“谋反”两个字时，基本上都会出现头脑暂时短路的现象，宁可错杀一千，绝不放过一个，李渊能够保持如此清醒的头脑，应该说表现得已经很不错了。

所以我觉得，李建成如果真的谋反，是绝不可能亲自去仁智宫的。

通过上边的分析，使我更加倾向李建成是被人冤枉的。也许有人会问：冤枉李建成的人究竟是谁呢？大家先不要急，在揭晓答案之前，让我们继续追寻案情，看看接下来发生的事。

为了调查整个事件的真实性，李渊决定让司农卿宇文颖急召杨文幹到仁智宫对质。在李渊看来，杨文幹是李建成的人，不论他是不是想谋反，太子现在在自己手中，杨文幹没有理由不听从自己召唤。

可是，就在宇文颖到了庆州，和杨文幹说明情况后，杨文幹立刻宣布起兵造反。这实在是出乎所有人的意料。

现在太子已被皇帝所控制，杨文幹无论是否真的想造反，此刻最明智的做法应该是直接前往仁智宫，如此贸然地起兵不仅救不出太子，反而很有可能置太子于死地。

在当时来讲，杨文幹在遥远的庆州，在宇文颖没有到来之前，并不知道仁智宫所发生的一切，也就是说将仁智宫和杨文幹联系起来的人是宇文颖，那么宇文颖究竟对杨文幹说了什么？

据《资治通鉴》记载：宇文颖以情告之，文幹举兵反。这实在是个很模糊的记载，宇文颖究竟告诉了杨文幹什么“情”呢？在我看来，这个宇文颖很有问题，他很有可能就是冤枉李建成那个人的帮凶。

接下来的事情，相信不难推测，哪里有造反，哪里就有镇压！那么李渊派谁去镇压了呢？答案是——李世民。而且在李世民出兵之前，李渊答应只要李世民平定叛乱，回来之后就封他为太子。

很快，在李世民的指挥下，迅速平定了杨文幹叛乱，避免了一场浩劫。

写到这里，可能有的人已经看出来一些眉目。那就是在整个杨文幹造反事件中，李世民得到的好处无疑是最大的。

这种好处并不是物质上的好处，而是政治上的资本，想一想秦王李世民在关键时刻帮助皇帝平定了内部叛乱，而且还得到了皇帝封自己为太子的承诺，对于一人之下，万人之上的李世民来讲，无疑是最大的收益。

可以说，李世民已经十分接近太子的位置了。这不正是他多年来梦寐以求的吗？难道李世民的运气真的这么好吗？答案当然是否定的。

真相

好了，就此揭开谜底吧。

虽然接下来我要说的话，史料上并没有明确的记载，但是我依然相信接下来的叙述才是被历史掩盖的真相。

杨文幹造反事件是李世民精心设计的圈套。

如果要想彻底揭露李世民设计的这个圈套，一切的一切我们还得从李建成给杨文幹运送盔甲说起。

运送盔甲这件事绝不是李建成为了准备谋反而做的事情，在我看来，很有可能是杨文幹出于自身的需要，向李建成索要盔甲。

本来在唐代，没有皇帝的允许是不能私自运送武器装备的，包括盔甲，作为太子的李建成自然明白这个道理。但是，为什么李建成还要这么做呢？

我觉得很有可能是李渊和李建成的权力没有交接好的原因，至少是李渊对李建成在独立主持朝政期间应该行使哪些权力没有交代清楚。

也许在李建成看来，既然皇帝已经授权自己主持朝政，那么自己现在就是一名实习皇帝，而运送盔甲这点小事，自己还是有权力做主的。但是，李建成忽略了一点：你可以认为皇帝授权于你，可你想到有人会利用这个机会兴风作浪吗？所以接下来，精明的李世民当然不会放过这个机会。

机不可失，时不再来！

于是，为了夺取太子的地位，在李世民的脑海中开始酝酿一个栽赃陷害李建成的计划。如果仅仅向李渊告发李建成向杨文幹运送盔甲，显然力度是不够的，可如果将运送盔甲和造反联系起来，相信李渊绝对不会视而不见。问题的关键是由谁来告发呢？

李世民明白，这个任务如果由自己来完成，估计李渊一定不会相信，因为现在整个朝廷都知道自己和李建成的矛盾，自己亲自告状，不仅没人相信，也许还会落个诬陷诽谤罪而被严加处理。但是，如果由太子的人告发太子，那么显然就比较可信了。

所以，我推测尔朱焕和乔公山两个人很有可能是被李世民收买或者胁迫。但是，我实在无法判断究竟是被收买，还是被胁迫，不过这个问题对于李世民来讲并无大碍，他所要达到的目的就是让这两个人为自己的计划服务。

但是，仅仅依靠这两个人，显然是不够的。所以在李世民的计划里，杜凤举就成了第三个被收买（胁迫）的对象。李世民让杜凤举告发太子，是为了达到下面的效果：

天下人都知道太子要谋反，只有老爹你还不知道。

前边我们说过杜凤举的来历，他不是朝廷的官员。现在连朝廷之外的人都知道太子要谋反，老爹难道你还不相信吗？事实证明：李渊的确开始怀疑李建成。

当然怀疑也仅仅就是怀疑而已，并不能就此断定李渊会废掉李建成。后来的事实证明，李世民很有可能想到了李渊不会轻率地处理此事，会召太子李建成上仁智宫对质，而且很有可能也会召杨文幹对质，如果两个人一旦到了仁智宫，那一切就会真相大白，而自己的计划将会功亏一篑。

从目前的情况来讲，自己是无法从李建成那里打开突破口的，唯一的路径在杨文幹那里。

状告太子谋反，如果太子或者太子的人真的谋反，那么这个计划就会成功。所以，宇文颖就成了李世民第四个收买（或者胁迫）的对象。

我觉得，和尔朱焕、乔公山、杜凤举唯一不同的是，宇文颖很有可能是被胁迫的。因为，事先李世民是无法知道李渊究竟是派谁去召见杨文幹的，所以李世民在知道是派宇文颖去庆州后，一定胁迫宇文颖忽悠杨文幹起兵造反。

我之所以判断是胁迫，还有一点是因为杨文幹造反被平定后，李世民将杨文幹和宇文颖一同斩首。事实上李世民是在杀人灭口。

在杨文幹造反事件过后，李建成势力并没有受到多大的冲击。如果宇文颖还活着，万一依附太子爆料自己曾经受过李世民的胁迫，那李世民可是吃不了兜着走。

因为收买和胁迫是不一样的，被收买的人得到了好处，甚至由此会寻找到新的靠山，例如禁军将领常何（后边会详细说到），所以往往事后不会爆料。但是，胁迫就不一样了，自己受了惊吓不说，并且受累不讨好，所以往往事情过后，一旦遇到不利于自己的处境，很容易就会爆料曾经的事情，来寻求自保。

所以，为了掩盖自己，李世民不得不对宇文颖痛下杀手。

从太子的人告发太子谋反，到杨文幹真的起兵造反，这一切都在按照李世民的计划进行。

现在所有的人都认为杨文幹真的是受到了太子的指使，所以才造反的。而这一切都达到了李世民预期的效果。李世民当然知道，接下来不用自己主动请战，平叛的任务也会交到自己的手中，因为一旦对杨文幹开战，也就意味着李建成的太子身份很可能就此终结。

那么，李建成之后，谁最有资格当太子呢？当然是李世民！

如此看来，李世民的计划简直堪称完美。事实上，他也得到了李渊立他为太子的承诺。

多年的拼搏，多年的梦想，今天就要成为现实。李世民终于放下了一颗悬着多年的心。但令他没有想到的是，就在他成功平定杨文幹造反，回来等着李渊封自己为太子的时候，李渊却改变了主意。

李渊的改变

李渊决定不废除李建成的太子地位，让他回去继续留守长安，这也就意味着李世民做太子的美梦破灭。对于李世民来讲，这实在是个晴天霹雳！

朝堂之上，君无戏言，李渊为什么出尔反尔呢？

历来皇帝对于谋反事件大都是本着“小事化大”的精神进行严肃处理，由此搞出个冤假错案也并不是什么新鲜事，刘文静就是个很好的例子，那么究竟是什么原因让李渊宁可背上“言而无信”的骂名，也不肯废掉李建成呢？

关于这一点，史书上同样没有明确的记载。因此，我们只能继续发挥逻辑推理的力量，去探寻埋藏在李渊心中那个不为人知的原因。

《唐律疏议》上明确记载，计划谋反而没有实行等同于实行，如果是在谋反计划中而事情败露的，也等同于谋反，即使仅仅是嘴上说说的，也要判为流放，对于付诸行动的，十六岁以上的要处以绞刑，凡是参与者一律斩首示众。

可以说，在那个时代，什么事情都好商量，只有造反这件事是毫无商量余地的。在我看来，李渊之所以改变态度，可能是由于三个原因。

第一，太子谋反的证据不足。

杨文幹造反能证明太子也造反吗？表面看起来似乎可以这么认为，事实上则不然。

虽然杨文幹是太子的人,但毕竟是两个不同的人,如果按照杨文幹造反,太子必定造反的逻辑;那么是不是可以说当初刘文静因为造反被杀,刘文静是李世民的人,那么李渊同时也应该处死李世民呢?

显然,这是没有道理的。事实上李渊很可能考虑到了这一点。而促使李渊考虑到这一点的原因,就是李建成敢于到仁智宫主动表白自己的行为。在李渊看来,如果李建成真的谋反,是绝对不敢到仁智宫表白自己的。

第二,前车之鉴。

既然谋反的证据不足,那显然废掉太子是没有道理的。事实上,我猜想李渊当时也一定很伤神,毕竟已经给了李世民承诺,如果皇帝说话不算数,那会是一件很丢面子的事情,可这一切都没能阻止李渊说话不算数,这究竟是为什么?

因为当时的李渊想到了一个人曾经做过的事情。这个人就是隋文帝杨坚。

大家都知道,隋文帝杨坚开创隋王朝留下千古美名,不过他却做了一件最大的错事,这件事也最终要了他的命,并且导致了隋朝的灭亡——废杨勇,立杨广。

隋文帝被杨广忽悠的事实,距离李渊实在很近,近得甚至让他有一种切肤之痛。李渊就曾经感慨如果杨勇继承皇位,那隋朝也许就会是另一番景象。

正所谓“殷鉴不远,在夏后之世”。李渊在当时一定会以隋文帝为教训,小心翼翼地处理废立太子的事情。

现在李世民设计的圈套不正是当年杨广陷害杨勇的翻版吗?本人斗胆地推测,李渊未必没有想到这一点,只是没有切实的证据来揭穿李世民而已!

当然,史料上记载李建成没有被废掉有一个关键的原因,那就是齐王李元吉的力保和后宫嫔妃的枕边风起了作用。不过,在我看来如果太子谋反证据确凿,谁说好话也是没有用的,说不定说好话的人还会被打成太子一党而被严肃处理,所以李元吉和后宫的嫔妃不会轻易地冒这个险,而这个记载却引出了我要说的第三个原因。

第三,发觉太子是被冤枉的。

李元吉和后宫的嫔妃不是白痴,如果太子谋反属实,他们是绝对不会挺身营救太子的,他们这么做的原因只能是太子谋反不成立或者说证据不足,这就与我上边所说的第一个原因相吻合了,换句话说李元吉和后宫嫔妃的出马是建立在李渊对太子谋反事件并不确定的基础之上的。

而这个不确定就是因为李渊发觉太子谋反很可能是被人冤枉的。只有在这个基础上,李元吉和后宫嫔妃的出马才会起作用。

那么李渊是从什么地方发觉李建成是被冤枉的呢?

这一点,虽然史书上也没有记载,我们无从得知,但是我觉得很有可能是从李世民的表现上发觉的。

在李渊看来,李世民的行为有些反常。按照常理来讲,李元吉可以力保李建成，李世民虽然和李建成有矛盾，但当时还没有到你死我活的地步，即使不出面说好话，也不应该落井下石，毕竟都是一奶同胞；但是，李世民的表现很有些要将李建成打入十八层地狱的味道，对于李渊承诺的立太子，李世民丝毫没有表现出谦让的态度，这在李渊看来是十分不爽的。

也许李世民的表现让李渊察觉到了李建成很可能是被冤枉的，可他无法判断出这一切是否李世民是幕后策划者。但是，李渊还是变相地警告了李世民，具体做法就是把秦王府的杜淹流放到边州。

杜淹是杜如晦的叔叔，本来是王世充的手下，后来投降了唐朝。这个人的特点是善搞阴谋诡计，本来李世民对这个人没有什么好感，可为了不让李建成得到这个善搞阴谋诡计的人，所以李世民勉强收留了他。

在李渊看来，如果李世民故意设局陷害李建成，杜淹很有可能是最能出坏主意的一个人。还是那句话，一旦给人造成不好的印象，不论你多么努力也是白费。

虽然没有找到太子谋反的证据，但是杨文幹毕竟还是起兵造反了，作为杨文幹上司的李建成即使没有直接责任，至少也要负失察的责任。为了警告李建成，李渊也像处理秦王府一样，将李建成手下的谋士王珪、韦挺流放边州。

各打五十大板，你们谁也不许再闹了。事实证明，李渊失算了。

他这种各打五十大板的做法，不仅没有平息事端，反而引来了李建成和李世民两方的不满。李建成认为皇帝应该追查下去，揪出诬陷自己的真凶，将其绳之以法。李世民认为皇帝应该说话算数，自己应该取代李建成。

于是，双方进一步展开内斗。

两大政治势力的对峙

杨文幹造反事件，让李世民几乎接近了太子的地位，可随着李渊态度的转变，李世民的太子之梦就此终结，李世民当然是不会放弃的。这次事件，反而增添了李世民的信心，因为他看到了太子之位并不是一成不变的，谁是太子，其结果还是皇帝说了算。

于是，李世民继续整装出发，耐心地寻找下一个机会。

同时，经历了杨文幹造反事件，也让李建成感受到了前所未有的压力。至此李建成已经彻底看清了眼前的政治局势，那就是只要李世民在朝廷一天，自己的太子地位就会始终面临着威胁。

作为未来皇帝的继承人，除皇帝外，李建成是绝对不允许任何人挑战自己的权威的，不然的话，自己以后当了皇帝，会面临很大的麻烦。而现在李世民是太子地位最有力的竞争者,李建成下定决心,要搞垮以李世民为首的秦王集团。

大家也许可能会提出疑问,在我们这个宣扬忠孝仁义观念的国家里,李建成和李世民身为亲兄弟,难道真的忍心互相争斗吗?在他们的心中难道真的没有一丝亲情吗?

要回答这个问题,需要我们暂时跳出中国文化的范畴,将目光投向遥远的古希腊。

在很久很久以前,古希腊的哲学家们就已经精辟地概括出人类社会的三种政治形式,即共和政治、贵族政治和君主政治,而这三种政治形式后来各自产生了变异,即民主政治、寡头政治和僭主政治。我们暂且不说民主政治,因为它到了近代才有真正意义上的实现,在古代基本上只有君主政治和僭主政治两种政治形式(古罗马的共和制除外)。

君主政治,就是皇帝遵循一定的礼法指派继承人,例如在中国遵循的是"立嫡立长"原则。而僭主政治则不同,它往往是有才能有实力的人,凭借自己的努力和所控制的相关资源、舆论去建立个人独裁的统治,相对于君主政治而言,它属于非法范畴。

好了,现在我们再将目光拉回来,如果我们套用君主政治和僭主政治的概念来看李建成和李世民斗争的话,我们就会清楚地看到李建成是君主政治传统的代表,而李世民则代表僭主政治的苗头!

在那个实行"家天下"统治的帝国时代,最大的一个弊病就是稀缺资源的分配不公。这个所谓的稀缺资源一个是官位,另一个就是皇位继承权。

为了爬上更高的官位,有的人拍马屁,有的人弄虚作假,甚至有的人栽赃陷害;为了争夺皇位继承权,皇室中有能力的子弟更是八仙过海,各显神通,使出浑身的本领也要拼死相争。

而导致这样的现象出现,原因只有一个:官位、皇位继承权这两种稀缺资源并不是由公众选举产生的,在那个年代是没有什么海选一说的,只能由皇帝的一言堂来做主。

问题是皇帝也是人,只要是人就会有局限性,有时候皇帝的决定存在着很大的主观性,换句话说,这些稀缺资源的所有人——皇帝有时是无法按照常理出牌的。于是那些想染指这些稀缺资源的人开始孤注一掷,铤而走险,放手一搏。

这的确是中国古代政治文化的一大特点,用老百姓的话来讲就是,舍得一身剐,敢把皇帝拉下马!所以,明白了一点,你就不会再对李建成和李世民的斗争感到惊讶了。他们的行为并不是道德的沦丧,而是单纯的政治行为。

归纳起来,可以用一句话来说明:李建成和李世民的斗争,是僭主政治对君主政治的挑战。

当然在这个过程中,以李建成为首的君主政治集团当然不会束手就擒,事实上他们凭借其合法地位,获得了很多人的支持,就此结成了同盟关系,形成了一个庞大的势力。

那么李建成的同盟者都有谁呢?

首席粉丝

李建成的同盟者归纳起来可以分成三部分。

首席同盟者:李元吉的齐王集团。

在传统的史书记载中,李元吉是一个标准的无赖加二百五,是一个始终徘徊在低级趣味中的人。之所以给人造成这样的印象,是因为他曾经酒醉杀死自己的乳母;刘武周南侵时,他没有坚守太原而逃回长安,而且喜欢玩危险的游戏,喜欢打猎,等等。

如此看来,李建成身为太子实在不应该和这样的人整天混在一起,要知道太子的行为时刻受到众人的关注,整天和一个无赖混在一起,实在降低自己的身份。但事实正好相反,李元吉不仅成了李建成的同盟者,而且两个人还会经常在一起,这实在是违背常理的。

那我们不禁要问,这两个人是怎么走到一起的?

很多人认为是李元吉为了自身利益想找个靠山,而李建成是未来的皇帝,无疑是最好的靠山,正所谓大树底下好乘凉,为自己寻求一把政治保护伞,好让自己在未来的政治道路上一帆风顺。

还有一种说法是李元吉其实也在觊觎皇位,只是和两个哥哥比起来实力太过弱小,所以无奈之下暂时联合具有合法地位的大哥李建成来对付二哥李世民,待事成之后再除掉大哥李建成,自己当皇帝。

不可否认,上边这两种说法都很有道理,毕竟联合谁不联合谁,不是拍脑门决定的,而是依据自己的政治利益决定的。在我看来,事情远没有这么简单。

我们不妨将问题反过来看,李元吉即使想联合李建成,难道就能联合成功吗?

通过李建成和李元吉的联合成功,完全可以反映一个问题,那就是李元吉虽然很无赖,但未必没有优点。李元吉至少有一个优点——听话。而听话的人往往所反映出的性格是随和。

也就是说,在李建成和李元吉的交往中,李元吉很可能表现得比较乖巧,比较善解人意,只有这样,才能保证两个人长久的联合。

试想一下，如果李元吉是个刺儿头，李建成指东他往西，李建成往北他往南，我想用不了多长时间李建成就会崩溃的。

实际上，李建成和李元吉的联合时间很长，时间大概是从武德六年(613 年)一直到武德九年(616 年)的“玄武门之变”，三年多的时间，李元吉即使是伪装的话，也不会伪装那么长时间。

那么在两个人的联合中，就只有李元吉单方面的表现吗？答案是否定的。我倒是觉得，在两个人的联合中，李建成是更加主动的一方。

除李元吉听话之外，李建成是很需要李元吉这样的盟友的，这只因为一个原因——李元吉的身份。

在三个皇子中，目前的情况下只有李元吉具有一种客观的资本。从某种意义上来说，当李建成和李世民的斗争需要皇帝进行仲裁时，李元吉身为皇帝的亲儿子，可以以旁观者的身份发言，就是李建成在皇帝面前无法说出的话，可以由李元吉说出来，这个优势的确是朝中的其他大臣所不具备的！

如果李建成不利用好李元吉这个资源，那么很有可能就会被李世民加以利用，双方不论是谁利用，另一方都会陷入一对二的被动境地，好在李元吉也不是白痴，面对拥有合法皇位继承权的大哥李建成的拉拢，心甘情愿地效犬马之劳。

所以，李元吉能够成为李建成的同盟者，绝不是他一厢情愿就可以的。二者的联合是在李建成主动拉拢下，双方一拍即合。

后宫的粉丝

李建成同盟者的第二个组成部分是后宫势力。

李渊到了晚年后，身边有一大群宠妃，其中最宠爱的是两个人，一个是尹德妃，另一个是张婕妤。身为李渊最宠爱的人，这两个人在后宫中的地位，其他人无法相比，可以说她们是后宫势力的代表人物，之所以站在李建成这边是因为她们和李世民有矛盾。

先说尹德妃。

她和李世民的矛盾缘于她的父亲。

尹德妃的父亲名叫尹阿鼠(估计长得像老鼠)，仗着自己的女儿受皇帝的宠爱，在长安城里横行不法、为所欲为。有一次杜如晦从他家门口路过忘记了下马，尹阿鼠就充分发扬无赖精神，召集了一帮打手，将杜如晦猛揍了一通，而且还指着杜如晦的鼻子高声问道:“你是什么人？到了我的门前居然敢不下马?”事后这位仁兄冷静下来后悔了，毕竟打人是不对的，而且杜如晦又是李世民的人，万一李世民知道后,在李渊面前告上一状,自己吃不了兜着走不要紧,连累了女儿可不值得。

所以,尹阿鼠决定让自己的女儿在李渊面前来个恶人先告状。

想来这位尹德妃配合得也实在不错,在李渊面前是声泪俱下,强烈控诉李世民欺辱老年人(尹阿鼠)的无耻行为,而李渊居然在没有调查的情况下,将李世民召进宫来臭骂了一顿,搞得李世民心里很是委屈。由此看来,女人的眼泪有时的确是一件很好的忽悠工具。

也就是从这时开始,李世民和尹德妃产生了矛盾。

再说张婕妤。

她和李世民的矛盾比尹德妃更加激化。在张婕妤的心中,李世民就像屋里的苍蝇一样,她时刻准备用苍蝇拍将它拍死。归根结底,两个人的矛盾是因为土地问题。

武德初年,李世民还是陕东道大行台的时候,曾将辖区内的一块土地赏赐给作战有功的淮安王李神通,正巧张婕妤的父亲也看中了这块土地,于是就向李渊申请要这块土地,李渊在不知道这块土地已经归属李神通的情况下,就下诏赐给了张婕妤的父亲。

这就引来了李神通的强烈不满,他认为李世民赐给自己土地在先,无论如何也不肯交出来,因此惹恼了张婕妤。于是有一天利用侍寝的机会,张婕妤向李渊告了李世民的黑状,说李渊赏赐自己父亲的土地,被秦王夺去给了李神通,结果第二天李世民就遭到了李渊的训斥。

相比较而言,李建成后宫的同盟者虽然不能像李元吉的齐王集团那样,在关键时刻能够并肩作战,可我们绝不能小看这股同盟者的力量,她们的作用就是挑拨是非,恶意中伤李世民,在李渊的脑海中形成一种对李世民不好的印象,从而抬高李建成的地位。

她们之所以这样做,除和李世民有矛盾之外,其实还隐藏着一种政治投机心理。

要知道,这两个人现在地位如此之高,全是因为李渊的宠爱,那李渊死后呢?作为李渊的宠爱者,她们是强势的,一旦李渊死后,作为女人,她们又是弱势的。而李建成无疑会成为下一任皇帝,所以两个人从现在开始就必须和李建成搞好关系,好为自己将来在后宫谋得一席之地。

相对于李元吉来讲,我倒是更倾向于在和李建成的联合中,她们是主动者。

地方粉丝

李建成同盟者的第三个组成部分:地方势力。

这也是常常被很多人忽视的一股力量，因为后来随着“玄武门之变”的发生，李建成突然被杀死，所以其地方势力同盟者没有展现出自己突出的作用，这股力量常常不被人们所重视，但是我们绝不能忽视这些地方势力的存在。在当时来讲，正是这些地方势力的支持，给了李建成以充分的自信。

地方势力之所以对李建成如此重要，是因为后来李世民有过一个大胆的设想。这个设想就是主动撤出长安，以洛阳为根据地，进而对抗李建成。如果李世民的这个设想真的实现，那李建成和李世民的斗争很有可能将会升级，也就是说由内部宫廷斗争剧变成公开的战争。

如果真的演变成战争，那李建成这些地方势力的支持者，一定会抄起家伙和李世民拼命。只是后来李世民放弃了退守洛阳的想法，也使这些地方势力没有了表现的机会。

关于李世民为什么会有退守洛阳的想法，我们在后边会详细讲述。

在李建成地方势力的同盟者中，有两个代表人物，一个是庐江王李瑗，另一个是幽州李艺。

李瑗是李渊的堂弟，时任幽州大都督，但在当时，李瑗所管辖的区域是山东地区，而实际镇守幽州的则是李艺。

这两个人都是在李建成征讨刘黑闼时，和李建成结交上的，之所以说他们是代表人物，除他们是李建成忠实的粉丝之外，还有一个原因就是这两个人所镇守的地盘实在太过重要——都在洛阳的东部。

如果李世民后来真的退守洛阳对抗李建成，那等于将自己的后脑勺完全晾给了这两个人，他们完全可以根据形势决定什么时候拍李世民的黑砖，这对于李世民来讲无疑是很被动的。

除此之外，这些地方势力还控制着一种舆论，因为任何一个皇帝需要治理的是天下，而不仅仅是宫廷内部，而要想治理好天下，得到天下人的拥护是至关重要的前提，现在这些地方势力可以为李建成大造舆论，为李建成在皇帝那里赚足了印象分，因为任何一个皇帝都不希望自己的继承者遭到天下人的唾弃和鄙视，都希望他在当上皇帝后，得到所有人的拥护。

所以说，地方势力的舆论绝对不可忽视。

试想，大伙都不买你的账，皇帝也是没法用你的。

即使后来这些地方势力没有表现的机会，但在“玄武门之变”之后，他们还是给李世民制造了一些压力，有的人图谋造反，有的人搞非暴力不合作，为了解决这些问题，李世民着实费了一番脑筋。

所以，在这三大同盟者中，地方势力虽然不如齐王集团、后宫势力作用那么突出，但是凭借手中有数万人马，在当时还是让李建成腰杆硬了很多。因为在他看来，自己与李世民的斗争，最多也就是导致战争的爆发，而凭借这些地方势力的支持，自己将会稳操胜券。

三股势力的加盟，让李建成似乎变得无坚不摧，其实力完全超越了李世民，可是通过杨文幹造反事件，李建成知道李世民绝不是那么轻而易举就可以击败的。

于是，在杨文幹造反事件过后，李建成在逐渐稳固自身的同时，开始对李世民进行有效的反击。

第二十二章
"玄武门之变"

报复

武德七年(624 年)七月十八日,这一天,李渊的心情不错,带着三个宝贝儿子到长安城郊外狩猎。

为了增加狩猎的趣味性,李渊别出心裁地让三个儿子搞一场狩猎比赛。

也许是在杨文幹造反中,李建成吃了李世民不少苦头,心中憋着一肚子怨气,所以这一次李建成决定利用这个机会反击一下李世民。反击的工具就是自己的坐骑。

李建成的这匹坐骑,可不是什么善茬,其最大的特点就是尥蹶子,除听李建成的话外,其他的人都得靠边站。今天李建成就准备利用自己的坐骑来报复一下李世民。

"二弟啊!都说你的骑术高超,今天大哥我这里有匹好马,能够跨过几丈宽的水沟,你来试试吧。"李建成的用意很明显,骑上这匹马即使不把你摔死,也得把你摔个生活不能自理。

李世民当然明白李建成的用意,如果自己推辞,那就证明自己是个胆小鬼。这个时候当然不能退缩。

"好啊!大哥肯将自己的坐骑让给我骑,小弟倍感荣幸啊!"说完李世民纵身跳上了李建成的坐骑。

果然，就在李世民骑马没跑出多远，这匹马野性大发，开始尥蹶子。无奈之下，李世民只能跳下来，蹦出几步之外，等马安静下来后再跳上马背，如此再三，李世民凭借着过硬的骑术，最终也没被这匹马整翻在地。

按说事情到这里也就结束了，可李世民偏偏在事后对宇文士及说了一句不该说的话：太子打算用这匹马来摔死我，可是我有天命，岂是一匹马所能摔死的？这句话表面看起来，似乎没有什么问题，可细琢磨起来其实有很大的问题，首先的一点就是你说太子想用马摔死你，有什么真凭实据？你完全可以说自己骑术不精，然后拒绝啊。

当然这一点并不是最关键的。这句话中最要命的是两个字——天命！

因为在所有人看来，只有皇帝才能称得上是天命所在。李世民说出这样的话，实际上不经意间暴露了自己当皇帝的野心。这基本就属于没事找抽型了。

李世民！这可不是我主动找你麻烦，而是你的嘴给你的身子惹祸！很快，李建成在得知此事后，决定拿这句话大做文章。具体的方式就是告状。

当然，如果李建成现在亲自跑到李渊那里告李世民的状，估计李渊肯定是不信的，毕竟现在所有人都知道他和李世民有矛盾，没准这个状告不好，还会落个不能容人、心胸狭小之类的骂名。

所以，现在必须有人替李建成出头。于是，后宫势力的代表人物尹德妃和张婕妤出马了。这实在是告状的两个最佳人选。要知道枕边风的威力那是相当大的。

最终，在尹德妃和张婕妤的不断忽悠下，李世民遭到了李渊的怒斥。其实，李渊没有严惩李世民，已经算是很客气的了。

事实上，这次骑马事件只是李建成对李世民一个小小的报复，而接下来李建成所做的事，对李世民将是一个沉重的打击。

李建成的努力

李建成明白仅仅依靠小打小闹的伎俩，最多也就是报复一下李世民，要想彻底瓦解秦王势力，必须有一套切实可行的计划。就在李建成准备采取下一步行动时，李元吉为李建成献上了一条计策。

找个机会做掉李世民。

李元吉的理由很简单，射人先射马，擒贼先擒王，李世民一完蛋，他手下的那些人一定会树倒猢狲散。

先抛开这种做法是不是有违道德，如果从后来的“玄武门之变”李世民射杀李建成和李元吉来看，当时李元吉的这个建议应该说虽然简单，但确实有效。

李世民可以杀死李建成，李建成为什么就不能杀死李世民呢？当时建议做掉李世民的不仅仅是李元吉一个人，东宫太子洗马魏征也抱有同样的态度。

皇权之争是一场你死我活的斗争，在这场斗争中最终的结果注定只能有一个人活下去。

在当时来讲，李世民是绝对想不到李建成会采用极端手段来对付自己的，而这恰恰可以给李建成很多机会；就像后来的“玄武门之变”李建成没有想到李世民会采用极端手段对付自己一样。

可惜的是，李元吉和魏征的建议被李建成拒绝了。

后来的事实证明，如果当时李建成采纳李元吉和魏征的建议，也就不会发生后来的“玄武门之变”，那中国的历史将会是另一番景象。虽然在此之后，李建成还有一次做掉李世民的机会，那个时候他也确实下定了决心，但是他实在没有想到李世民会先出手。

机会往往稍纵即逝！而逝去的东西，往往再也不会回来。那我们不禁要问，魏征明白的道理，李建成难道不明白吗？如果明白的话，为什么他还要拒绝？

李建成未必明白。不过，不明白并不是因为李建成脑子笨，而是因为另一个原因——他的位置。

在李建成看来，自己已经拥有合法的皇位继承权，只要老爹一蹬腿一闭眼，自己就可以堂而皇之地坐上那个宝座，目前完全没有必要和李世民过于针尖对麦芒，只要自己不犯错误，小心翼翼维护好自己太子的地位，至于李世民，只要把他压制在藩王的地位，不让其势力超过自己就可以了。这种做法是典型的防守反击。

李建成的这个想法，我虽然不太赞成，但是设身处地地想一想，我还是能理解。他的这个做法，其实体现了中国古代的一个治国理念——逆取顺守。

西汉著名的政论家贾谊曾经在总结秦国的兴亡时得出过一个结论，大概的意思就是，处于在野的地位时，可以采取“逆取”的方式，什么阴谋诡计、栽赃陷害、打击报复等都可以用上，总之一句话——夺取统治地位。可一旦真的有一天，你的梦想实现了，居于统治者的地位时，就应该采取“顺守”的方式实行仁政，因为当权者除拥有无限的权力之外，还拥有一样东西——义务。

也就是说在你行使权力的同时，还应该履行自己的义务，至少应该做道德上的模范。这种观念后来形成了一种政治传统，汉代以后逐渐纳入政治实践。

明白了“逆取顺守”的道理，你就能理解为什么李建成拒绝杀掉李世民了。在李建成看来，以自己目前的地位完全没有必要去做政治冒险，否则很可能会功亏一篑。要知道除掉李世民的风险实在太高。因为李建成实在无法预料除掉李世民之后会引起什么样的政治风波。

但是，李建成明显忽略了一个很现实的问题：继承皇位很简单，继承皇位之后呢？

换句话说，即使你未来顺利地当上皇帝，李世民就会成为乖乖仔吗？

后来的事实证明，李建成这种防守第一的想法，错过了能够给予李世民致命打击的机会，最终让李世民抢得先机。

当然，目前来讲，对付李世民，李建成有自己的方式。这种方式可以用四个字来概括——釜底抽薪。李建成虽然拒绝除掉李世民，但是这位仁兄却为李世民挖了一个很大的坑。具体的做法就是忽悠李渊抽调秦王府的人，担任朝廷的官员。房玄龄、杜如晦直接进入中央，程知节被任命为康州刺史。除此之外，还有很多人……

委任官职不是很好吗？

答案：当然不是。

因为根据唐朝的法律规定，一旦藩王的私人幕僚被朝廷任命官职，那么从做官那天开始，就不能和原来的藩王有联系，否则就是触犯了法律。李建成的意图非常明显，那就是剪除李世民的羽翼，让其成为光杆司令，单练李世民一个人。所以此计名为：釜底抽薪！

这是非常厉害的一招，因为李世民即使再牛，如果自己单干也是玩不转的，何况李建成从内心深处对李世民手下的那帮猛人实在很是忌惮，因为他的手下除魏征外，实在缺乏那样的人才。

事实上在李建成的挖坑计划中还隐藏着另一个阴谋——诬告。

李建成明白，虽然房玄龄、杜如晦等人被朝廷任命了官职离开了李世民，但是李世民作为他们的老上司，如果说从今往后一点联系也没有，那是不可能的，最起码上朝见面的时候，双方总得寒暄几句吧。

那好，只要有联系，我就告你勾结朝中大臣图谋不轨。到时说不定李世民就会和这些曾经的旧党手牵着手一起去见阎王，即使不见阎王，也得把你折腾个半死不活。如果实在没有机会，也没有关系，至少现在这么做足以削弱李世民的力量。

李建成的这个做法很成功，在当时的确让李世民有些无计可施。

但李建成有的做法也很失败，比如收买人心。很长时间以来，李建成看中了李世民身边的一个人。这个人就是尉迟敬德。

李建成身边实在缺少一个像尉迟敬德这样的人，既忠心又勇猛，在他看来，尉迟敬德就好像是李世民的一把大雨伞，遇有疾风骤雨的时候，总能派上用场，现在李建成要将这把保护伞据为己有。

于是，李建成给尉迟敬德修书一封，表示要结为“布衣之交”，并送去了大量的金银财宝，希望尉迟敬德能够归属到自己的阵营中来。千万不要小看“布衣之交”这四个字，事实上它代表了李建成的一种诚意。

所谓的“布衣之交”就是没有地位高低差别的交情，作为太子的李建成能和身为臣子的尉迟敬德说这样的话，可以看出李建成是很有诚意的，何况又送去了大量金银财宝。

在李建成看来，尉迟敬德应该感到受宠若惊，即使不便马上脱离李世民，也会一点点地逐渐向自己靠拢。但是，令李建成万万想不到的是，尉迟敬德并不买账。

尉迟敬德也给李建成修书一封，表示自己曾经是刘武周的手下，对抗唐朝已经是罪大恶极了，幸好李世民不计前嫌重用自己，现在既然身为秦王的人，就应该效忠秦王，绝不能有二心。

在信的最后，尉迟敬德说了一句意味深长的话：如果我收了您的钱财依附于您，那我就是个见利忘义的人，太子殿下需要见利忘义的人吗？

说句实话，在我看到尉迟敬德说这句话之前，我对他的印象一直停留在武夫的印象上，认为他是个只会在战场上打打杀杀的主。但是，当我看到这句话后，我对他的印象彻底改变了。在我看来，这句话体现了一种智慧，一种不甘心做被人利用的奴才的智慧。

要明白如果你选择了背叛，那么接下来你将有可能被所有人背叛。尉迟敬德没有选择背叛是个让人敬重的人。

而从尉迟敬德的话中，我们明显可以看出他之所以效忠李世民，完全出于两个字——义气。在这个世界上，讲义气的人总是令人敬佩的。

拉拢尉迟敬德的事最终以失败告终，这件事让李建成终于明白了并不是所有的人都能被金钱打动。

当然，这个世界上，见钱眼开的主也还是蛮多的。常何就是其中的一个。

收买人心

面对李建成的分化、打压、收买人心，李世民实在想不出更好的办法去应对，唯一能做的就是同时也收买李建成的人。以其人之道还治其人之身。

和李建成收买尉迟敬德这样的大人物不同，李世民收买的人，基本上都是一些不起眼的小人物，事实证明，后来正是这些小人物在某种意义上左右了历史的发展进程。

第一个人：常何。

常何，时任玄武门禁军守卫将领，曾经加入过瓦岗军，后来跟随李密投降了唐朝，李密叛唐后，跟着李密一起出逃，李密被杀后，常何再次归顺唐朝，因为有和李密共同出逃的污点，所以第二次归顺唐朝以后，他的官职被降低了。

作为门卫的常何，在当时来讲实在微不足道。但是，历史有时是失重的，它往往出人意料地将很多应该由诸多大人物完成的任务，交给了很多小人物，常何就是其中的一个。

关于李世民究竟是在什么时候收买的常何，以及用的什么收买手段，史书上没有明确的记载。不过在我看来，收买人心的工作不是一朝一夕就能成功的，感情需要慢慢培养嘛。至于收买的手段，无非是金钱与女人。

如此看来，常何的确是个见钱眼开的人。但事情远没有这么简单。

有很多人认为，李世民收买常何，就是为了方便在玄武门发动政变，在我看来，这种说法不太靠谱。

在前面我们说过，李世民在"玄武门之变"前一直有退守洛阳的想法，既然有这样的想法，就说明李世民主观上并不想发动政变，所以收买常何，从李世民的主观意志来讲，和"玄武门之变"没有直接关系。

在我看来，常何只是李世民收买禁军将领中的一个。也就是说，在当时，李世民很可能收买了一大群的禁军将领，而常何无疑是收买最成功的一个。

当然，李世民收买禁军将领是为了在禁军中安插自己的人，以备发生紧急情况时能够自救，如果没有后来一系列的突发事件，他是断然不会采取暴力手段的。

那么常何为什么就不能像尉迟敬德那样坚持自己的原则，拒绝李世民的收买呢？其实，这与他的地位有关。

从常何的经历中我们不难看出，这位仁兄并不受朝廷的待见，可以说能够担任玄武门的禁军守卫将领，已经算是重用他了。这也就证明在当时来讲，他不属于任何派系，没有派系就没有靠山，没有靠山就别想升官。

如果一切就此平静地度过，也许常何干到老最多也就是个保卫科长，然后混个退休金回家养老。

但常何至少是一个不安于现状的人。在他看来，随着时间的推移，自己官职怎么说也应该得到升迁，但是没有靠山的他无论如何是实现不了这个愿望的。所以面对李世民的拉拢和收买，常何义无反顾地跟了过去。

我虽然对常何的行为不能认同，但是我能理解。因为在他的心中，至少还有一样东西存在——理想。

他不可能像李世民那样，统领千军万马，也不可能像房玄龄、杜如晦那样治大国若烹小鲜。作为一个小人物，我想他最大的理想就是能有个好的前途，穿上等的绫罗绸缎，让老婆孩子过上好日子，然后祭祖的时候，对着祖先说一句：常何没给你们丢脸。

而现在秦王李世民丝毫没有鄙视常何，还能让他实现心中的理想，常何难道不感激吗？所以我说，常何被收买，是因为他想实现心中的理想，而作为一个小人物，他是没有其他途径去实现的。

当然，被收买的常何当时肯定想不到，自己作为一个小人物，居然承担了和自己身份不符的巨大历史责任。

第二个人：王晊。

王晊是李建成的手下，时任东宫率更丞。

率更丞是东宫率更寺中的官员，率更寺是掌管宗族次序、礼乐、刑罚的地方，一把手是率更令，下边有两个副手，就是率更丞。

作为太子党的成员，王晊如果一心一意地做好本职工作，相信一定会有个很好的前途，但为什么王晊偏偏被李世民收买了呢？在我看来，王晊很可能并不受李建成的重用。

前边我说过，率更丞是二把手，或许在王晊看来，以自己的才能应该完全有能力当一把手，或许他根本就认为自己应该像魏征那样，成为李建成的首席谋士。可惜的是，王晊的理想不能成为现实，有能力的人多如牛毛，想让上司器重你，给个理由先？

久而久之，王晊的心理开始失衡，随之而来的就是压抑，压抑久了很可能就会爆发，当然爆发的形式多种多样。脾气大的很可能找上司大吵大闹一番，脾气柔和一些的或许开始寻找机会，暗中打击报复。

王晊能够成功被李世民收买，或许就是出于一种报复李建成的心理。

当然这一切都是我的推测，不过后来在“昆明池政变”中，正是王晊将李建成政变所有的计划报告给了李世民，才使得李世民成功逃过了一劫，这不能不说是对李建成的报复。

同时，王晊的被收买很可能还反映出了一个问题：东宫太子集团人心不和。

从李建成拉拢尉迟敬德的做法，我们明显地可以看出，李建成笼络人心的手段并不高明，这也说明他对自己手下人的笼络或许也并不成功。

从史书记载来看，李建成如果有重要的事情商量，总是和李元吉一起讨论，而对于其他心腹的参与，史书记载得很少。这就说明李建成的东宫太子集团，表面听起来好像很能唬人，实际上能为李建成真正谋划事情的，除了魏征，似乎就没有别人了。

大家工作都没有积极性，那就是上司的问题。

在笼络人心的手段上，可以说李建成有着明显的缺陷。而这个缺陷也为他后来在“玄武门之变”中的惨败，埋下了导火索。

而李世民这边正好和李建成相反。从后来计划发动“玄武门之变”我们明显可以看出，李世民的身边有一批为他尽死力、知机识变的将士，在这一点上不能不说李世民笼络人心的手段是非常高明的；不论是文臣、武将，甚至连常何这样的小人物,李世民都倾心去培养感情。这样的上司如果没有人肯为他卖命,那简直就没有天理了。

李世民现在唯一的优势就是人心合一,这一点也让李建成羡慕不已。

但是,当时的情况下,李建成还是合法的太子,李世民还处于藩王的地位,这个问题不是人心合一就能改变的。万般无奈之下,李世民想到了一个可以改变现状的方法,当然这个方法也是无奈之举。

这个方法,就是我们前面说过的退守洛阳。

李世民的想法

关于李世民退守洛阳的想法,有一种说法似乎很流行。

说是李建成为了除掉李世民,决定在请李世民吃饭的时候,用毒酒结果了他的性命,可事情偏偏不凑巧,也许是李建成的毒药下得不够分量,或者是在市面上买了假药,李世民喝完毒酒后,虽然满口吐血,但是最终却没有丧命!

这件事情后来被李渊知道了,训斥了李建成一顿,同时安慰李世民让他不要觉得委屈,为了避免兄弟二人的争斗,李渊决定让李世民去洛阳,并且将陕州以东的广大地区,划为李世民所有;而且特许李世民效仿当年梁孝王的做法,可以建天子的旌旗,这也就是说将天下一分为二,平分给两个儿子!

在我看来,这种说法根本不靠谱。

这种说法很可能是李世民后来的一种自我掩饰。

前边我们说过,李建成目前的地位根本没必要对李世民痛下杀手,而且真要想毒死李世民,一定会精心挑选上等的极品毒药,并且还会猛下量,怎么可能会出现李世民口吐鲜血而不丧命的事情呢?而且李渊知道这件事情后,仅仅是训斥了李建成,居然没有严厉处罚他,这明显不符合常理,似乎很说不过去,所以这种说法明显是扯淡。

事实上,李世民退守洛阳的想法完全是他自己的设想。

洛阳是和长安一样的古都,长安虽然是唐朝的都城,但是若从自然条件、地理位置来分析,洛阳实在比长安更加优秀。

因为在洛阳,有一条隋炀帝杨广修建的大运河,这条大运河将河北、山东以及江南等地的经济、文化紧紧地联系在了一起,可以说有了这条大运河,当时全国的资源可以源源不断地输送到洛阳,这就使得当时洛阳的战略地位比长安更加重要。

自从平定王世充后,洛阳便成了李世民的根据地。

现在李世民在和李建成的斗争中除了人心合一,其余丝毫不占优势。与其在朝廷和李建成斗来斗去，还不如去洛阳营建自己新的战略基地，将其做大做强，进而和长安分庭抗礼，何必在长安这一棵树上吊死？

如此看来，这也不失为一种明智的做法。于是李世民派亲信温大雅率先去洛阳，做一些前期的准备工作。

另外，派车骑将军张亮带领一千人马秘密地前往洛阳进行招兵买马，因为李世民当时在朝廷是不能公开搞大的军事动作的，他的意图是，以张亮带去的一千人马为班底，然后通过征兵，从而培植自己的私人武装力量。

张亮的任务除征兵之外，还肩负秘密结交山东豪杰的重任。因为李世民明白，李建成有李艺、李瑗这样的地方势力支持，如果自己一旦以洛阳为根据地对抗长安，那么和李建成的斗争势必将会升级，所以得到地方势力的支持将至关重要。

应该说，李世民这样的安排也是比较合理的。但是，人算不如天算。张亮的行为最终让一个人发觉了。

这个人就是李元吉。

圈套

李元吉敏锐地发现了张亮的动向，于是他将这一情况报告给了李建成。李建成迅速以“图谋不轨”的罪名秘密地将张亮逮捕。

李建成的这种做法，意图相当明确，那就是逮捕张亮后，通过严刑逼供，让张亮坦白交代李世民的整个计划，从而掌握李世民“图谋不轨”的确切证据，然后上报朝廷，将李世民置于死地。

可以说，李世民下有行动，李建成上有对策。可惜的是，李建成的如意算盘落了空，因为张亮在狱中就是不开口，任凭你严刑拷打，反正是打死我也不说。没办法，没有证据只能放人。

虽然张亮被释放，但是结交山东豪杰的事无论如何也是不能再开展了。无奈之下，李世民只能暂时放弃，退守洛阳的计划就这样搁浅了下来。

当然，此时的李建成也很郁闷。

这是一次绝好搞倒李世民的机会，因为李建成也明白，虽然现在自己在朝廷拥有优势，可是一旦李世民离开长安，那双方的矛盾就绝不仅仅限于宫廷斗争了，可以说最终的形势只能是导致战争的爆发，真要是打起来，谁胜谁负还真是不好说。

李建成当然不想失去在朝廷的优势。虽然这一次他成功抑制了李世民退守洛阳的做法，但是未来呢？李建成实在没有把握。

不行！绝不能让李世民的计划得逞。这一次，必须彻底解决李世民的问题。

也就是从这一刻起，李建成转变了以往防守反击的做法，变成了主动进攻。而且李建成下定决心，一击必中。

终于，李建成等到了这个机会，至少他自己是这么认为的。

武德九年(626年)，六月一日。

这一天，唐朝北部边城乌城送来战报，说突厥数万骑兵有围攻该城的迹象，请朝廷早做准备。

得到这个消息后，李建成的嘴角露出了一丝冷笑。他知道，自己的机会来了。随后，李建成向朝廷推荐李元吉为统兵元帅率军北征，得到了朝廷的同意。

李元吉当然明白大哥推荐自己的目的，于是借故向朝廷申请抽调秦王府的尉迟敬德、秦叔宝、程知节、段志玄等将领跟随自己一同出战。白痴都能看得出来李元吉的这个建议到底针对谁，抽调李世民身边的人，让你成为光杆司令，看你横行到几时！

事实上，在这个申请的背后，还隐藏着一个巨大的阴谋。

既然已经抽调了秦王府的人，那么秦王府的人暂时就归到李元吉手下领导。我们都知道，军队在出征之前，是要进行相关准备工作的，例如准备武器、铠甲、粮草等，那么在这个过程中，秦王府的人就必须和李元吉一起做相关的事情，要知道备战这种工作，是个体力和技术活，在工作中出现一些纰漏都是很正常的。

而李元吉恰恰就是要寻找这些人的纰漏，只要出现纰漏，就问你的罪。而且欲加之罪，何患无辞？

后来的岳飞实在没有错误，还被安个“莫须有”的罪名而被杀掉。李元吉的任务大致就是如此。

再看李建成。

李建成终于明白了要想把李世民彻底地留在长安城，唯一的做法就是——杀掉他。所以他决定在李元吉出征的那一天，和李世民一同去昆明池为李元吉饯行，在饯行仪式上埋伏好勇士，做掉李世民；然后和自己的老爹说李世民暴病身亡，到时死无对证，李渊即使怀疑，也找不出任何理由处决自己。

这个计划就是我们前面提到的“昆明池政变”计划。如此看来，李建成和李元吉兄弟二人实在是目标一致，分工明确。

但是，我们在前边也说过的东宫率更丞王晊将这个消息快速报告给李世民，李建成的计划再次落空。只是这一次，李建成没有想到，老天爷将成功的机会让给了李世民。

密谋

六月三日夜，秦王府。

李世民从王晊的口中听到李建成要做掉自己的消息后，顿时觉得不寒而栗。虽然双方斗争了这么长时间，但彼此并没有超越那个界限——极端暴力，可是现在李建成率先破坏了那个规则，这是李世民所始料未及的。

此时的李世民实在不知道该用什么方法去面对。向李渊揭穿李建成的阴谋吗？这样做，固然能避免这次的冲突，但是终究消除不了双方的矛盾。李世民开始彷徨了。不过，在彷徨之际，李世民头脑还是十分清晰的，于是他召集部下商讨对策。

“为今之计，只有先发制人！”长孙无忌率先发言。长孙无忌的话谁都明白，所谓的先发制人就是让李世民杀死李建成。

李世民抬头看了一眼自己的大舅哥，他虽然并不同意先发制人，但是长孙无忌的话还是给了他很大的启发，于是他缓缓地说道：“骨肉相残，这是古今的大恶，虽然我就要大难临头，但我还是想等李建成出手后，然后再仗义地讨伐他，最后让父皇判他的罪，这样不是更好吗？”李世民的想法很明显，是要后发制人，如果决定要做，必须师出有名。

“秦王！你有把握应对太子的出手吗？”李世民的话余音未落，尉迟敬德站起来问道。显然，尉迟敬德并不同意李世民的看法，因为在他看来，后发制人会有很大的风险，因为一旦李建成出手，很多事情是无法预知的。

李世民沉默了，这种沉默显示他也没有把握。

“现在我们大家都誓死拥戴你，但是也请秦王为我们大家考虑！如果秦王不听长孙大人之言，敬德就此告辞，从此去做个草头王，不会跟着秦王去白白送死！”

“无忌当然也相随而去！”长孙无忌紧跟着说道。

长孙无忌说完这句话，现场一片寂静。

是啊！李世民即使你不考虑自己的前途，也应该为你手下的这帮兄弟想一想，所有的人跟着你，就是坚信在和李建成的斗争中，你将是最终的胜利者。所以你绝不能退缩。

“秦王想一想，现在齐王将我们这些人从你的身边调走，就是为了孤立你，我们都走了，不知道秦王你还能坚持多久？”程知节打破了现场的寂静。

就在李世民刚要说话的时候，忽然听到府外一阵嘈杂的脚步声。

“什么人？”李世民有些纳闷。

没有人回答他。片刻之后，脚步声停止了，随之而来的是一阵喊声："请秦王早定大计！"

高声叫喊的人是秦王府的宿卫，共有八百人。

李世民惊呆了，他实在没有想到目前情况下，居然连自己平时蓄养的宿卫也来逼自己出手。

"你们这是在逼我不仁不义啊！"李世民声音有些哽咽。

"太子仁义吗？"尉迟敬德高声喊道。

然后，又是一片死一般的寂静，寂静中透露着一丝凝重。

此刻李世民的确是骑虎难下，一方是跟随他多年的忠勇之士，而另一方是与自己血脉相连的亲兄弟，不论他做出什么样的选择，都注定必须有一方受到伤害。

万般无奈之下，李世民想到了一个不是办法的办法——占卜。

"要不……占卜一下吧。"李世民轻声地说道。

说罢，李世民让人拿出龟壳准备算上一卦。

就在此时，部将张公瑾一把将龟壳抢过来扔到地上，高声说道："哎呀！占什么卜啊？秦王现在就应该先发制人，别无选择！如果占卜结果不吉利，难道就不干了吗？！"

张公瑾的言外之意是，李世民今天你干也得干，不干也得干；到了现在这个时候，有些事情由不得你了，不然的话，我们大家有可能都得陪着你去送死。

可以说，这是明显的逼宫。但是，李世民能理解。因为这些人来自五湖四海，他们有着自己的政治理想，有着对未来前途的憧憬，他们也有妻儿老小，也想让他们的家人过上更舒适的生活。而如今他们只能依靠李世民实现心中的理想，所有的人都明白，如果李世民失败了，那所有的一切都将不复存在。

既然如此，那就干吧。我是为了我自己，同时也是为了更多的人！

李世民缓缓地站起身来，环顾在场所有的人，然后他又缓缓地将眼睛闭上，片刻之后，他猛然间睁开双眼，目光中放射出一道寒光。

他终于开口说道："敬德！你去把玄龄（房玄龄的字）和克明（杜如晦的字）叫回来，咱们共同制订一个先发制人的详细方案。"

既然决定先发制人，也就不再理会朝廷的法律，为了制订一个周密的计划，房杜二人必须回来。不过，令李世民没有想到的是，尉迟敬德却没有将两个人领回来，因为他们拒绝了李世民。

"他们说什么？"李世民问尉迟敬德。

"两位说现在身为朝廷命官，不能再和秦王有任何联系，如果私自回来，那就触犯了朝廷的法律，很可能被处死，所以不能回来！"

"笑话！我要是行动失败了，他们曾经是我的部下，太子饶得了他们吗？糊涂!”说罢,李世民将佩刀随手递给尉迟敬德,说道:“你再去一趟,跟他们说明我意已决,如果他们愿意来那是最好,如果推辞不来,你就……”李世民一边说着,一边用手做了一个向下砍的动作。

在他看来,如果房杜二人真的不来,说明不是背叛了自己,就是不愿蹚这浑水。既然如此,那就结果了两个人,免得生出事端。

事实上,李世民的判断是错的。

房杜二人其实和尉迟敬德、长孙无忌等人的观点一样,他们都明白李建成和李世民的矛盾终究避免不了极端暴力的方式,之所以拒绝李世民是怕李世民下不了决心。如果下不了决心,那两个人回到秦王府完全没有意义,而且朝廷知道了还会治罪。

其实二人拒绝李世民是一种激将法。

所以当尉迟敬德带着李世民的佩刀第二次来到后,房杜二人顿时明白了这一次李世民是彻底下定了决心,所以毫不犹豫地化装成道士跟着尉迟敬德回了秦王府。

就在那个晚上,秦王府灯火通明,李世民和他的智囊团制订了一个袭杀太子李建成的计划,也就是在那个夜晚,历史在不经意间改变了行进的方向。

关于李世民这些人具体是怎么谋划的,虽然史书上并没有明确的记载,但是通过后来李世民等人在“玄武门之变”中所做的事情,我们还是可以分析出他们的计划大致由以下几点组成:

一、在玄武门设置伏兵,采用擒贼先擒王的策略,首先干掉李建成和李元吉,然后消灭太子军和齐王集团;

二、如果一切顺利,将迅速进宫控制皇帝,然后逼宫退位;

三、如果作战不利,也将迅速进宫控制皇帝,然后胁迫皇帝下令让东宫、齐王集团放下武器,从而制止冲突。

当然,在这个计划中,李世民一定想到了一旦控制皇帝不顺利该怎么办?

在我看来,他们的计划是如果一切都不顺利,那就以皇帝为人质,控制长安,如果控制长安不顺利,那就挟持皇帝退守洛阳。

虽然在后来的“玄武门之变”中,李世民大获全胜,但是在事先的谋划中,我觉得这一点肯定是想到了。

在整个计划中,最关键的一点是控制玄武门。

玄武门是长安太极宫城的北门,也是保卫皇宫的禁卫军驻扎重地,更是出入内宫的必经之地。控制了玄武门,可以在不惊动长安城禁军的情况下迅速控制内宫;如果控制不了玄武门,不仅挟持不了皇帝,恐怕连皇帝的面还没见到,估计就全都挂了。

关于玄武门的重要性,著名的史学大师陈寅恪先生做过深入的分析,在这里就不再赘述了。

当然,李世民选择玄武门,还有个原因就是驻守那里的将领是常何,现在看起来,当初收买常何实在是一笔很划算的买卖。

整个计划堪称完美,但美中不足的是,有一件事情,所有的人都无法确定。那就是,这次政变定在什么时间？因为政变成功的前提是,李建成和李元吉要从玄武门经过。这是个不好解决的问题,更是变数最大的问题。

就在众人挖空心思地琢磨怎样才能引出李建成和李元吉的时候,秦王府宿卫来报,李渊急召李世民入宫觐见。李世民顿时出了一身冷汗。

难道父皇知道我要动手吗？不可能！这绝不可能！

“玄龄、克明你们两个人回来的时候,可有人看见?”李世民急忙问道。

“没有啊！即使有人看见,也绝不会认出我们的,要不我们为什么化装成道士啊?”房玄龄连忙说道。

“真是奇怪！那这么晚了父皇为什么还要召我进宫呢?”李世民狐疑起来。

“秦王！我想一定是有人走漏了风声,不如我们现在就召集人马直接攻打东宫和齐王府,杀他个措手不及!”尉迟敬德说道。

“不！在一切都没有明朗之前,先不要急于行事,以不变应万变,你们在这里等着我,我现在进宫面见父皇！看看情况再说!”

局中局

就在李世民和众人谋划的时候,李渊同时也得到了一个消息。虽然这并不是揭露李世民策划政变的消息,但确实是个能在顷刻间要李世民性命的消息。

就在一个时辰之前,太史令傅奕夜观星象,发现太白金星从东南方划过,往西北方向落去,傅奕根据自己多年积累的占星学知识,由此得出了一个结论:太白见秦分,秦王当有天下。

这是一个爆炸性的结论,所以傅奕立即将这个结论上报给了李渊。

很长时间以来,李渊十分清楚李世民的野心,现在天象显示出秦王当有天下,李渊敏锐地感觉到,李世民可能要动手了。当然,他并不知道李世民动手的对象是李建成,而不是自己。

不过,在事情还没有弄清楚之前,李渊并不想冤枉李世民,和当初处理杨文幹造反事件一样,李渊也急召李世民入宫觐见,如果李世民不敢来,那就说明天象的显示很可能会成真。

可是李世民来了,而且看起来很从容。

“太史令傅奕刚才夜观天象,发现了一个重大秘密,你知道是什么秘密吗?”

李渊开口问道。

“儿臣不知!”

“是一个关于你的秘密!”李渊随口说着,说完他抬起眼睛死死地盯着李世民。

李世民的心几乎要从胸口蹦出来,额头上顿时冒出了冷汗。

难道他真的知道了吗? 不! 在他没有挑明之前,一切都还是个未知数。

“我的秘密? 儿臣能有什么秘密啊?”李世民故作镇静地说道。

“傅奕说太白金星划过天空,他由此推断你将有天下! 所以我召你进宫来,想问问你这是真的吗?”当李渊说完这句话,李世民顿时放下了一颗悬着的心。

原来是这样啊。紧跟着,他发现自己的机会来了。于是一个调虎离山的计划,在李世民的头脑中瞬间形成了。

“父皇! 这是太子和齐王等人陷害儿臣啊! 父皇有所不知啊,太子和齐王之所以陷害儿臣,是因为儿臣知道他们做了对不起父皇的事情。”

“哦? 什么事情?”李渊顿时觉得纳闷。

“儿臣不敢讲!”

“恕你无罪! 讲!”

“太子和齐王淫乱后宫!”李世民说完,马上叩头在地。

什……什么? 淫乱后宫?

臭小子! 居然八卦到你老爹头上来了。虽然李渊顿时怒不可遏,但是转念一想如果没有确切的证据,李世民是万万不敢这么说的。

忽悠有时是要不惜血本的,正所谓饿死胆小的,撑死胆大的。

“可有证据?”

“有! 儿臣丝毫没有做对不起他们的事情,今天他们陷害我,就是想借您的手杀掉我,其实他们是想为王世充、窦建德报仇,儿臣今天死不足惜,可是实在耻于去见这两个贼人,父皇啊! 恳请您给我个机会,明天早朝儿臣愿与太子和齐王当庭对质,如果我说了谎话,儿臣愿以死谢罪。”

李世民声泪俱下。

“好! 你说明天当庭对质,就这么办! 明天早上你们兄弟三人一起入宫见朕!”

臭小子,想忽悠我,没门,到时拿不出证据,你将死路一条!

不! 不用等到明天对质,我将解决所有的问题。

李世民运用自己的智慧,将老爹玩弄于股掌之间,本来这次谈话的主题是关于天象显示李世民当有天下的问题,为什么到最后却演变成李世民和李建成要当堂对质呢?

归根结底，是他成功利用了人性的一个弱点：好面子。

不论谁听到自己的老婆和别人有暧昧的关系都会坐不住的，何况是皇帝。这是个非常严重的问题，丢的不仅仅是李渊的面子，而是整个国家的面子。而且当事人还有太子。

李世民的这个爆料实在太猛，以至于猛到让他老爹居然忘记了这次谈话的主题，只想着如何挽回自己的声誉。可以说李世民是在通过混淆视听，干扰李渊正常思维的情况下，成功钓出李建成和李元吉这两条大鱼的。

就此开始吧。时间就定在六月四日清晨。

李世民安然地回到秦王府，开始准备。留给他的时间只有几个时辰。天亮后，所有的准备工作必须就绪。

李世民行动相当迅速，天还没亮的时候就在玄武门外布置好了一切，参加这次军事行动的除李世民之外，还有尉迟敬德、程知节、秦琼、张公瑾、张士贵、侯君集以及秦王府的八百宿卫。

当然这一切还要感谢一个人，这个人就是常何。正是常何的默许，才使得李世民等人成功控制了玄武门。

刀出鞘！弓上弦！

所有的人都已准备妥当，只等着李建成和李元吉的到来。

就当所有的人都在凝神等待时，一个柔弱的声音忽然从身后响起："大家一定要注意安全啊！"

众人回身向着声音传来的方向望去，他们看见了一个人。

一个女人，这个人就是李世民的妻子——长孙氏，即后来的长孙皇后。

"大家一定要小心啊。"声音虽然很轻，却显得那么有力。然后，她的嘴角便露出了浅浅的一笑。

很多时候，女人的一个微笑，一句关心的话，往往会胜过男人们千百句口号。长孙氏的出现，让大家想到了自己的妻子和儿女。

是的！到现在为止，这已经不仅仅是内部的宫廷斗争了，它早已成为一个个家庭的政治冒险。

众人看着长孙氏，缓缓地点了点头。无须更多言语，无须更多表白。

放心吧！我们坚信这一战，胜利一定会属于我们！

长孙氏离去了，就在她转身的一刹那，泪水淌满了脸颊。

好好干吧。无论胜败，我都将与你们永远在一起！

此战必胜！不胜则死！

致命的自信

事实上，李世民的准备工作并没有做到密不透风。就在他积极部署安排的时候，一个人探听到了消息。这个人就是张婕妤。凭着女性天生的敏锐直觉，她觉得李世民似乎可能要有什么不利于东宫的举措。所以，她毫不迟疑地让人将这个消息在第一时间，通报给了李建成。在此之前，宫里的太监已经下旨给了李建成，让他明天早上入宫觐见。现在张婕妤又送来了李世民那边的消息，李建成心里开始犹疑起来。

在他看来，这二者之间似乎有着某种联系，只是他无法确切地判断出这二者究竟有什么联系。于是，他找来李元吉商量如何应对。

“大哥！我觉得这两件事似乎都很蹊跷，不如你明天称病暂不上朝，然后咱们集合人马以不变应万变！”李元吉说道。

“父皇召见咱们，而且是让咱们兄弟三人一起入宫，明天李世民也要上朝，他那边应该不会有什么举动！”李建成分析道。

“我觉得张婕妤的消息不能不重视，她说李世民集合了人马往玄武门奔去，大哥你说这是什么意思？”

“嗯……玄武门的守将常何是禁军的头领，和李世民没有什么往来，如果李世民在玄武门有什么举动，他至少应该上报皇上，可是现在常何那里没有动静啊……”

李建成的大脑飞速地转动，但也想不到常何是这个事情的关键人物。

“大哥！就按我说的办吧。还是谨慎些好。”

“不！父皇召见咱们，很可能有重要的事情，如果不去，父皇要是怪罪下来怎么办？明天我们必须去，四弟放心，即使李世民有什么非分的想法，皇宫禁地岂能容他乱来，你我明天尽管进宫就是！”

事实证明：错误就酝酿在绝对坚信自己判断的基础之上。此时的李建成和李元吉当然想不到，他们的人生即将走到尽头。

带着这份自信，李建成和李元吉最终向着玄武门走去。当然，对于他们来讲也是走向了地狱之门！

喋血宫门

六月四日，东方已经渐渐现出曙光，天已经亮了。

乳白色的晨雾渐渐地开始升起，将整个皇城笼罩在一层神秘的气氛下，霎时间，一阵风吹来，晨雾随风一缕缕地飘向远方，谁也不知道会飘到什么地方，直到消失。

人生，有时岂非也和烟雾一样？

“来了！秦王动手吧！”尉迟敬德首先发现李建成和李元吉以及随行的三十余名亲兵向玄武门走来。

“敬德跟我过去，其他的人先不要动！”李世民说道。

说罢，尉迟敬德带着自己手下的七十多名亲兵，跟着李世民向李建成和李元吉走去。

当李建成和李元吉看到李世民的时候，表情顿时僵住了。

“二弟上朝还用带这么多宿卫吗？”李建成开口问道。显然他还没意识到李世民就要向自己动手。

李世民缓缓地摇了摇头，说道：“大哥！我想我们之间的争斗该结束了！”

“争斗结束？什么意思？”李建成觉得很纳闷。

“大哥！快跑啊！李世民今天要在这里动手，大哥你先走，我掩护你！”李元吉的反应还是相当快的，然后他抽出弓箭准备反击，也许是因为紧张的原因，居然三次都没有拉开弓。

李元吉的话瞬间点醒了李建成，随即他二话没说掉转马头准备逃跑。

就在李建成拍马准备逃走时，忽然听到身后一阵疾风吹过。

“嗖！”一支冷箭穿透空气，瞬间向他射了过来。然后，他便听到了自己喉咙破裂的声音。

“你……”李建成一头从马上栽了下来，他想挣扎着站起来，可是身子已经不听他的使唤了。

他到死也没有想到，为什么自己会是这样的结局。

是的！这是玄武门射出的第一箭，这一箭正是李世民射出的。正所谓一箭定乾坤！

当李元吉看到大哥倒在自己身旁后，顿时怒不可遏，他万万没有想到李世民居然这么干脆地就杀了李建成！

“李世民！你谋害太子，罪不容诛！我跟你拼了！”李元吉说完带着三十多名亲兵向李世民冲了过来。到了这个时候，李元吉已经彻底失去了理智，怒火中烧的他只想着为死去的大哥报仇。

看见李元吉一伙人向李世民冲了过来，尉迟敬德立即带着七十名亲兵迎了上去，双方随即开打。

如果不出什么意外的话，李元吉肯定是寡不敌众。但是，就在这个时候，意外偏偏发生了。

李世民的坐骑受了惊吓，向旁边的树林狂奔而去，途中他忽然被树枝钩住腰带摔倒在地，无法起身。就在李世民奋力挣扎时，李元吉拍马赶到。

他一把夺过李世民的弓箭，狠狠地扔在地上，然后用他那双粗大的手，死死地掐住了李世民的脖子。

“没想到吧李世民，你杀死了大哥，这就是老天爷对你的报应！”他一边说着一边竭尽全力，恨不得顷刻间扭断李世民的脖子。

同时，李世民也拼命地想掰开李元吉的手，并且说道：“四弟！你听我说，你听我说……”

“我不听！有什么话到那边和大哥去说吧！”李元吉的表情已经扭曲。

就在这千钧一发之际，李元吉猛然听见身后有人大喝一声：“住手！赶快松开秦王！”

他下意识地回头一看，来的人正是尉迟敬德。

正当他的大脑急速思索着下一步该怎么办时，一支冷箭已经射入了他的后心。这是“玄武门之变”射出的第二支箭。

李元吉也倒了下去，倒下去的那一刻，眼睛死死地盯着尉迟敬德。他实在没有想到，自己作为皇子，最终会死在臣子的手里。

“秦王！下一步该怎么办！”尉迟敬德扶起李世民。

“玄武门那边怎么样了？”惊魂未定的李世民气喘吁吁地说道。

“秦琼他们已经替我解决了东宫那三十多个亲兵，正等着秦王下令呢！”

“咱们赶紧回去，按照事先的计划，大家一起退到玄武门内，控制内宫！”

李世民做出这个决定，除是事先计划好的之外，还有一个原因，就是他敏锐地判断出虽然李建成和李元吉已经毙命，但是东宫和齐王府的其他人一定不会善罢甘休。

李世民和他的人以极快的速度退进了玄武门内。当然尉迟敬德在进入玄武门之前，没有忘记做一件事情，那就是割下李建成和李元吉的首级带在身边。在他看来，虽然这两个人已经死去，但是他们的首级可能还有利用的价值。

就在李世民他们刚刚退入玄武门内，便看到身后有大批人马向玄武门这边冲了过来。

东宫和齐王府的人已经杀到。

逼宫

就在李世民和尉迟敬德赶回玄武门的同一时间，东宫和齐王府的人便得到了“玄武门之变”的消息。

东宫车骑将军冯立率领副护军薛万彻和直府左车骑将军谢叔方立即集合两千人马,迅速地向玄武门冲去。当他们冲到距离玄武门还有五百多米的时候,李世民等人正好退进了玄武门。

"冲进去! 剿灭这伙反贼!"冯立高声喊道。

如果他们真的冲进玄武门,那么李世民等人将会陷入很被动的境地。

八百对两千!

一锅夹生饭,吃不了也要吃。

就在这千钧一发之际,李世民这边忽然有一个人站了出来,只见他挽起袖子,深吸一口气,然后将玄武门的宫门用力关上。

所有的人都惊呆了,他们都没有想到这个人的臂力居然如此惊人。这个人就是张公瑾。

随着宫门的关闭,虽然李世民等人暂时赢得了喘息的时间,但是很快他们就听到了外边攻打城门的声音。

"撞开城门! 杀进去!"冯立继续高声喊道!

"咚! 咚! 咚! ……"东宫和齐王府的人调来撞城车,猛烈地撞击着城门。

"顶住城门! 绝对不能让他们进来!"李世民下令说道。

八百宿卫一拥而上,将城门牢牢地顶住。

"撞! 使劲地给我撞! 实在不行就把云梯运过来,架云梯攻城!"此时的冯立已经是怒不可遏。

"将军! 我看咱们不如直接攻打秦王府!"副护军薛万彻说道。

"攻打秦王府?"

"对! 李世民发动政变,相信所有的兵力现在都在玄武门这里,秦王府一定空虚!"

薛万彻的话顿时让冯立茅塞顿开,可在他看来,最重要的是让李世民放下手里的武器,如果这些人肯出来缴械投降,冯立并不愿意多伤及无辜。

冯立沉吟了一下,说道:"跟他们说,如果不打开城门投降,咱们就直接攻打秦王府!"事实上,他的这个决定错得很离谱。

机会稍纵即逝。

"好!"薛万彻高喊道,"秦王殿下,你赶快打开城门,出来投降,不然的话我们将攻打秦王府了!"

李世民听到这句话时,顿时大为惊恐,因为秦王府的所有精英,现在都在自己的身边,留守在那里的只有几个文官和长孙氏,如果太子军一旦转头去攻秦王府,那后果将不堪设想!

"怎么办? 怎么办?"李世民慌忙之下问左右的人。

"要不打开城门冲出去,和他们决一死战!"秦琼说道。

“不行！不能出去！咱们现在控制着内宫，还有与东宫叫板的资本，一旦出去必死无疑！”尉迟敬德说道。

说罢，尉迟敬德快速地登上城楼，拿出李建成和李元吉的首级，对着玄武门外高声喊道：“外边的将士听着，太子和齐王意图谋害秦王，秦王根据皇上的旨意，将二人正法，你们切不可助纣为虐，赶快放下武器，既往不咎！如若执迷不悟，死路一条！”

尉迟敬德此言一出，玄武门外的太子军顿时军心大乱。在他们看来，李建成和李元吉已死，继续战斗已经没有任何的意义，顷刻间作鸟兽散，很多人纷纷逃走。

冯立和薛万彻等人虽然尽全力约束手下，但是依然无法阻止大量逃散的士兵，无奈之下只得带着十几名亲兵离开长安，逃亡终南山。

至此，“玄武门之变”宣告成功！

政变虽然成功，并不意味着李世民的地位就有了保障。因为在内宫最深处的那个宝座上，还坐着皇帝李渊。对于在玄武门发生的事情，到当时为止，李渊毫不知情。

如果他知道了，会是个什么态度呢？

按照李世民等人事先的计划，政变成功后将进宫控制皇帝——逼宫退位。于是就在“玄武门之变”刚刚结束，李世民让尉迟敬德带着十几名亲兵迅速进宫。此时的李渊正和裴寂、萧瑀、陈叔达等人一起在皇宫新开发的人工湖里尽情地泛舟。

“陛下！臣尉迟敬德特来拜见！”刚刚经历了玄武门外的那场厮杀，尉迟敬德的盔甲已经沾满了血污，更要命的是来见皇帝的时候这位仁兄居然带着长矛。

《唐律疏议》上明确记载：滥入大内者处以斩刑，所谓的滥入就是没有皇帝的召见随便入内，携带武器进宫更是罪加一等。

尉迟敬德在朝廷待了这么多年，这条法律无论如何也是知道的，但为什么他还要这么做？很明显，尉迟敬德是故意的。

故意触犯朝廷的法律，有两种可能，第一种是这个人脑子出了问题；第二种是这个人根本不在乎。尉迟敬德显然不是第一种人，而是第二种。

那么他为什么不在乎？虽然史料上没有明确的记载，但是我依然坚信，尉迟敬德在去见李渊之前，李世民一定对尉迟敬德说了这样一些话：“如果皇上识趣的话，肯将军权交出来，肯立我为太子，你就按照他的意图去办，如果不同意的话，你就将他软禁起来！”

事情到了现在，已没有回头的可能，只能一条道走到黑。

所以在李世民的授意下，尉迟敬德即使触犯朝廷的法律也全然不在乎。因为他已经做好了最坏的打算，如果皇帝有异议，立刻软禁。

幸好，李渊的反应很快。

“爱卿为何如此模样啊？”李渊惊恐地问道。

“启禀陛下！太子和齐王作乱，现在已被秦王诛杀，秦王怕皇上受惊，特地让臣来保护陛下！”

保护？纯粹是扯淡，你现在拿个长矛站在我身边，鬼才知道你心里怎么想。

“哦！原来是这样啊！没想到今天会发生这种事情，你们说该怎么办啊？”李渊转头问裴寂等人。

李渊实在是狡猾！

现在看来，只有让位，可让位的话绝对不能从他嘴里说出来。不然的话，堂堂的大唐开国皇帝颜面何存？所以，他将球踢给了裴寂等人。

“陛下！当初起兵的时候建成、元吉等人并没有参加，对于大唐的建立也没有什么功劳，可现在他们嫉妒秦王的功劳，共同作乱，幸好秦王及时出兵剿灭了他们，我认为秦王功高盖世，陛下应当将朝政放心地交给秦王！”陈叔达抢先说道。

“是啊！陛下！我相信只要交给了秦王，就一定不会再出什么乱子了！”裴寂跟着说道。

“嗯，你们说得很对啊。这也是朕多年的愿望，朕意已决，将朝政交给世民。”李渊坚定地说道。

多年的愿望？你早干什么去了？！真是一片墙头草！不过，这也可以理解，谁都看得出李世民是拼命来的，如果稍有不慎，自己很可能就会到阎王那边和李建成、李元吉做伴。

随后，李渊下令让宇文士及和裴矩出面，命令东宫和齐王府剩下的人放下武器，停止战斗。但是，杀戮并没有停止。

就在当天，李建成的五个儿子和李元吉的五个儿子全部被斩，其余的人，男的充军，女的入宫为奴。

无语……

六月七日，李世民被立为皇太子。

八月九日，李渊退位，自为太上皇，李世民即皇帝位于东宫显德殿。

李世民终于坐上了那个代表最高权力的宝座，这个宝座他并不陌生，以前他来到这里，跪在这个宝座前，向他的父亲行礼，现在一切都变了，所有的人都要在这个宝座前向他顶礼膜拜。

这个感觉实在太好了。

虽然他的皇位来源有些不正，虽然在“玄武门之变”前，他根本没有继位的可能，但是现在这一切都已经不重要了。因为在政治斗争中，永远是成王败寇。

放心吧，拥有权力的同时，我也知道随之而来的义务。

放心吧，我不会让大家失望的，无论是曾经的朋友，还是曾经的敌人。

放心吧，我坚信大唐帝国在我手中定会四方来贺！

图书在版编目（CIP）数据

唐朝那些事儿．大唐开国卷 / 冬雪心境著．—北京：
中国工人出版社，2010.1
（历史新阅读丛书）
ISBN 978-7-5008-4630-7

Ⅰ．①唐…　Ⅱ．①冬…　Ⅲ．①中国—古代史—唐代—通俗读物　Ⅳ．① K242.09

中国版本图书馆CIP数据核字（2009）第236560号

出版发行	中国工人出版社
地　　址	北京市鼓楼外大街45号
邮　　编	100120
电　　话	（010）62350006（总编室）
	（010）82075934（编辑部）
发行热线	（010）62045450　62005042（传真）
网　　址	http://www.wp-china.com
经　　销	新华书店
印　　刷	三河市国英印务有限公司
版　　次	2010年3月第1版　2024年5月第37次印刷
开　　本	700毫米×1000毫米　1/16
字　　数	400千字
印　　张	19
定　　价	29.80元